Jahrhundertelang verstand sich Deutschland als «Kulturnation»: politisch zwar zersplittert, doch geeint durch eine gemeinsame Sprache und Kultur. Wie sehen wir das heute – was hält die Nation in ihrem Innersten zusammen? Davon erzählen Sylke Tempel und Tobias Kaufmann in diesem Buch. Welche Traditionen und Persönlichkeiten prägen unser Land? Was waren die Sternstunden, was die Tiefpunkte der deutschen Geschichte? Wie funktioniert das politische System? Aber auch Wirtschaft, Kultur und Mentalität kommen nicht zu kurz: Was missfällt Badenern eigentlich an Schwaben, wie ticken Rheinländer oder Hessen, welche Witze erzählt man sich über die Sachsen? Das Deutschlandbuch für alle, die dieses Land wirklich verstehen wollen – nicht nur seine Geschichte, sondern auch seine Gegenwart.

Sylke Tempel, geboren 1963, war Nahostkorrespondentin der «Woche», später Redakteurin der «Jüdischen Allgemeinen». Seit 2008 ist sie Chefredakteurin der Zeitschrift «Internationale Politik». Sie veröffentlichte zahlreiche Bücher, u.a. «Die Tagesschau erklärt die Welt» (2006), «Israel. Reise durch ein altes, neues Land» (2008) und «Freya von Moltke» (2011).
Tobias Kaufmann, geboren 1976, arbeitete als Fernsehreporter für den RBB und als Redakteur bei der «Jüdischen Allgemeinen». Seit 2006 ist er Redakteur des «Kölner Stadt-Anzeigers», seit 2011 Chef vom Dienst. 2007 erschien sein Buch «Die kleine Chefin. Ein Trostbuch für versklavte Eltern».

Die Tages**schau**
Das große
Deutschlandbuch

Autoren:
Sylke Tempel und
Tobias Kaufmann

Rowohlt Taschenbuch Verlag

Lizenziert durch Studio Hamburg
Distribution & Marketing GmbH,
Koordination Petra Rönnfeldt

Veröffentlicht im Rowohlt Taschenbuch Verlag,
Reinbek bei Hamburg, Oktober 2012
Copyright © 2010 by Rowohlt · Berlin Verlag GmbH, Berlin
Karten Peter Palm, Berlin
Register Franziska Crell
Umschlaggestaltung: ZERO Werbeagentur, München,
nach einem Entwurf von any.way, Hamburg
(Umschlagabbildung: akg-images; Corbis; fotolia.de;
mauritius images; plainpicture/Westend61)
Satz aus der Thesis PostScript (InDesign)
bei KCS GmbH, Buchholz bei Hamburg
Druck und Bindung GGP Media GmbH, Pößneck
Printed in Germany
ISBN 978 3 499 62689 0

Inhalt

Vorwort

Im Rausch einer Fußballweltmeisterschaft ist es verzeihlich, wenn hemmungslos nationale Klischees bemüht werden, deren Gebrauch sonst als unfein gilt. Nach dem ersten Gala-Auftritt der deutschen Nationalmannschaft bei der WM in Südafrika 2010 wunderte sich das dänische «Ekstra Bladet»: «Was soll nur werden, wenn es jetzt auch noch Spaß macht, den Germanen zuzuschauen?» Kurz vor dem Spiel der deutschen Mannschaft gegen England drohte der britische «Daily Star»: «Jetzt packen wir uns die Hunnen» und griff damit auf eine wenig schmeichelhafte Bezeichnung zurück, die den Deutschen in Großbritannien seit dem Ersten Weltkrieg anhaftet. Sagt man anderen Nationalteams pauschal einen Hang zur «überschäumenden Spielfreude» oder zu «zu viel Theatralik» nach, wird bei keinem Land so reflexartig auf die Geschichte verwiesen wie bei Deutschland. Da fällt in der britischen Presse schnell das Wort vom «Blitzkrieg». Ist die Verteidigung sehr kompakt, so gilt dies als «Panzerfußball», und selbst wenn auf dem Platz ein deutsches Team von Spielern mit türkischem, tunesischem, polnischem, brasilianischem oder ghanaischem Hintergrund steht – für die Blätter auf der Insel sind es Germanen, Hunnen und Teutonen.

Ist es da nicht wieder, das Bild des ewigen Aggressors, des Störenfrieds in Europas Mitte, den man zwar respektiert, aber gewiss nicht liebt? Eigentlich nicht. Denn laut einer Studie der BBC von 2008 geben 56 Prozent der Befragten aus 22 Ländern Deutschland gute Noten, und nur 18 Prozent sehen die Deutschen eher negativ. Vor allem die Europäer halten mit Werten zwischen 61 Prozent (Russland) und 82 Prozent (Italien) Deutschlands Einfluss in der Welt für «eher positiv».

Wenn man von einem Land spricht wie von einer Person und ihm bestimmte Eigenschaften zuweist, müsste man Deutschland wohl mindestens als «widersprüchlich» bezeichnen. Ohne Zweifel hat die unruhige Mittelmacht eine aggressive Vergangenheit. Aber aus dem Unruheherd in der Mitte Europas ist ein Zentrum der europäischen Vereinigung geworden. Die Deutschen galten – und gelten zuweilen immer noch – als hoffnungslos romantisch, als Dichter und Denker, die den silbernen Mond anhimmeln und dem dunklen Wald huldigen. Doch wäre aus Deutschland dann eine erfolgreiche Wirtschaftsnation geworden?

So wie die Nachbarn dieses Deutschland und sein widersprüchliches Wesen oft mit Argwohn betrachtet haben, scheinen auch die Deutschen sich selbst nicht recht zu trauen. Sind sie so gedankenschwer und pessimistisch, so aggressiv und sorgenvoll, wie man es ihnen oft nachsagt? Ihr Selbstbild scheint dies zu bestätigen, wie Umfragen zeigen. In den Augen ihrer Nachbarn jedoch gelten sie längst schon als zuversichtlich, fröhlich und insgesamt recht umgängliche Zeitgenossen.

In zehn Kapiteln, denen jeweils ein kurzer Einführungsessay vorangestellt ist, versucht dieses Buch, Deutschland und die Deutschen zu ergründen: Warum ist es ein «Rechts- und Sozialstaat»? Was ist deutsche Kultur und was so besonders an der deutschen Landschaft? Gibt es eine einzige deutsche Geschichte oder nicht eher viele deutsche Geschichten? Wie wurde Deutschland Wirtschaftsmacht, welche Sportarten sind die populärsten, wie ist Deutschland im Ausland vertreten und angesehen, wer sind die berühmtesten Deutschen, was essen sie am liebsten, und ist das Wetter hierzulande wirklich so schlecht wie sein Ruf?

So viel darf schon verraten werden: Das Wetter ist wesentlich besser, als man gemeinhin denkt. Und ein genauer, zuweilen augenzwinkernder Blick auf dieses widersprüchliche Land und seine Bewohner zeigt: Unsere Nachbarn liegen mit ihrer Einschätzung gar nicht so falsch.

1. Wer oder was ist deutsch? Politik und Gesellschaft

Wenn der Staat seine Flügel ausbreitet

Müssten sich Länder ausweisen, stünde im Reisepass Deutschlands etwa Folgendes: Amtssprache Deutsch; Größe 357104 Quadratkilometer und etwas mehr als 82 Millionen Einwohner; geboren am 23. Mai 1949; besondere Merkmale: rechtsstaatliche, soziale und föderale Demokratie.

Blanke Daten wie diese aber sagen über ein Land ungefähr so viel aus wie die Körpergröße oder die Haarfarbe über die Persönlichkeit eines Menschen. Dass Deutschland das Land ist, in dem eben «deutsch» gesprochen wird, scheint ja simpel genug. Entsprechend verwenden Italiener, Dänen oder Japaner mit «tedesco», «tysk» oder doitsu-go» für «deutsch» ein Wort, das ursprünglich auf das indogermanische «teuta» zurückgeht und etwa «Volksstamm» oder «Siedlungsgemeinschaft» bedeutet.

Dass dieses «Deutschland» aber zunächst eine ganze Vielfalt von Stämmen und Siedlungsgemeinschaften umfasste, verraten die Bezeichnungen, die andere Sprachen verwenden. Wenn Franzosen, Türken oder Araber von «allemand», «alemaniyya» oder «almanca» sprechen, meinen sie mit «deutsch» eigentlich die westgermanischen Alemannen. Im Englischen, Neuhebräischen (Ivrit) oder auf Hindi spricht man von «German», «Germanit» oder «Jarman» und hat damit offenbar alle Germanen im Sinn. Dabei

> Vertreter aus Politik und Gesellschaft haben das 60-jährige Jubiläum des Grundgesetzes gefeiert. Die bundesdeutsche Verfassung war am 23. Mai 1949 feierlich verkündet worden. Das gilt als Geburtsstunde der Bundesrepublik. (Tagesschau-Meldung vom 22. Mai 2009)

sprach der vielleicht größte historisch belegte germanische Held, Arminius oder Hermann der Cherusker, gar nicht «Deutsch», sondern Latein.

In den slawischen Sprachen differenzierte man zunächst nicht weiter; die urslawische Wurzel «nem», die beispielsweise im polnischen «Niemiec» weiterlebt, bezeichnete ursprünglich alle Fremden aus dem Westen, die keine slawische Sprache verstanden. Und wenn Esten und Finnen von «saksa» sprechen, dann geht diese Bezeichnung für «deutsch» auf einen weiteren Stamm, nämlich die Sachsen zurück. Tatsächlich taucht das Wort «teodisce» erst in einem Brief von Kaiser Karl dem Großen an Papst Hadrian aus dem Jahr 765 auf – einer Zeit, in der verschiedene germanische Stämme (eben Alemannen und Sachsen, aber auch Langobarden, Bajuwaren oder Franken) sich im wahrsten Sinne des Wortes «verstanden».

Sprache ist – in Deutschland vielleicht mehr als in anderen Ländern – ein Identifikationsmerkmal geblieben. Sie war das Bindeglied zwischen den Untertanen verschiedener politischer Einheiten, selbst wenn diese «Länderansammlung» erst im Jahr 1871 zum «Deutschen Reich» vereint wurde (siehe *Geschichte*). Keineswegs hat Deutschland damit auch seine sprachlichen Eigenheiten gänzlich verloren: Zwischen Waterkant und Alpen, Rhein und Oder werden so viele und oft sogar von Dorf zu Dorf unterschiedliche Dialekte gesprochen wie in kaum einem anderen Land (siehe *Leute*). Daneben gibt es regional anerkannte Amtssprachen wie Sorbisch in einigen Gebieten der Bundesländer Sachsen und Brandenburg – oder Friesisch, Dänisch und Niederdeutsch im Bundesland Schleswig-Holstein. Was wiederum darauf hinweist, dass entweder bestimmte Bevölkerungsgruppen in dieses Deutschland einwanderten oder aber Deutschland sich ethnische, kulturelle oder sprachliche Minderheiten gewissermaßen einverleibte.

Deutschland erlebte nicht nur große Aus- und Einwanderungswellen, schon beginnend mit der Völkerwanderung. Dieses «unruhige Land», wie der niederländische Kulturhistoriker Johan Huizinga es einmal genannt hat, wanderte sogar selbst. Nirgendwo

Gebietsverluste infolge der beiden Weltkriege

- ········ Grenzen des Deutschen Reiches 1914
- ········ Ostgrenze der 1919–1935 entmilitarisierten Zone
- ─── Deutsch-deutsche Grenze 1945–1990

- Verluste des Deutschen Reiches nach dem Ersten Weltkrieg
- Besetztes Gebiet innerhalb der entmilitarisierten Zone im Rheinland
- Saargebiet, 1920–1935 unter Verwaltung des Völkerbundes
- Memelgebiet, 1919–1923 unter Verwaltung des Völkerbundes, 1923 von Litauen besetzt und annektiert

- Freie Stadt Danzig, 1920–1939 autonome Republik unter dem Schutz des Völkerbundes
- Verluste des Deutschen Reiches nach dem Zweiten Weltkrieg
- Deutschland nach der Wiedervereinigung 1990

haben sich die Grenzen über Jahrhunderte so häufig verschoben wie in der Mitte des Alten Kontinents (siehe *Geschichte*). Für die Gebietsveränderungen des 20. Jahrhunderts allerdings trägt Deutschland als Verursacher zweier Weltkriege ganz allein die Verantwortung. 1914 umfasste es noch das Gebiet etwa vom Rhein bis nach Königsberg, dem heutigen Kaliningrad. Nach dem Ende des Ersten Weltkrieges 1918 ging es gemäß Versailler Vertrag nicht nur seiner (wenigen) überseeischen Provinzen, sondern auch Westpreußens und der Provinz Elsass-Lothringen verlustig. Eine Karte des Jahres 1945 zeigt gar kein Deutschland mehr, sondern vier Besatzungszonen; aus dem von Amerikanern, Briten und Franzosen verwalteten «Trizonesien» wurde die Bundesrepublik Deutschland, aus der sowjetisch besetzten Zone die Deutsche Demokratische Republik.

Die letzte Grenzveränderung schließlich war einem Regimewechsel nach der ersten geglückten demokratischen Revolution in Deutschland geschuldet: 1990, ein knappes Jahr nach dem Mauerfall, beschloss die erste frei gewählte Volkskammer der DDR die Selbstauflösung der Deutschen Demokratischen Republik und die Eingliederung von fünf neuen Bundesländern in die Bundesrepublik. Die Oder-Neiße-Grenze wurde als endgültige Ostgrenze des vereinigten Deutschland anerkannt. Es ist eine Ironie der Geschichte: Jetzt, da in einem vereinigten Europa die meisten Schlagbäume gefallen sind und die Mitgliedsstaaten der EU ihre Souveränität immer mehr an Brüssel abgeben, kann Deutschland endlich auf klare und allseits akzeptierte Grenzen verweisen. Mit der Wanderung des «unruhigen Landes» hat es ein Ende.

Die Wiedervereinigung ist auch der Grund, warum im Personalausweis der Dame Deutschland eigentlich zwei Geburtsdaten stehen müssten. Mit dem 24. Mai 1949, 0.00 Uhr (manche Juristen meinen, mit dem 23. Mai, 24.00 Uhr), trat das zuvor von allen Bundesländern mit der Ausnahme Bayerns ratifizierte Grundgesetz in der Bundesrepublik in Kraft. Am 3. Oktober 1990, dem Tag der Unterzeichnung des Vertrags zur Wiedervereinigung, wurde Deutsch-

Konrad Adenauer, später zum ersten Bundeskanzler gewählt, unterzeichnet als Präsident des Parlamentarischen Rates am 23. Mai 1949 das Grundgesetz.

land volljährig, der Kriegszustand war nun auch offiziell beendet, es erhielt seine volle Souveränität zurück, und das Grundgesetz gilt als Verfassung für alle Deutschen, also auch auf dem Gebiet der ehemaligen DDR.

Leo Tolstois Roman «Anna Karenina» beginnt mit dem oft zitierten Satz: «Alle glücklichen Familien gleichen einander, jede unglückliche Familie ist auf ihre eigene Weise unglücklich.» Für die Politik möchte man diesen Satz auf den Kopf stellen. Alle Diktaturen, gleich welcher ideologischen Prägung, ähneln sich in dem Unglück, das sie mit Unterdrückung und Zwang zum Gehorsam (bei gleichzeitiger Privilegierung einer kleinen Herrschaftselite) über ihre Untertanen bringen. Jede Demokratie aber verpflichtet sich dazu, dem Bürger gleichzeitig Schutz und Sicherheit sowie Möglichkeiten individueller Entfaltung zu gewähren. Dieses Glück «geschützter Selbstverwirklichung» verankerte einer der Gründungsväter der USA, Thomas Jefferson, gleich am Anfang der

Bundeskanzlerin Merkel hat zu Wachsamkeit vor jeder Form von Antisemitismus aufgerufen. Anlass ist das Ende des Zweiten Weltkriegs, das sich an diesem Wochenende zum 65. Mal jährt. (Tagesschau-Meldung vom 8. Mai 2010)

amerikanischen Unabhängigkeitserklärung, einem der wichtigsten Dokumente demokratischer Staatsphilosophie: «Wir halten diese Wahrheiten für ausgemacht, dass alle Menschen gleich erschaffen worden, dass sie von ihrem Schöpfer mit gewissen unveräußerlichen Rechten begabt worden, worunter sind Leben, Freiheit und das Bestreben nach Glück.»

Die Gleichheit des Menschen vor dem Gesetz und die unveräußerlichen Rechte eines jeden Individuums – zu denen beispielsweise das Recht auf körperliche Unversehrtheit, Informationsfreiheit, Meinungsfreiheit, Religionsfreiheit und Freizügigkeit, sprich, das Recht, den Wohnsitz frei zu wählen, gehört – beschreiben die Grundlagen des Rechtsstaats; dazu kommen die in der Verfassung festgelegte Kontrolle staatlichen Handels durch das Gesetz und ein System der Gewaltenteilung.

Wenn der Personalausweis Deutschlands also Rechtsstaatlichkeit als besonderes Merkmal ausweist, so wird damit «nur» das Fundament beschrieben, auf dem alle Demokratien ruhen. Wie genau aber diese Gewaltenteilung organisiert, das Verhältnis von Staat und Religion definiert (siehe *Säkularismus*) oder gar ein «Bestreben nach Glück» festgeschrieben wird und wie eine Gesellschaft diesen institutionellen Rahmen ausfüllt, das geschieht wiederum auf «je eigene Weise». Denn jede Demokratie ist aus ganz spezifischen Umständen erwachsen, die wiederum historischen, kulturellen und politischen Eigenheiten Rechnung tragen.

Großbritannien ist eine konstitutionelle Monarchie, in der König oder Königin das formale Recht besitzen, das Parlament zu eröffnen; Frankreich (genauer, die jetzt fünfte Republik) ist eine äußerst zentralistische Präsidialdemokratie, in der Religion und Staat seit der Französischen Revolution und der scharfen Auseinandersetzung mit einer immer noch mächtigen katholischen Kirche im 19. Jahrhundert nunmehr strikt getrennt sind. Dass in Israels Parlament zahlreiche, auch kleinste Parteien vertreten sind und Regierungsbildungen immer höchst schwierige und oft fragile Koalitionsbildungen erfordern, ist gewiss auch ein Erbe der Gründungsväter. Schon vor der Ausrufung des Jüdischen Staates stritt man mit Leidenschaft über jedes kleinste Detail des zukünftigen Gemeinwesens, wobei beständige Spaltungen und neue Fraktionsbildungen zu beobachten waren.

Die Bundesrepublik Deutschland hat ihren föderalen Charakter nicht etwa nur den westlichen Alliierten zu verdanken, die das übermächtige und als militaristisch aggressiv geltende Preußen zerschlugen und eine Reihe von neuen Bundesländern (darunter Baden-Württemberg, Rheinland-Pfalz und Niedersachsen) schufen. Darin spiegelt sich auch die Tatsache wider, dass Deutschland von Beginn an eine Stammesgesellschaft war (man denke nur an Alemannen, Langobarden, Franken, Sachsen und Bajuwaren der germanischen Zeit) und in den Jahrhunderten der politischen Zersplitterung sehr eigene regionale Besonderheiten ausgebildet hat. Bis heute sind Kultur und Schulbildung Ländersache – was in Zeiten der europäischen Integration (siehe *Deutschland und die Welt*) zuweilen etwas anachronistisch anmutet.

Dass sich die Bundesrepublik zudem auch als soziale Demokratie definiert, hängt wiederum mit der Tatsache zusammen, dass der Sozialstaat in Deutschland im Grunde vor der Demokratie entstand, nämlich mit den Sozialgesetzgebungen des kaiserlichen Reichskanzlers Otto von Bismarck, der Ende des 19. Jahrhunderts die Kranken-, Alters- und Invaliditätsversicherung und damit «sozialen Grundschutz» einführte. In verschiedenen Ausformungen wurde der Sozialstaat über die Turbulenzen des 20. Jahrhunderts in die Bundesrepublik gerettet und von deren erstem Bundeskanzler Konrad Adenauer mit der Einführung etwa der Förderung sozialen Wohnungsbaus, der Einführung von Kindergeld und des Mutterschutzes oder einer Neuregelung der Lohnfortzahlung im Krankheitsfall weiter ausgebaut (siehe *Wirtschaft*).

Das Kindergeld darf weiterhin vollständig auf Leistungen für Langzeitarbeitslose angerechnet werden. Das hat das Bundesverfassungsgericht entschieden. Das Recht auf ein menschenwürdiges Existenzminimum werde dadurch nicht verletzt, so die Karlsruher Richter. (Tagesschau-Meldung vom 9. April 2010)

Natürlich wurde schon seit Bismarcks Zeiten darüber diskutiert, wie viel Steuerlast die besser Verdienenden schultern müssten, um damit die Schwächeren der Gesellschaft zu unterstützen. Wie weit der Sozialstaat seine Flügel ausbreiten soll – und kann –, hat vielleicht sogar etwas mit Thomas Jeffersons «Bestreben nach Glück» zu tun, das die einzelnen Gesellschaften auf jeweils eigene Weise auslegen. Die meisten Amerikaner würden unter «pursuit of happiness» die Chancengleichheit verstehen, die ein Staat seinen Bürgern gewähren soll, ohne sich dabei allzu sehr in ihr Leben einzumischen oder gar Vorschriften zu machen, wie der Einzelne seine Möglichkeiten am besten nützt. In Deutschland hingegen mag das Streben nach einem etwas kollektiveren Glück ausgeprägter sein – oder nennen wir das Glück einfach nur den Wunsch, die Schwächeren und damit potenziell immer auch sich selbst vom Staat ausreichend umsorgt zu wissen.

Stichworte · Politik

Deutscher Michel

In den Karikaturen steht er meist etwas verdutzt oder auch ein wenig tumb herum, der kleine Mann mit der Zipfelmütze auf dem Kopf, der deutsche Michel. Mitte des 16. Jahrhunderts tauchte er zum ersten Mal auf. Seither ist er, ähnlich dem US-amerikanischen Uncle Sam, John Bull in Großbritannien oder auch der französischen Marianne, zum Nationalsymbol geworden. Oder besser, zur Stilisierung dessen, wie sich viele Deutsche gerne selbst – je nach Epoche unterschiedlich – sehen wollten. In seiner «Kindheit» symbolisierte er den simplen Bauern, im 17. Jahrhundert den einfachen, geradlinigen Kerl, dem die parfümierte Etikette des französisch parlierenden Adels gänzlich fremd ist. Eher revolutionär angehauchte Zeichner des frühen 19. Jahrhunderts prangerten im deutschen Michel ein Spießbürgertum an, das sich partout nicht für die Politik interessieren mochte. Für die Sozialdemokraten der Jahrhundertwende, die heftig gegen die aggressive und überambitionierte Außenpolitik des Kaiserreichs protestierten, stand er symbolisch für das geknechtete Volk, dem diese Politik angeblich aufgezwungen wird. Nach dem Krieg wurde der deutsche Michel oft wieder als kleines, unbedarftes Männchen gezeichnet, das erstaunt zusah, wie die Alliierten Deutschland neu organisierten oder wie «die Großen da oben» Schicksal für ihn spielten.

Doch nur für die Deutschen selbst blieb der Mi-

Der «deutsche Michel»: Karikatur von 1848

Herbst

chel das Symbol ihrer Nation, weniger für das Ausland, das ja nun wahrlich nicht nur den friedfertigen, unbedarften Kerl kennengelernt hat. Nach der Wiedervereinigung verschwand der Michel langsam aus dem Repertoire der politischen Karikaturisten. Das Image eines kleinen Männchens mit altmodischer Zipfelmütze scheint für eine moderne, pluralistische Gesellschaft, die in der Welt inzwischen auch größere Verantwortung übernimmt, nicht mehr zu passen.

Warum sitzt die Kanzlerin allein?

Dieses Bild ging am 28. Oktober 2009 um die Welt: Angela Merkel, im schwarzen Kostüm auf der Regierungsbank. Wieso aber saß sie allein, wo war ihr Kabinett? Wir haben uns längst angewöhnt zu glauben, bei Bundestagswahlen würde eine neue Regierung

gewählt. Das aber ist nur halb richtig. Gewählt werden die Abgeordneten des Bundestages, die im Regelfall einer Partei angehören. Die Koalitionsverhandlungen, die meistens nach einer Wahl stattfinden (denn nur selten gewinnt eine Partei die absolute Mehrheit und damit ein Mandat, allein zu regieren), sind formal noch keine Regierungsbildung. Sie schaffen die Voraussetzungen, damit der Bundespräsident den Kandidaten vorschlagen kann, der die besten Chancen hat, eine Mehrheit der Abgeordnetenstimmen in einer freien und geheimen Wahl auf sich zu vereinen. Die formale

Bundeskanzlerin Merkel kann weitere vier Jahre regieren. Gut einen Monat nach der Wahl wurde sie heute vom Bundestag mit klarer Mehrheit im Amt bestätigt. (Tagesschau-Meldung vom 28. Oktober 2009)

Regierungsbildung findet also erst statt, wenn das neugewählte Parlament zum ersten Mal in der neuen Legislaturperiode zusammentritt und den Kanzler wählt. Dabei darf der Bundespräsident, theoretisch jedenfalls, frei bestimmen, wen er vorschlägt. Wen aber das Parlament wählt, den muss er auch ernennen.

Erst nach Wahl und Vereidigung darf der neue Kanzler (oder eben die Kanzlerin) auf der Regierungsbank Platz nehmen. Und erst nachdem der Kanzler gewählt und vereidigt wurde, werden auch die vom Kanzlerkandidaten als Kabinettsmitglieder vorgeschlagenen Abgeordneten vereidigt – die zuvor natürlich im Plenum, also unter den anderen in den neuen Bundestag gewählten Abgeordneten saßen.

Das Foto der einsamen Kanzlerin Merkel entstand direkt nach ihrer eigenen Vereidigung und kurz bevor sich die neuen Minister zu ihrer Regierungschefin gesellen durften.

Frisch vereidigt:
Bundeskanzlerin Angela Merkel
am 28.10.2009 im Bundestag.

Aus Erfahrung klüger: das Grundgesetz

Verfassungen sind mehr als nur eine Betriebsanleitung für das politische System eines Staates. Sie verbinden die Geschichte mit den Hoffnungen für die Zukunft, um die Gegenwart friedlich zu regeln. Die Väter (und vier Mütter) des Grundgesetzes stellten der Regelung des politischen Systems und der Institutionen 19 Artikel voraus, deren erster – «Die Würde des Menschen ist unantastbar» – auch der wichtigste ist: Aus ihm leiten sich alle anderen Grundrechte wie Meinungsfreiheit, Versammlungsfreiheit oder Religionsfreiheit ab. Damit wollten sie ein Zeichen setzen: Nach dem Verbrecherregime des «Dritten Reiches» sollte die Würde des Einzelnen wieder absolute Priorität genießen. Das ist der Kern einer funktionierenden demokratischen politischen Kultur, die 1948, als das Grundgesetz verfasst wurde, noch keineswegs vorhanden war. Sie musste sich erst entwickeln, und das Grundgesetz sollte der Leitfaden dieser Entwicklung werden.

Aber auch in der Organisation der Gewaltenteilung und der sie repräsentierenden Institutionen spiegeln Verfassungen eine Geschichte wider, in der Hoffnung, Krisen der Zukunft damit gut meistern zu können. Das Grundgesetz der Bundesrepublik hat dabei aus den Erfahrungen mit der Verfassung der Weimarer Republik (siehe *Geschichte*) gelernt. Häufige Regierungswechsel, wie sie in den kurzen Jahren der ersten deutschen Demokratie gang und gäbe waren, sollten vermieden werden. Anstatt eines «Ersatzkaisers», wie es der starke Präsident der Weimarer Republik war, der das Parlament aus fadenscheinigen Gründen auflösen konnte, sollte in der Bundesrepublik gleichzeitig die Rolle des Parlaments und die «Sattelfestigkeit» und Regierungsfähigkeit des Kanzlers gestärkt werden.

Der Kanzler – dass es einmal eine Kanzlerin geben würde, daran hatten die deutschen Verfassungsväter 1949 noch nicht gedacht – besitzt «Richtlinienkompetenz», das heißt die Zuständigkeit,

Richtlinien der (Regierungs-)Politik verbindlich vorzugeben. Das bedeutet nicht, dass der Kanzler (oder die Kanzlerin) jedes Detail zu bestimmen hat, denn jeder Minister, den der Kanzler ernennt, leitet sein Ministerium eigenständig. Damit der Kanzler sich aber jederzeit unabhängig von den Ministerien ein Bild der Lage machen kann – gleich ob in der Außen-, Wirtschafts- oder Umweltpolitik –, gibt es im Bundeskanzleramt ein Referat für jedes Ministerium. Das Bundeskanzleramt bildet in seiner Struktur also inhaltlich das gesamte Kabinett ab. Kommt es zu Meinungsverschiedenheiten, hat der Kanzler das letzte Wort.

Noch wichtiger aber ist, dass die Verfassung eine Auflösung des Parlaments nicht vorgesehen hat, ohne dafür zu sorgen, dass so schnell wie möglich eine neue Regierung die Amtsgeschäfte übernimmt. Vorgezogene Neuwahlen gibt es nur in zwei Fällen.

Fall 1: Der Bundeskanzler stellt die Vertrauensfrage und kann damit im Fall einer tiefgreifenden Krise seiner Regierung prüfen, ob er noch über eine Mehrheit verfügt. Bundeskanzler Helmut Schmidt hat zuerst die Vertrauensfrage gestellt, als sich innerhalb seiner Sozialdemokratischen Partei und beim Koalitionspartner FDP Unmut über ein Nachrüstungsprogramm (den «NATO-Doppelbeschluss») zu regen begann. Eine Mehrheit sprach ihm das Vertrauen aus. Wenig später aber wurde er durch ein konstruktives Misstrauensvotum gestürzt, das auch von der FDP mitgetragen wurde, die in der Folge eine Regierung mit der CDU unter Kanzler Helmut Kohl bildete. Gerhard Schröder stellte sie 2005, als seine Mehrheit im Bundesrat verloren gegangen und die Regierungsarbeit enorm erschwert worden war.

Fall 2: Das Parlament spricht dem Kanzler das Misstrauen aus. Es kann ihn aber nicht einfach stürzen. Der «konstruktive Misstrauensantrag» darf nur gestellt werden, wenn sich eine Mehrheit der Abgeordneten bereits auf einen Nachfolger geeinigt hat (wenn Mitglieder der Regierung sich gegen den eigenen Kanzler wenden). Vor dem Misstrauensantrag gegen Helmut Schmidt ist dies nur einmal geschehen: als die CDU unter Führung von Rainer Bar-

zel 1972 einen Misstrauensantrag gegen den damaligen SPD-Kanzler Willy Brandt einbrachte –
und scheiterte.

Neben diesen institutionellen Vorsichtsmaß-
nahmen sorgt das Grundgesetz auch für eine
«wehrhafte Demokratie». Nicht nur sieht es eine
Fünf-Prozent-Klausel vor, die verhindert, dass
allzu kleine Splitterparteien in den Bundestag
einziehen und dort eine schwierige Koalitions-
politik verursachen können. Auch Parteien, denen «Verfassungs-
widrigkeit» klar nachgewiesen werden kann, die sich also offen für
die Abschaffung der Demokratie einsetzen, dürfen verboten werden. Und damit auch niemand Schindluder mit dem Grundgesetz
treiben kann, ist sogar noch eine weitere Institution vorgesehen:
das Bundesverfassungsgericht in Karlsruhe, dessen Aufgabe es ist,
jedes Gesetz (nach Antrag) darauf zu prüfen, ob es auch wirklich in
Einklang mit Wort und Geist des Grundgesetzes steht.

Ein echtes Kind des Föderalismus:
der Bundesrat

Mit größter Spannung schaute Deutschland im Mai 2010 auf die
Wahlen im bevölkerungsreichsten Bundesland, in Nordrhein-
Westfalen. Würde die «schwarz-gelbe» Regierung aus CDU und
FDP dort ihre Mehrheit verlieren, und wäre dies auch als Entzug
des Vertrauens für die schwarz-gelbe Koalition in Berlin zu interpretieren? Und noch wichtiger: Würde eine neue Regierungskoali-
tion in Nordrhein-Westfalen die Mehrheit für Schwarz-Gelb auch
im Bundesrat verändern und Regierungsarbeit damit ein ganzes
Stück komplizierter machen?

Drei sogenannte Verfassungsorgane dürfen in Deutschland Gesetze einbringen: der Bundestag, der die Legislative vertritt; die Bundesregierung als Exekutive; und der Bundesrat, der eine Art Zwischeninstanz ist. Dass es ihn gibt, ist der über Jahrhunderte gewachsenen föderalen Tradition geschuldet, denn im Bundesrat werden Mitglieder von Regierungen der sechzehn Bundesländer entsandt (also die Exekutive). Laut Artikel 50 des Grundgesetzes nimmt er aber auch parlamentarische Funktionen wahr, denn die Länder sollen «bei der Gesetzgebung und Verwaltung des Bundes und in Angelegenheiten der Europäischen Union mitwirken».

In Nordrhein-Westfalen ist schwarz-gelb abgewählt. Doch wer die zukünftige Landesregierung stellen soll, bleibt vorerst offen. Vor allem die CDU musste massive Stimmeneinbußen hinnehmen. (Tagesschau-Meldung vom 10. Mai 2010)

Gesetzesvorlagen der Bundesregierung müssen grundsätzlich dem Bundesrat vorgelegt werden. Dessen Zustimmung ist immer dann nötig, wenn ein solches Gesetz von den Behörden der Länder (beispielsweise Sozialämtern oder Polizeikräften, die mit Ausnahme der Bundespolizei den jeweiligen Ländern unterstehen) umgesetzt werden muss; wenn es um die Erhebung und Verteilung von Steuern geht; und – besonders wichtig – wenn das Grundgesetz geändert werden soll.

Der Bundesrat war also als politisches Organ gedacht, das die Interessen der Länder im Bund wahrnehmen sollte. Faktisch ist er jedoch zu einem zusätzlichen Kontrollorgan der Regierung geworden. Denn immer wieder stimmt der Souverän in Landtagswahlen auch über die Bundesregierung ab und verpasst Regierungsparteien per Stimmzettel gerne einen Denkzettel. 2005 verlor die bis dato in Nordrhein-Westfalen regierende SPD ihre Mehrheit im Düsseldorfer Landtag und die rot-grüne Koalition damit auch ihre Mehrheit im Bundesrat. Gerhard Schröder hatte im Vorfeld bereits angekündigt, dass er in diesem Fall, und weil in der SPD die Unterstützung für seine Politik der Reformen zu schwinden begann, die Vertrauensfrage stellen würde. In Neuwahlen, so die Hoffnung, könnte die rot-grüne Koalition vielleicht ein breiteres Mandat von der Wählerschaft erhalten. Allerdings gewann die CDU eine knappe Mehrheit, die SPD musste sich als Juniorpartner einer großen Koalition begnügen.

2010 wiederum musste die CDU herbe Verluste wiederum in Nordrhein-Westfalen hinnehmen; nun verlor die seit 2009 regierende CDU/CSU/FDP-Koalition ihre Mehrheit im Bundesrat. Das sei, meinten viele Kommentatoren, auch Ausdruck der Unzufriedenheit mit der schwarz-gelben Koalition im Bund.

Säkularismus

Meist wird die Trennung von Staat und Religion in demokratischen Gesellschaften als «Säkularismus» verstanden. Richtiger wäre der Ausdruck «Religionsfreiheit», die im Grundgesetz verankert ist und eine doppelte Garantie umfasst: die Freiheit *der* Religion, also das Recht, seinen Glauben oder seine Weltanschauung (siehe *Kultur*) frei zu bilden. Aber auch die Freiheit *von* der Religion, also das Recht, keinem Glauben anzugehören.

Die Trennungslinie zwischen Staat und Religion kann unterschiedlich scharf gezogen werden. In Frankreich ist das Tragen religiöser Symbole – darunter auch das Kopftuch – in staatlichen Institutionen wie Schulen oder Universitäten nicht erlaubt, weil man darin eine mögliche Form der religiösen Beeinflussung und damit eine Einschränkung der «Freiheit von der Religion» sieht. In Großbritannien ist das Oberhaupt der ältesten Demokratie, der Monarch, gleichzeitig Oberhaupt der anglikanischen Kirche. In Deutschland wird Religion an staatlichen Schulen unterrichtet, die Kirchensteuer vom Staat eingezogen, und christliche Feiertage sind geschützt – anders als in den Vereinigten Staaten, die auf einer strikten Trennung beharren. Mit der

In den Schulen Berlins bleibt der Ethikunterricht ab der 7. Klasse ein Pflichtfach, der Religionsunterricht kann nur zusätzlich besucht werden. Bei dieser Regelung bleibt es. Ein Volksentscheid dagegen ist gescheitert. (Tagesschau-Meldung vom 26. April 2009)

Ausnahme des ersten Weihnachtsfeiertages werden dort keine christlichen Feiertage begangen, und Religionsunterricht darf nur in privaten, nicht aber in staatlichen Schulen erteilt werden.

Aber was heißt dann «Trennung von Staat und Religion», und was genau ist eine säkulare Gesellschaft? Zunächst einmal, dass es keine Staatskirche gibt und dass der Staat in allen seinen Institutionen «weltanschaulich neutral» zu sein hat – er darf keiner Religion, keinem Glauben, keiner Weltanschauung Vorteile gewähren oder Nachteile zufügen (zum Beispiel durch Subventionen). Das wiederum weist auf einen Kerngedanken oder besser eine Art «Arbeitsteilung zwischen Jenseits und Diesseits» zurück, die vor allem die schottischen Philosophen der Aufklärung schufen: Religion darf für das Seelenheil des Einzelnen zuständig sein, sofern er es wünscht, aber sie darf keine weltliche Macht ausüben. Der Staat darf weltliche Macht ausüben, aber er hat sich völlig aus der Frage herauszuhalten, wie der Einzelne sein Seelenheil zu erreichen wünscht – es sei denn, und dies ist eine wichtige Grenze, es würden dabei die Gesetze des Staates verletzt. Das bedeutet auch: Die weltlichen Gesetze stehen über den himmlischen. Schließlich ist es Grundprinzip vor allem demokratischer Staaten, dass der Bürger im Hier und Jetzt zu seinem Recht kommen soll und nicht auf das Jenseits vertröstet wird und dass die weltliche Autorität ebenfalls weltlichen Kontrollen (sprich dem Gesetz oder dem Willen des Wählers) unterliegt. Oder einfacher ausgedrückt: Wir Menschen können nicht wissen, wie Gott richtet. Und: Gott kann man weder in ein Amt wählen noch – was viel wichtiger ist – ihn wieder abwählen.

Der Begriff «säkular» wird jetzt meist in einem anderen Zusammenhang gebraucht, nämlich um zu beschreiben, wie religiös eine Gesellschaft ist, wie viele Menschen an Gott glauben oder regelmäßig Gottesdienste besuchen. Das wiederum hat, obgleich es oft behauptet wird, nichts mit der demokratischen Verfasstheit einer Gesellschaft zu tun. Sie kann sehr religiös sein und dennoch zweifellos demokratisch organisiert wie die USA. Oder gänzlich unreligiös, aber eine Autokratie wie Kuba.

Katholiken, Protestanten, Religionslose

Die größte Religionsgemeinschaft in Deutschland ist die römisch-katholische – ihr gehören knapp 31 Prozent der Bundesbürger an, vorwiegend in West- und Süddeutschland. 29,9 Prozent, vor allem in Norddeutschland (Stand vom 31. Dezember 2008), sind evangelisch. Die muslimischen Gemeinden haben etwa 3,2 Millionen Mitglieder, also etwa 3,9 Prozent der Bevölkerung, die Orthodoxen Kirchen drei Prozent. Die deutsche Buddhistische Union gibt eine Mitgliederzahl von etwa 250 000 an – damit läge sie mit 0,3 Prozent der Bevölkerung noch vor der Anzahl der Juden, die nur 0,2 Prozent entspricht.

Fast ebenbürtig mit dem Anteil der Katholiken und Protestanten in Deutschland ist mit rund 29 Prozent (vor allem in den östlichen Bundesländern) die Gruppe derjenigen, die gar keiner Religionsgemeinschaft angehören. Richtig spannend wird es aber erst in einer Erhebung der «Religiosität», die natürlich nicht identisch mit der Zugehörigkeit zu einer Religionsgemeinschaft ist und in der sich die größten Unterschiede zwischen Ost- und Westdeutschland zeigen: 63 Prozent dort bekennen sich als nicht religiös, in den alten Bundesländern sind es nur 19 Prozent. 78 Prozent in den alten Bundesländern hingegen bekennen sich als religiös, in den neuen Ländern sind es nur 36 Prozent (insgesamt: 70 Prozent religiös, 28 Prozent klar nicht religiös).

In der jüngeren Generation ist der Anteil der Religiösen übrigens nicht niedriger als in den mittleren und etwas älteren Generationen (52 Prozent bezeichnen sich als religiös, 14 Prozent sogar als hoch religiös).

Innerhalb Europas ähnelt die deutsche Gesellschaft in diesem Punkt fast aufs Haar den Österreichern (eher katholisch) und den

Eher nachdenklich und ruhig hat gestern der zweite ökumenische Kirchentag in München begonnen. Heute feiern Katholiken und Protestanten noch getrennt Himmelfahrtsgottesdienste, doch eine gemeinsame Prozession soll anschließend das Miteinander der Christen, die Ökumene, demonstrieren. (Tagesschau-Meldung vom 13. Mai 2010)

Schweizern (eher evangelisch). Zu den etwas weniger religiösen demokratischen Gesellschaften gehören Großbritannien und Frankreich. In Israel ist man etwa so religiös wie in der alten Bundesrepublik. Mit 89 Prozent, die sich als religiös bezeichnen, sind die USA das frommste unter den westlichen Ländern. Spitzenreiter der Religiosität sind übrigens das hinduistische, muslimische, christliche, buddhistische Indien (nur ein Prozent der Bevölkerung bezeichnet sich als nicht gläubig) und das zu gleichen Teilen christliche und muslimische Nigeria (92 Prozent verstehen sich dort sogar als hoch religiös). Schlusslicht ist Russland, in dem sich nur 50 Prozent der Menschen als religiös einstufen.

Reichstag

Man könnte es rückblickend als schlechtes Omen auffassen. Als Seine Majestät Wilhelm I., erster Kaiser des vereinigten Deutschen Reiches, am 9. Juni 1884 symbolisch auf den Grundstein des neuen Parlamentsgebäudes schlug, zerbrach das Werkzeug – unter den betretenen Mienen der versammelten Honoratioren, es waren übrigens hauptsächlich Militärs und nur wenige Abgeordnete. Tatsächlich hat kaum ein Parlamentsgebäude eine so wechselvolle Geschichte. Erbaut nach Plänen des Architekten Paul Wallot – dessen Entwurf nach einem Wettbewerb gewählt wurde, an dem nur Baumeister «deutscher Zunge» teilnehmen durften –, zog der Reichstag recht bald den Ärger des schneidigen Kaisers Wilhelm II. auf sich. Mit 75 Meter Höhe überragte die aus Stahlträgern und Glas geformte Kuppel des deutschen Parlaments doch glatt die nur 67 Meter hohe Kuppel des Stadtschlosses. Ob dem Herrscher nur diese Frechheit oder aber der ganze Parlamentarismus missfiel, ist schwer auszumachen. Mit der abfälligen Bezeichnung «Reichsaffenhaus» für das deutsche Parlament jedenfalls sicherte er sich

Berühmte nachgestellte Szene: Am 2. Mai 1945 hisst der sowjetische Soldat Militon Kantarija für die Kriegsfotografen noch einmal die Fahne der UdSSR über dem Berliner Reichstag.

einen prominenten Platz auf der Liste derjenigen, die für die Institution des Parlaments und dessen Sitz nichts als Verachtung übrig hatten. In genau dieser Tradition nannten die Nazis den Reichstag «Quasselbude».

Dass der niederländische Kommunist Marinus van der Lubbe am 27. Februar 1933 Feuer im Plenarsaal legte (dem auch die Kuppel zum Opfer fiel), war für die Nazis ein willkommener Anlass, wegen eines angeblichen «kommunistischen Putschversuchs» den Ausnahmezustand zu erklären, die wichtigsten Grundrechte der Weimarer Verfassung außer Kraft zu setzen und mit dem «Ermächtigungsgesetz» sämtliche Parteien aufzulösen.

Die Rote Armee betrachtete seltsamerweise das Reichstagsgebäude als Zentrale des «Dritten Reichs» – Berlin galt als erobert, als der Reichstag am 30. April 1945 nach tagelangen wüsten Straßenkämpfen gestürmt wurde. Jewgenij Chaldeis berühmte Fotografie von den Sowjetsoldaten, die die rote Fahne auf dem Dach hissten, wurde erst ein paar Tage später nachgestellt, als die Kämpfe zu Ende waren, die zuvor auch im Gebäude getobt hatten.

Bis der Reichstag aber wieder offiziell Sitz des deutschen Parlaments wurde, sollte fast ein halbes Jahrhundert vergehen. Während des Kalten Krieges verlief die Mauer direkt hinter der Ostfassade – aufgrund des Viermächteabkommens der Alliierten war es dem Bundestag untersagt, Plenarsitzungen in Berlin abzuhalten.

Nachdem der Bundestag 1991 mit einer knappen Mehrheit von 18 Stimmen den Umzug nach Berlin beschlossen hatte, fragten sich nicht wenige Kommentatoren, ob das Parlament des nunmehr vereinigten Deutschland tatsächlich in diesem «historisch belasteten» Gebäude tagen sollte. Würde es diese Mauern mit neuem Geist erfüllen können?

Die Sorge war unbegründet. In der Vergangenheit hatte diesem Gebäude immer etwas vom unangenehm auftrumpfenden, allzu üppigen Habitus des deutschen Kaiserreichs angehaftet. Im Stil der Neorenaissance erbaut, fehlte ihm die leichte, klare Formensprache des Klassizismus, die viele andere Parlamentsgebäude als Referenz an die antike Demokratie auszeichnet (etwa das Kapitol in Washington). Finanziert wurde der Bau des Reichstags von den Reparationszahlungen, die Frankreich nach dem verlorenen Krieg von 1870/71 zu entrichten hatte. Und die Inschrift «Dem deutschen Volke» goss man aus dem Stahl von Kanonen, die in den Befreiungskriegen gegen Napoleon erbeutet worden waren. (Dies übernahm die Gießerei der jüdischen Familie Loevy, deren Mitglieder nach 1933 verfolgt, vertrieben und ermordet wurden.)

Dass der Reichstag seine Schwere verlor, liegt vielleicht daran, dass er vor seinem Umbau zunächst einmal verschwand – nämlich in der Verpackung des Künstlerpaares Christo und Jeanne-Claude. Aus dem sperrigen Kasten wurde, für Wochen bestaunt von einer riesigen Besucherschar, ein bläulich schimmernder, anmutiger Zauberhügel. Die Sanierung im Inneren schuf einen modernen Funktionssaal, der gleichzeitig seine Geschichte nicht verleugnete und etwa die Graffiti erhielt, die 1945 russische Soldaten hinterlassen hatten. Und mit der so leicht anmutenden Glaskuppel des britischen Architekten Sir Norman Foster (die nur noch 47 Meter hoch ist) entstand ein weithin sichtbares Symbol für Transparenz und Offenheit, das jährlich von Millionen Touristen besucht wird. Zum ersten Mal in seiner Geschichte wurde aus einem vielgeschmähten Gebäude das weithin anerkannte Herzstück der Hauptstadt und der deutschen Demokratie.

Multikulturelle Metropolen?

Wer denkt, die Hauptstadt Berlin habe den größten Anteil ausländischer Bevölkerung, der irrt. Im Ruhrgebiet und im Großraum Frankfurt, in Stuttgart, Köln, München und sogar in Mannheim,

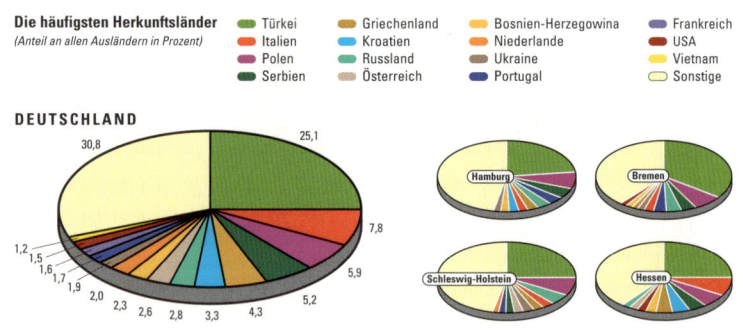

Quelle: Ausländerzentralregister, Daten für 2008

Anteil der ausländischen Bevölkerung

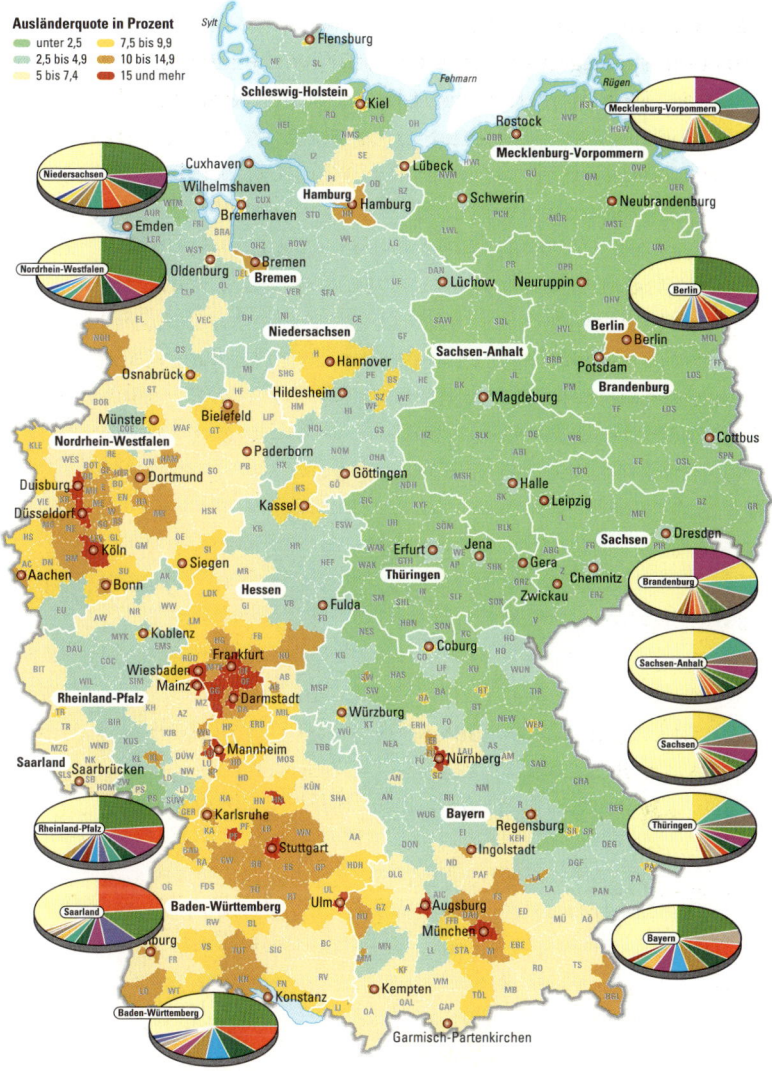

Ausländerquote in Prozent
- unter 2,5
- 2,5 bis 4,9
- 5 bis 7,4
- 7,5 bis 9,9
- 10 bis 14,9
- 15 und mehr

Quelle: Ausländerzentralregister, Daten für 2008

Pforzheim, Ulm, Augsburg und Nürnberg liegt der Anteil der im Ausland geborenen Einwohner mit teils weit mehr als 15 Prozent höher als in Berlin. Spitzenreiter sind Frankfurt/Main, München und Stuttgart mit jeweils über 20 Prozent. Die neuen Bundesländer, Schleswig-Holstein sowie Nord- und Ostbayern weisen den geringsten Anteil von Ausländern in der Bevölkerung auf, nämlich unter 2,5 Prozent.

Spitzenreiter unter den Zuwanderern waren nach Angaben der OECD mit etwas über 170 000 im Jahr 2006 die Polen. Damit schließt sich ein Kreis, denn seit vor allem polnische Arbeiter vor mehr als hundert Jahren in das Ruhrgebiet zogen, ist Deutschland im Grunde ein Einwanderungsland. Der größte Zuwanderungsschub war allerdings in den Jahren des Wirtschaftswunders nach dem Zweiten Weltkrieg zu verzeichnen, als die Bundesrepublik gezielt «Gastarbeiter» aus Italien, Portugal, Marokko und vor allem der Türkei anwarb. Auch in der Abteilung «Einbürgerungen» stellen Türken die größte Gruppe: Etwa 24 000 nahmen im Jahr 2008 die deutsche Staatsbürgerschaft an, als zweite Gruppe mit allerdings einer weit geringeren Zahl von knapp 8000 Einbürgerungen folgen Zuwanderer aus dem ehemaligen Jugoslawien und an dritter Stelle mit etwa 5000 Einbürgerungen Polen.

Doch akzeptiert die Mehrzahl der Deutschen, dass ihr Land schon lange Einwanderungsland ist? Das erscheint fraglich. «Glauben Sie, dass Deutschland für einen Bundeskanzler aus einer Einwandererfamilie bereit wäre?», ließ der Privatsender RTL jüngst in einer Umfrage ermitteln. 39 Prozent der Befragten antworteten mit «Ja», aber 58 Prozent mit «Nein». Über die Hälfte der Deutschen wünscht sich laut Shell-Jugendstudie «weniger Zuwanderer als bisher», und ebenso viele stimmten der Aussage «voll zu», dass «Einwanderer verpflichtet werden sollten, sich den deutschen Sitten und Gebräuchen anzupassen».

In Hannover wird heute die erste türkischstämmige Ministerin Deutschlands vereidigt. Die CDU-Politikerin Özkan soll Sozialministerin in Niedersachsen werden. (Tagesschau-Meldung vom 27. April 2010)

Für die erste große Einwanderungswelle trifft dies übrigens

schon lange zu. Dass einst Tausende polnische Arbeiter in die Industriegebiete des Ruhrgebietes gezogen sind, ist höchstens noch
an der Häufung ursprünglich polnischer Nachnamen in den lokalen
Telefonbüchern zu bemerken.

Binnenwanderungen

Bayern ist nicht nur landschaftlich schön, es übt den größten Reiz
auf Zuwanderer aus anderen Bundesländern aus. 39 000 Menschen zogen im Jahr 2007 in das südliche Bundesland (im Jahr
davor waren es etwas über 34 000); den zweiten Platz als Zuwan-
derungs-Bundesland belegt der Stadtstaat Hamburg mit 16 800,
danach folgen Baden-Württemberg (12 400) und Berlin (12 000).

Spitzenreiter unter den Abwanderungsländern ist immer noch
Sachsen-Anhalt (17 500 Menschen verließen 2007 dieses Bundesland), gefolgt von Thüringen (13 300) und Sachsen (11 100) sowie
den beiden anderen neuen Bundesländern Mecklenburg-Vorpommern und Brandenburg.

Interessant dabei ist: Die Wahl des neuen Wohnortes erfolgt
nicht ausschließlich nach wirtschaftlichen, sondern auch nach
kulturellen bzw. sprachlichen Kriterien. Die meisten Menschen, so
fand das Institut der Zukunft der Arbeit in einer großangelegten
Studie heraus, ziehen in Gegenden, in denen Dialekte gesprochen
werden, die denen ihrer Heimat ähneln. In Deutschland gibt es acht
Regionen, in denen sich die Dialekte mehr oder weniger ähneln
oder gemeinsame Wurzeln haben. Und das Muster der Binnenwan-
derung nach Dialekten hat sich nicht verändert, seit vor 120 Jahren
zum ersten Mal Daten zu diesem Phänomen erhoben wurden.

Bedeutendste Bundeskanzler

Kurt Georg Kiesinger, deutscher Bundeskanzler von 1966 bis 1969, schneidet nicht besonders gut ab; Gerhard Schröder auch nicht. «Wer waren die bedeutendsten Bundeskanzler in der bisherigen Geschichte der Bundesrepublik?» wollte das Institut für Demoskopie Allensbach 2009 wissen. Mit insgesamt 64 Prozent kürten die Deutschen Konrad Adenauer zum bedeutendsten Regierungschef der Bundesrepublik – allerdings sind sich Ost- und Westdeutsche in diesem Punkt nicht einig. Nur 38 Prozent der Befragten aus den neuen Bundesländern würden Adenauer als bedeutendsten Regierungschef der Bundesrepublik betrachten. Diesen Rang gestehen sie Willy Brandt mit 47 Prozent zu, der insgesamt aber nur Platz drei einnimmt. Auf dem zweiten Platz rangiert Helmut Schmidt, den 51 Prozent der West- und nur 43 Prozent der Ostdeutschen als bedeutendsten Kanzler sehen wollen (insgesamt 50 Prozent).

Fast identische Zustimmungsraten von Ost- und Westdeutschen erhielt neben Willy Brandt (46 Prozent West) nur noch Helmut Kohl (38 Prozent aus Ost wie West). Das ist kaum verwunderlich, denn beide Kanzler waren nicht nur für die Bundesrepublik, sondern gesamtdeutsch bedeutsam. Willy Brandt verfolgte mit seiner «Ostpolitik» eine Politik der Entspannung gegenüber dem Ostblock – ob sie tatsächlich zum Zusammenbruch der kommunistischen Regimes geführt hat, darüber streiten sich die Gelehrten. Ganz sicher aber hat diese Politik zu einer Entspannung zwischen Ost und West beigetragen. Helmut Kohl genießt als Kanzler der Einheit gleichermaßen Ansehen in beiden Landeshälften. Erstaunlich sind die Bewertungen für Ludwig Erhard. Er wurde unter Konrad Adenauer Wirtschaftsminister, war mit seiner «sozialen Marktwirtschaft» wesentlich für das Wirtschaftswunder verantwortlich, blieb als Bundeskanzler aber blass. Obwohl er den Westdeutschen zu Wohlstand verhalf, genießt er unter Ostdeutschen mit 21 Prozent höhere Zustimmungsraten als unter den Wessis (15 Prozent).

Historischer Kniefall: Bundeskanzler Willy Brandt am 7. Oktober 1970 vor dem Mahnmal im ehemaligen Jüdischen Ghetto von Warschau. Die Geste gilt als Meilenstein der deutsch-polnischen Aussöhnung nach dem Zweiten Weltkrieg.

Noch vor Gerhard Schröder (gesamt 9 Prozent) und Kiesinger (gesamt 2 Prozent) rangiert übrigens Angela Merkel mit insgesamt 13 Prozent (16 Ost, 13 West).

Der Bundespräsident

Deutschland verfolge als große Exportnation bei seinen Auslandseinsätzen auch wirtschaftliche Interessen, hatte Bundespräsident Horst Köhler in einem Interview auf dem Rückweg von einem Besuch bei den deutschen Truppen in Afghanistan zu bedenken gegeben. Nachdem er für diese Bemerkung tagelang heftig von den Medien kritisiert wurde, trat er überraschend am 31. Mai 2010 mit der Begründung zurück, diese Angriffe beschädigten auch das höchste Staatsamt in Deutschland. Am 30. Juni wurde im dritten Wahlgang der CDU-Politiker und ehemalige Ministerpräsident Niedersachsens, Christian Wulff, zu seinem Nachfolger gewählt.

Der Bundespräsident hat einige im Grundgesetz festgelegte Aufgaben: Er schlägt den Bundeskanzler zur Wahl vor, ernennt oder entlässt auf dessen Vorschlag die Minister, beglaubigt die diplomatischen Vertreter, besitzt das Begnadigungsrecht und vertritt die Bundesrepublik völkerrechtlich. Er wird auch von einem eigens dafür einberufenen Organ für fünf Jahre gewählt: der Bundesversammlung, die aus Mitgliedern des Bundestages zusammengesetzt wird und einer gleichen Anzahl von Wahlmännern und -frauen, die von den Landtagen bestimmt werden, aber keine Abgeordneten sein müssen. Sie werden aber nach «Parteiproporz» ausgewählt, die Bundesversammlung soll auch die Sitzverteilung im Bundestag repräsentieren.

Mit diesem Verfahren trägt das Grundgesetz auch den Aufgaben des Bundespräsidenten Rechnung: Er soll nicht direkt vom Volk gewählt werden, aber auch nicht allein vom Bundestag, er soll kein Populist sein, aber dem täglichen Politikbetrieb nicht zu sehr verhaftet. Der Bundespräsident soll als «natürliche Autorität» über den Dingen stehen. Das Amt wird folglich zu einem hohen Maß von der Persönlichkeit dessen geprägt, der es bekleidet.

2. Deutscher Wald und Vater Rhein: Geographie und Landschaften

Vom Watt bis zur Weinstraße

Gäbe es den Menschen nicht, dann wäre Deutschland voller Bäume. Laub- und Auenwälder würden die deutsche Landschaft prägen, wenn Besiedelung und landwirtschaftliche Nutzung sie nicht verändert hätten. Die Menschen hier wissen das offenbar, denn Wald gehört unverrückbar zur deutschen «Seelenlandschaft» (siehe *Wald – Mythos und Wirklichkeit*).

So wie Finnland als «Land der tausend Seen» bezeichnet wird, ist hierzulande der «deutsche Wald» ein stehender Begriff. Ein Mythos, der vor allem in der künstlerischen Epoche der Romantik zum Ausdruck der angeblich «germanischen Art» überhöht wurde. Die «deutsche Eiche» steht als Symbol für Standfestigkeit und Würde. Die großen deutschen Sagen, zum Beispiel das Nibelungenlied, spielen im Wald. Im Teutoburger Wald besiegten als germanisch bezeichnete Stämme das Heer des römischen Feldherrn Varus – der Legende nach. Der bürgerliche Widerstand gegen die Feudalherrschaft der Adeligen entzündete sich nicht zuletzt am Recht auf die Nutzung der Wälder. Freier Zugang zu den Wäldern ist in der bayerischen Landesverfassung sogar garantiert.

Die enge emotionale Bindung der Deutschen zum Wald spiegelte sich auch in Politik und Ideologie wider. So definierte sich zu Beginn des 19. Jahrhunderts, also einer Zeit, als es Deutschland noch gar nicht als Staatsgebilde gab, die Nationalbewegung über ihr Verhältnis zur heimatlichen Natur, allem voran dem Wald. Ihr

Morgennebel im sächsischen Bielatal

Kampf richtete sich dabei gegen die angeblich urbanen (städtischen) Franzosen. Nicht zuletzt die Nazis nutzten den «deutschen Wald» für ihre Propaganda. Göring sprach etwa vom «ewigen Wald und ewigen Volk».

Heute sind nur noch gut 30 Prozent der Landesfläche bewaldet. Geblieben ist das besondere Verhältnis zwischen Mensch und Baum in Deutschland trotzdem. Bereits 1968 sang Alexandra ein Lied, das zum Hit wurde und verrät, wie sehr die romantische Vorstellung vom Wald in Abgrenzung zur modernen Verstädterung sich gehalten hat. «Mein Freund, der Baum, ist tot, er fiel im frühen Morgenrot», heißt es darin. «Bald wächst ein Haus aus Glas und Stein, dort wo man ihn hat abgeschlagen; bald werden graue Mauern ragen, dort wo er liegt im Sonnenschein.» Noch in den achtziger Jahren herrschte eine ausgeprägte Angst vor dem «Waldsterben» als Zeichen der Umweltzerstörung. Selbst in Großstädten erfreuen sich im modernen Deutschland Ideen wie die Waldpädagogik großer Beliebtheit. Kurz: Deutsche Geographie ohne Wald ist undenkbar. Aber sie besteht natürlich auch nicht allein aus Wald.

Je nachdem, wo man sich in Deutschland befindet, sieht es ganz anders aus (siehe *Landschaften*). Zu Deutschland gehören Inselgruppen in der Nordsee und der Ostsee. Die größte deutsche Insel ist Rügen. Dort liegen die berühmten Kreidefelsen, eine Formation aus weichem weißem Kalkstein mit dem Königsstuhl als höchstem Punkt. Deutschland beginnt noch vor seinen Festland-Küsten an der Nordsee mit dem größten Wattenmeer der Welt. Es ist ein von Ebbe und Flut geschaffenes Feuchtgebiet. Zahlreiche Fisch- und Vogelarten sowie Robben nutzen diesen Schutzraum als Kinderstube für ihren Nachwuchs. Zugvogelschwärme haben im Watt einen riesigen Rastplatz. Zudem wird dort Biomasse produziert, von der sich Pflanzen, Algen und Kleinstlebewesen wie das Plankton ernähren – die wiederum Nahrungsgrundlage vieler Meeresbewohner sind. Hinter dem Watt liegen teilweise ausgedehnte Dünen, Salzwiesen und Moore. Im Norddeutschen Tiefland findet sich die purpurblühende Lüneburger Heide. In Richtung Osten erstrecken sich große, flache Ebenen mit ausgedehnten Seenlandschaften.

Das Wattenmeer zählt jetzt zum Welterbe der Vereinten Nationen. Das zuständige Komitee nahm die Gebirgskette der Dolomiten und das Watt neu in die Erbeliste auf. Es ist Lebensraum von rund 10 000 Tierarten. Das Wattenmeer erstreckt sich von der niederländischen Küste über Niedersachsen bis zur Nordspitze von Sylt in Schleswig-Holstein. (Tagesschau-Meldung vom 26. Juni 2009)

Man kann sagen, dass Wasser Deutschland ähnlich prägt wie der Wald. So definiert das «Deutschlandlied», das Hoffmann von Fallersleben 1841 dichtete (die dritte Strophe wird heute als deutsche Nationalhymne gesungen), die Grenzen des deutschen Sprachraums durch vier Gewässer. «Von der Maas bis an die Memel, von der Etsch bis an den Belt» sollte Deutschland seinerzeit reichen. Der Belt ist eine Meerenge, die heute zu Dänemark gehört. Auch kein einziger der drei besungenen Flüsse liegt auf deutschem Staatsgebiet. Die Maas fließt westlich, hinter der niederländischen Grenze. Die Memel verläuft weit östlich, durch Weißrussland und Litauen bis in die Ostsee. Die Etsch ist der zweitlängste Fluss Italiens.

Dennoch muss Deutschland nicht ohne prägende Ströme auskommen. Der wichtigste Fluss ist der Rhein. Er entspringt in den

Alpen, mündet rund 1300 Kilometer nördlich in die Nordsee und ist als einer der meistbefahrenen Flüsse der Welt ein wichtiger Wirtschaftsfaktor. Überhaupt beziehen die großen geographischen Besonderheiten Deutschlands ihre Bedeutung oft aus dem Zusammenspiel von Natur und Mensch. Viele der schönsten und bekanntesten Landschaften sind sogenannte Kulturlandschaften, also Naturräume, auf die der Mensch Einfluss genommen hat. Flüsse und Seen, Täler und Höhen wurden und werden verändert und geprägt durch ihre Nutzung, sei es landwirtschaftlich oder touristisch (siehe *Flächennutzung*).

Am Rhein liegen zahlreiche wichtige deutsche Städte: Karlsruhe, Mannheim, Ludwigshafen, Mainz, Wiesbaden und Koblenz ebenso wie Bonn, Köln, Düsseldorf oder Duisburg. Das Mittelrheintal mit der berühmten Loreley, einem Schieferfelsen, gehört zum Weltkulturerbe. Der Name «Deutsches Eck» für die Landzunge am Zusammenfluss von Rhein und Mosel in Koblenz beweist, dass diese Flussregion auch eine hohe symbolische Bedeutung hat. So kommt der «Vater Rhein» in zahlreichen künstlerischen Werken vor, etwa 1844 in Heinrich Heines «Deutschland – ein Wintermärchen»: «Sei mir gegrüßt, mein Vater Rhein/Wie ist es dir ergangen?/Ich habe oft an dich gedacht/Mit Sehnsucht und Verlangen». Richard Wagner erweiterte in seiner Oper «Rheingold» (1869) die mythische Fluss-Familie um drei Rheintöchter mit den klingenden Namen Floßhilde, Woglinde und Wellgunde.

Dem Dresdner Elbtal ist der Titel UNESCO-Welterbe aberkannt worden. Das entschied die Kulturorganisation der Vereinten Nationen auf ihrer Jahrestagung in der spanischen Stadt Sevilla. Grund ist der Bau der umstrittenen Waldschlösschenbrücke für den Autoverkehr. (Tagesschau-Meldung vom 26. Juni 2009)

Ein weiterer großer (großenteils deutscher) Fluss ist die Elbe, die auf ihrem Weg in die Nordsee durch Dresden, Magdeburg und Hamburg fließt. Zu den Kulturlandschaften, die an der Elbe liegen, zählen die sächsische Weinstraße, die Magdeburger Börde – zu der die fruchtbarsten Böden des Landes gehören – sowie das sogenannte Alte Land südlich von Hamburg. Es ist die größte Obstanbaufläche Mitteleuropas. Rund 80 Prozent des hier geernteten Obstes sind Äpfel, gefolgt von Kirschen, Birnen

Der größte deutsche Binnensee: die Müritz

und Pflaumen. Im Osten Deutschlands fließen Oder und Neiße, jene Flüsse, die die Grenze zu Polen markieren.

Im Süden Deutschlands, im Schwarzwald, entspringt die Donau. Sie ist der zweitgrößte Strom Europas, der sich in einer faszinierenden Reise durch Deutschland, Österreich, Ungarn, die Slowakei, Serbien und Rumänien zieht, bis er ins Schwarze Meer mündet. Mit Wien, Bratislava, Budapest und Belgrad liegen vier europäische Hauptstädte an der Donau. In Deutschland durchfließt sie Städte wie Ulm und Regensburg.

Auch Seen sind keine finnische Spezialität. Die Mecklenburger Seenplatte mit der Müritz, dem größten See auf deutschem Boden, wird ebenfalls unter dem Titel «Land der tausend Seen» vermarktet und ist eine wichtige Tourismusregion. Ebenso der Bodensee im Süden, der zwar größer ist als die Müritz, sich aber nur zum Teil in Deutschland erstreckt (der Rest gehört zu Österreich und der Schweiz). Der überwiegende Teil des Bodensees – des drittgrößten Sees Europas – liegt in Baden-Württemberg, ein kleinerer in Bayern, einem Bundesland, das mit dem Chiemsee, dem Ammersee

Deutsch-deutscher Gipfel: der Brocken

und dem Starnberger See drei weitere der größten deutschen Binnengewässer beheimatet (siehe *Liste der größten Seen*).

Meer und Flüsse, Wälder und Seen – fehlen eigentlich nur noch Berge. Auch in dieser Hinsicht hat Deutschland einiges zu bieten. Der höchste Punkt Deutschlands ist die Zugspitze, die zum Bergsteigerparadies Wettersteingebirge, einem Teil der Alpen, gehört. Zwar weist Deutschland nur einen kleinen Anteil Hochgebirge auf, zu den prägendsten Landschaften aber gehören Mittelgebirge wie der Schwarzwald im Süden oder die Sächsische Schweiz im Osten. Auch sie haben oft literarische oder symbolische Bedeutung erlangt. Der Brocken, der höchste Berg im Harz (in Niedersachsen, Sachsen-Anhalt und Thüringen gelegen), gilt seit Jahrhunderten als Treffpunkt von Geisterwesen, die später als Hexen bezeichnet wurden. Im Volksmund heißt er übrigens Blocksberg – ihm verdankt die berühmte kleine Hexe aus den Hörspielen wohl ihren Namen. Auf dem damaligen Staatsgebiet der DDR gelegen, war der Brocken von 1961 bis Ende 1989 militärisches Sperrgebiet. Für Touristen, mehr noch aber für die Menschen in der Harzregion, ist die

Tatsache, dass man den Brocken nun wieder zu Fuß oder per Bahn erklimmen kann, ein Symbol der Wiedervereinigung. Am Rande des Harzes findet sich noch ein weiterer legendenumrankter Bergrücken: der Kyffhäuser. Der Sage nach schläft in diesem thüringischen Berg der deutsche Kaiser Barbarossa – bis er eines Tages aufwacht, um wieder die Krone zu übernehmen (siehe *Geschichte*).

Im Spessart, einem waldreichen Mittelgebirge in Hessen und Bayern, spielt die Geschichte vom «Wirtshaus im Spessart». Dieses Räubermärchen von Wilhelm Hauff wurde 1828 erstmals veröffentlicht, 1958 wurde es verfilmt, unter anderem mit bekannten Schauspielern wie Hans Clarin und Wolfgang Neuss. Liselotte Pulver spielte die Hauptrolle als Komtesse, die sich als Mann verkleidet, um einer Räuberbande zu entkommen – in deren Anführer sie sich schließlich verliebt. Die Erzählung handelt einerseits von edlen Räubern, einem gängigen Motiv, das noch populärer durch «Robin Hood» verkörpert wird. Zudem romantisiert «Das Wirtshaus im Spessart» aber auch die Form des Reisens, die im 19. Jahrhundert für die deutschen Länder so typisch war. Erst durch die Erschließung der Wälder war es möglich geworden, mit der Postkutsche lange Strecken über Land zu reisen – doch bis der Bau der Eisenbahn das Reisen revolutionierte, blieben sie mitunter abenteuerlich und gefährlich, die holprigen Wege durchs dunkle Gehölz. Und so sind wir wieder da, wo alles angefangen hat: im deutschen Wald.

Stichworte · Geographie und Landschaften

Bodenschätze – Rohstoffe unter der Erde

Politiker betonen immer wieder, dass Deutschlands wichtigster Rohstoff «die Menschen» seien – von deren Fähigkeiten, Fleiß und Ideen sei das Land abhängig. Das ist mehr als nur eine Schmeichelei für die Zuhörer, die ja auch Wähler sind. Nebenbei schwingt in dieser Aussage die Feststellung mit, dass unser Land sich nicht auf Dinge verlassen kann, die unter der Erde liegen. Denn während die Länder der Arabischen Halbinsel seit Jahrzehnten beinahe ausschließlich von ihren reichen Erdölvorkommen leben und beispielsweise Russland sehr viel Geld mit dem Export von Rohstoffen wie Aluminium oder Erdgas verdient, ist der Ertrag Deutschlands in dieser Hinsicht eher dünn. Bodenschätze wie Mineralien oder Energierohstoffe gibt es hier entweder wenig, oder ihr Abbau ist im internationalen Vergleich zu aufwendig. Deshalb werden 97 Prozent des Erdöls, 84 Prozent des Erdgases und 72 Prozent der Steinkohle aus dem Ausland eingekauft. Das war allerdings nicht immer so. Denn unter der Erde ruht auch in Deutschland der ein oder andere interessante Stoff. So verfügt Deutschland über große Vorkommen an Stein- und Braunkohle, aber auch Eisen. Diese Rohstoffe machten das Ruhrgebiet und das Saarland noch bis in die sechziger Jahre des vorigen Jahrhunderts zu pulsierenden Bergbau- und Industriezentren (siehe Kapitel *Wirtschaft*). Sogar Erdöl wurde – und wird – in Deutschland gefördert.

Am südlichen Rand der Lüneburger Heide im Landkreis Celle (Niedersachsen) liegt an der Bundesstraße 214 die Gemeinde

Wietze. 8000 Menschen leben im Ort, es gibt einen Edeka-Laden, eine Imkerei – und das Deutsche Erdölmuseum. Es ist das älteste Erdölmuseum der Welt und wurde 1970 eingerichtet, sieben Jahre nachdem die Förderung – mehr als hundert Jahre nach ihrem Beginn 1858/59 – eingestellt worden war. Ab 1918 hatte Wietze ein Erdölbergwerk, das der Deutschen Erdöl AG gehörte und die gesamte Gemeinde prägte. Laut Museumsangaben trug Wietze während seines Ölbooms sogar den Spitznamen «Klein Texas».

Heute existieren sowohl die Raffinerie als auch die Eisenbahnlinie nicht mehr, die eigens für das Öl aus Wietze geschaffen worden waren. Damit ist das Städtchen nicht nur eine kleine Skurrilität am Rande, sondern zugleich typisch für zahlreiche andere Orte in Deutschland, in denen zu früheren Zeiten Bodenschätze abgebaut wurden. So gab es hierzulande über Jahrhunderte Kupfer- und Silberminen, etwa im Saarland, im Harz (Goslar) sowie im Erzgebirge (Sachsen), das seinen Namen dem Bergbau verdankt. Allein in dieser Region mit den Zentren Annaberg, Buchholz, Schneeberg oder Sankt Joachimsthal wurden Silber, Zink, Eisen, Kupfer, Zinn, Blei, Arsen, Kobalt, Nickel, Wolfram, Uran sowie Wismut abgebaut. Diesem seltenen Metall verdankte das größte Bergbauunternehmen der früheren DDR seinen Namen, die SDAG Wismut. Sie baute im Erzgebirge vor allem Uran ab, das in der damaligen Sowjetunion in Kernkraftwerken verwendet wurde. Nach der «Wende» 1990 wurde die Uranförderung eingestellt.

Weil es in der Regel billiger ist, solche Rohstoffe aus dem Ausland einzuführen, sind die meisten deutschen Bergbauanlagen inzwischen wieder verschwunden. Öl, Kohle und Mineralien liegen in Deutschland oft zu tief unter der Erde, um sie zu profitablen Bedingungen fördern zu können. Kohle, Salze und Erdgas werden aber immer noch abgebaut, und selbst die heimische Erdölförderung deckt immerhin drei Prozent des deutschen Bedarfs.

Bei einem Erdrutsch im sachsen-anhaltinischen Nachterstedt sind am Morgen zwei Häuser in den Erdmassen versunken. Mindestens drei Menschen werden Behördenangaben zufolge vermisst. 64 Anwohner wurden in Sicherheit gebracht. Die Häuser standen in der Nähe eines Tagebausees. (Tagesschau-Meldung vom 18. Juli 2009)

Rohstoffe

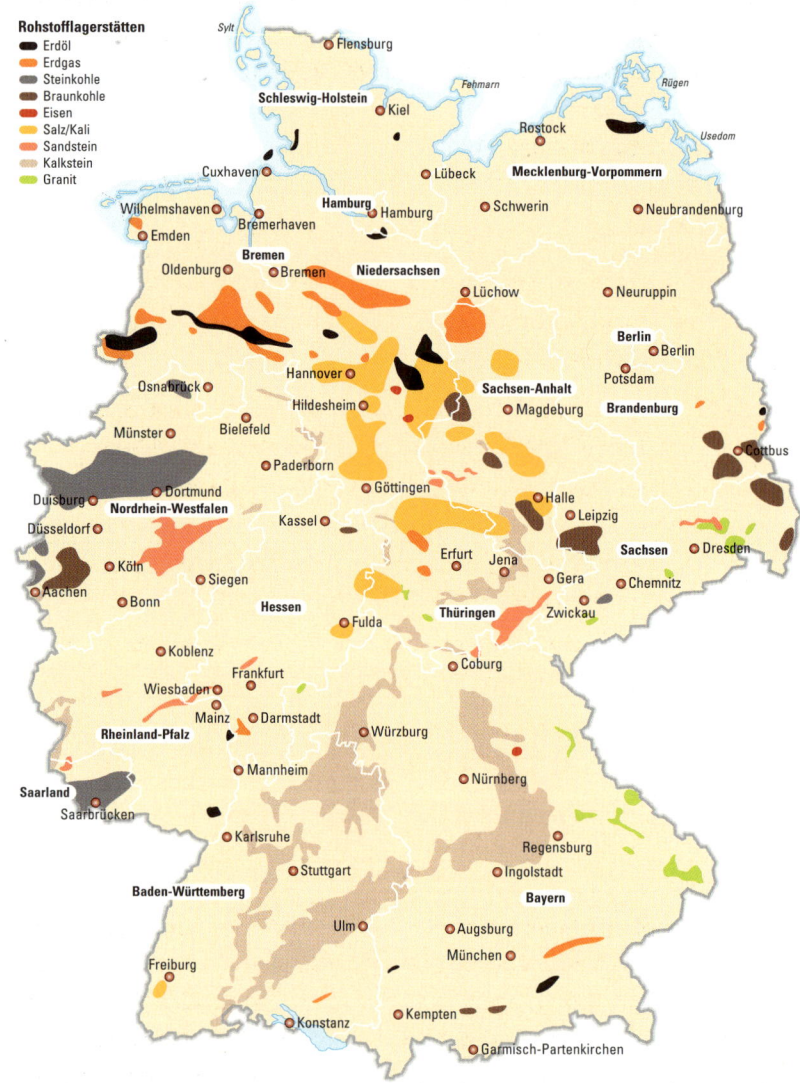

Rohstofflagerstätten
- Erdöl
- Erdgas
- Steinkohle
- Braunkohle
- Eisen
- Salz/Kali
- Sandstein
- Kalkstein
- Granit

Sylt
Flensburg
Fehmarn
Rügen
Schleswig-Holstein
Kiel
Rostock
Usedom
Cuxhaven
Lübeck
Mecklenburg-Vorpommern
Wilhelmshaven
Hamburg
Hamburg
Schwerin
Neubrandenburg
Emden
Bremerhaven
Bremen
Oldenburg
Bremen
Niedersachsen
Lüchow
Neuruppin
Berlin
Berlin
Osnabrück
Hannover
Potsdam
Hildesheim
Sachsen-Anhalt
Magdeburg
Brandenburg
Münster
Bielefeld
Cottbus
Paderborn
Göttingen
Halle
Duisburg
Dortmund
Leipzig
Düsseldorf
Nordrhein-Westfalen
Kassel
Köln
Siegen
Erfurt
Jena
Sachsen
Dresden
Aachen
Bonn
Gera
Chemnitz
Hessen
Fulda
Thüringen
Zwickau
Koblenz
Frankfurt
Coburg
Wiesbaden
Mainz
Darmstadt
Würzburg
Rheinland-Pfalz
Mannheim
Nürnberg
Saarland
Saarbrücken
Karlsruhe
Regensburg
Ingolstadt
Stuttgart
Baden-Württemberg
Bayern
Ulm
Augsburg
München
Freiburg
Kempten
Konstanz
Garmisch-Partenkirchen

Quelle: Bundesanstalt für Geowissenschaften und Rohstoffe, Leibniz-Institut für Länderkunde

Allerdings kommt dieses Öl nicht mehr aus dem Erdboden unter Örtchen wie Wietze, sondern zu einem großen Teil vom Meeresboden. Das größte deutsche Ölfeld Mittelplate befindet sich vor der schleswig-holsteinischen Küste in der Nordsee.

Die wichtigsten Bodenschätze

Rohstoff	Vorkommen (wird – z.T. eingeschränkt – noch ausgebeutet)
Steinkohle	*Niederrhein, Ruhrgebiet,* Aachener Revier, Saarrevier
Braunkohle	*Rheinische Bucht, Leipziger Bucht, Niederlausitz,* Oberpfalz, *Westhessische Senke*
Eisenerz	Rheinisches Schiefergebirge (Siegerland, Dill- und Lahntal), Fränkische Alb, nördliches Harzvorland, *Region Minden*
Erdöl	*Nordwestdeutschland (Emsland, Schleswig-Holstein), Oberrhein, Bayerisches Alpenvorland, Nordsee*
Erdgas	*Norddeutsches Tiefland, Sachsen-Anhalt (südlich von Magdeburg), Oberrhein, Bayerisches Alpenvorland*
Steinsalz	*Niedersachsen (Region Hannover und Helmstedt), Bayern (Bad Reichenhall, Berchtesgaden)*

Flächennutzung

In Deutschland leben knapp 82 Millionen Menschen auf einer Gesamtfläche von 357 000 Quadratkilometern (km²). Das sind 229 Menschen pro km². Sogenannte Ballungsräume, also Gebiete, in denen besonders viele Menschen auf engem Raum zusammenleben, sind unter anderen das Ruhrgebiet, der Rhein-Main- und der Rhein-Neckar-Raum, Bremen und das Emsland, die Vorharz-Region Hannover/Braunschweig sowie die Großstadtregionen München, Hamburg, Köln, Nürnberg und Augsburg. Besonders bevölkerungsarme Regionen gibt es zum Beispiel in den ländlichen Gebieten Brandenburgs und Mecklenburg-Vorpommerns.

Auf 187 646 km^2 wird Landwirtschaft betrieben, das ist mehr als die Hälfte der gesamten Fläche (52,5 Prozent). Dieser Anteil sinkt allerdings seit Jahren kontinuierlich. Den zweitgrößten Anteil hat Wald mit 107 349 km^2, das entspricht 31 Prozent – Tendenz leicht steigend (siehe *Wald*). 47 137 km^2 Deutschland (13,2 Prozent) sind Siedlungs- und Verkehrsflächen. Ihr Anteil steigt seit Jahren, statistisch gesehen kommen täglich 149 Fußballfelder zur Besiedlungs- und Verkehrsfläche hinzu. Allerdings besteht ein großer Teil dieser Flächen tatsächlich aus Fußballfeldern und anderen Sport- und Erholungsflächen wie Parks und Grünanlagen. Insgesamt sind fast 3790 km^2 des Landes als Erholungsflächen ausgewiesen. Für Wohnungen oder Betriebe werden 11 732 km^2 bzw. 3229 km^2 genutzt, was einem Anteil von 3,3 Prozent bzw. 0,9 Prozent der gesamten Landesfläche entspricht. 15 683 km^2 des Landes sind von Straßen und Plätzen bedeckt, ein Anteil von 4,4 Prozent – nicht ganz doppelt so viel wie die Wasserflächen (8482 km^2). Zu den sonstigen Flächen zählen auch Friedhöfe mit 357 km^2.

Von den unbebauten Flächen steht ein großer Teil in unterschiedlicher Abstufung unter Naturschutz. 91 500 km^2 gelten als Naturpark, 18 500 km^2 als Biosphärenreservat, 12 400 km^2 als Naturschutzgebiet – da sich diese Flächen aber zum Teil überschneiden, kann man sie nicht einfach zusammenrechnen.

Das Bundesland mit dem niedrigsten Besiedelungsanteil ist Mecklenburg-Vorpommern. Nur 7,7 Prozent der Landesfläche sind besiedelt. In den Stadtstaaten Berlin (fast 70 Prozent), Hamburg und Bremen (jeweils knapp 60 Prozent) sieht das natürlich ganz anders aus. Das Bundesland mit der prozentual größten landwirtschaftlichen Flächennutzung ist Schleswig-Holstein mit 70 Prozent Agrarland.

Die deutschen Landschaften von Nord nach Süd

Berge und Täler, Flüsse und Seen, Wälder und Heiden – Deutschland verfügt über eine abwechslungsreiche Landschaft, die direkten Einfluss auf die Kultur und die Lebensweise der in ihr lebenden Menschen nimmt. Geographisch gesehen gliedern sich all diese Regionen von Norden nach Süden lediglich in fünf verschiedene Landschaftsgebiete.

- Von den Küsten an Nord- und Ostsee, vor denen mehrere Inselketten liegen, bis zu den Ausläufern der Mittelgebirge erstreckt sich das **Norddeutsche Tiefland**. Es beginnt im Norden mit Wattenmeer und Marschen (Schwemmlandgebiete) und setzt sich mit seenreichen Geest- und Lehmböden fort, die im Nordwesten zudem mit Moorgebieten und der Heide ergänzt werden. In den Ebenen finden sich sehr fruchtbare Landstriche, die Börden, sowie die Niederrheinische, die Westfälische und die Sächsisch-Thüringische Bucht.
- Als geographische Trennlinie zwischen Norden und Süden kann man die Erhebungen der **Mittelgebirgsschwelle** ansehen. Sie wird vom Mittelrheintal und den hessischen Senken vertikal unterbrochen und ansonsten von Berg- und Waldlandschaften geprägt. Zu ihnen gehören unter anderem das Rheinische Schiefergebirge, das Rothaargebirge, das Weserbergland, der Harz, Bayerischer, Oberpfälzer und Thüringer Wald sowie das Erzgebirge ganz im Osten.
- Im Südwesten schließt sich das **Südwestdeutsche Mittelgebirgs-Stufenland** an. Dazu gehören unter anderem der Schwarzwald, der Odenwald und der Spessart sowie die Schwäbische Alb.
- Bevor Deutschland in den Alpen ausläuft, finden sich im **Süddeutschen Alpenvorland** die Schwäbisch-Bayerische Hochebene. Sie ist einerseits von Hügellandschaften, andererseits von großen Seen geprägt.

- Zwischen dem Bodensee und Salzburg, das schon zu Österreich gehört, liegt der schmale Streifen des deutschen **Alpenanteils**. Dazu zählen zum Beispiel das Allgäu, das Wettersteingebirge, in dem sich Deutschlands höchster Berg, die Zugspitze, erhebt, sowie das Berchtesgadener Land.

Wald – Mythos und Wirklichkeit

Obwohl der Wald für Deutschland kulturell enorme Bedeutung hat, ist sein Anteil an der Gesamtfläche mit knapp 31 Prozent nur unterer europäischer Durchschnitt – der kontinentale Mittelwert beträgt 36 Prozent. Spitzenreiter ist Finnland, das zu mehr als zwei Dritteln (67 Prozent) bewaldet ist. Allerdings wächst in Deutschland die Waldfläche seit 1992 kontinuierlich. Laut Statistischem

Der Feldsee im Schwarzwald

Bundesamt betrug der jährliche Zuwachs 176 km² – das entspricht etwa der Größe der Stadt Karlsruhe. Das waldreichste Bundesland ist Bayern. Mit fast 25 000 km² steuert Bayern allein 23 Prozent der deutschen Waldgebiete bei. Dahinter folgen Baden-Württemberg (rund 13 000 km², knapp 13 Prozent der Gesamtfläche) und Brandenburg (rund 10 000 km², die einem fast zehnprozentigen Anteil entsprechen).

Waldflächen

Wald-Schlusslicht ist, wenig überraschend, Bremen. In der Hansestadt gibt es nur 8 km² Wald.

Ohne jeden menschlichen Eingriff wären etwa drei Viertel dieser Flächen sogenannter sommergrüner Laubwald – also vor allem Buchen, Linden, Eichen, Ulmen und andere. Tatsächlich aber sind nur rund 15 Prozent der Bäume Buchen. Knapp zehn Prozent stellen Eichen. Rechnet man die anderen Arten dazu, dann beträgt der Anteil der Laubbäume etwas mehr als 40 Prozent. Fast der gesamte Rest des Waldes besteht aus Nadelbäumen, darunter vor allem Fichten (Gesamtanteil 28 Prozent) und Kiefern (23 Prozent). Diese Bäume eignen sich besser für die Wirtschaft, weil sie auch unter schwierigeren Bedingungen schneller und gerader wachsen und ihr Holz vielseitiger verwendbar ist.

Hier eine nach Größe gestaffelte Übersicht über die Waldflächen der einzelnen Bundesländer. Verzeichnet ist auch der Anteil des Waldes an der jeweiligen Landesfläche sowie dessen Anteil an der Gesamt-Waldfläche Deutschlands.

Bundesland	Waldfläche	Anteil der Landesfläche*	Anteil der Gesamt-Wald-fläche*
Bayern	24 703	35,0	23,0
Baden-Württemberg	13 676	38,3	12,7
Brandenburg	10 452	35,5	9,7
Niedersachsen	10 239	21,5	9,5
Nordrhein-Westfalen	8686	25,5	8,1
Hessen	8474	40,1	7,9
Rheinland-Pfalz	8321	41,9	7,8
Thüringen	5152	31,9	4,8
Mecklenburg-Vorpommern	5003	21,6	4,7
Sachsen	4987	27,1	4,6
Sachsen-Anhalt	4927	24,1	4,6
Schleswig-Holstein	1650	10,4	1,5
Saarland	861	33,5	0,8
Berlin	162	18,2	0,2
Hamburg	47	6,2	0
Bremen	8	1,9	0
Deutschland gesamt	**107 349**	**31**	**100**

* in Prozent

Inseln

Deutschland fängt schon weit vor den Küsten der Nord- und Ostsee an. Denn zum Land gehören Dutzende großer und kleiner Inseln (Halligen) und Halbinseln. Sie prägen das Landschaftsbild des Nordens mit und sind Zeugen des manchmal schleichenden, manchmal radikalen geographischen Wandels über die Jahrtausende (siehe *Sturmfluten/Wetter*). Darüber hinaus sind Inseln wie Sylt oder Amrum beliebte Touristenziele und damit wichtige wirtschaftliche Größen. Dies gilt auch für die Ostseeinseln, die erst 1990 durch die Wiedervereinigung zum Bundesgebiet gehören, allen voran Rügen. Die größte deutsche Insel entwickelte sich mit ihren Seebädern bereits Ende des 19. Jahrhunderts zu einem bedeutenden Reiseziel. Im «Dritten Reich» versuchten die Nazis, die Insel im Zuge des «Kraft durch Freude»-Erholungsprogramms zum deutschen Touristenziel schlechthin zu machen. Davon zeugt die riesige ehemalige Ferienanlage im Ort Prora. Auch zu DDR-Zeiten verbrachten auf Rügen unzählige Deutsche ihre Ferien. Heute findet jede vierte touristische Übernachtung im Bundesland Mecklenburg-Vorpommern auf Rügen statt.

Die Ostsee-Insel Hiddensee ist wieder per Schiff erreichbar. Nach drei Wochen Zwangspause wegen starker Vereisung fährt seit heute eine Fähre von Rügen aus zur Nachbarinsel. Zuvor war Hiddensee mit seinen etwa 1000 Bewohnern nur per Hubschrauber oder mit einem Eisbrecher zu erreichen. (Tagesschau-Meldung vom 20. Februar 2010)

Die zehn größten deutschen Inseln

Insel	Größe in km²	Lage	Bundesland
Rügen	930	Ostsee	Mecklenburg-Vorpommern
Usedom	445*	Ostsee	Mecklenburg-Vorpommern
Fehmarn	185,4	Ostsee	Schleswig-Holstein
Sylt	99,2	Nordsee	Schleswig-Holstein
Föhr	82,9	Nordsee	Schleswig-Holstein
Pellworm	37.4	Nordsee	Schleswig-Holstein
Poel	34,3	Ostsee	Mecklenburg-Vorpommern
Borkum	30,7	Nordsee	Niedersachsen
Norderney	26,3	Nordsee	Niedersachsen
Amrum	20,4	Nordsee	Schleswig-Holstein

* Rund 92 km² davon gehören zu Polen

Deutschlands größte Seen

Nur rund 2,4 Prozent der Fläche Deutschlands bestehen aus Wasser. Das sind weniger als die zusammengerechnete Fläche von Straßen, Wegen und Plätzen. Einen großen Teil dieser Fläche machen, neben Flüssen und Stauseen, die natürlichen Seen aus. Von den größten dieser Gewässer liegen die meisten in Bayern, Mecklenburg-Vorpommern, Schleswig-Holstein und Brandenburg. Von den flächenmäßig großen Ländern Hessen und Rheinland-Pfalz im Westen sowie Sachsen und Sachsen-Anhalt im Osten hat kein einziges einen der 35 größten Natur-Seen zu bieten. Der Schwerpunkt liegt einerseits im Nordosten: Zehn der größten natürlichen Binnengewässer liegen allein in Mecklenburg-Vorpommern, neun in Brandenburg, sechs in Schleswig-Holstein. Andererseits hat Bayern mit acht großen Seen, darunter der Bodensee, eine zweite große Seenlandschaft. Hier die Top Ten der Natur-Seen in Deutschland:

Name	Fläche in km²	Größte Tiefe in m	Ø-Tiefe	Lage
Bodensee	535,9*	254	91	Konstanz, Bodenseekreis (BW), Lindau (Bayern)
Müritz	109,2	30	7	Müritz (Meckl.-Vorp.)
Chiemsee	79,9	73	27	Traunstein (Bayern)
Schweriner See	61,5	52	11	Schwerin, Nordwest-Mecklenburg (MV)
Starnberger See	56,4	128	53	Starnberg (Bayern)
Ammersee	46,6	81	38	Landsberg am Lech (Bayern)
Plauer See	38,4	26	7	Parchim, Müritz (MV)
Kummerower See	32,5	23	8	Demmin (MV)
Steinhuder Meer	29,1	3	2	Hannover (Niedersachsen)
Großer Plöner See	29,1	58	12	Plön, Ostholstein (Schleswig-Holstein)

* Ein Teil dieser Fläche gehört zu Österreich bzw. der Schweiz

Von Bären und Bärtierchen – Tiere in Deutschland

Der Charakter eines Landes wird nicht nur von Gesteinen, Gewächsen und den menschlichen Bewohnern bestimmt, sondern auch von Tieren. Welche Tiere aus Sicht der Menschen besonders wichtig oder typisch sind, kann man an ihrer Rolle in den Märchen erkennen – aber auch in Wappen. Vom Löwen, der aufgrund seiner symbolischen Bedeutung in mehreren Wappen von Bundesländern vorkommt, muss man dabei allerdings absehen, denn Löwen lebten oder leben weder in Schleswig-Holstein noch in Baden-Württemberg außerhalb von Zoos. Andere Wappentiere von Bundesländern, Regionen oder Fürstenhäusern aber sehr wohl: allen voran Adler, Bären, Bullen und Pferde, aber auch Hunde, Wölfe und Raben. Diese Tiere zeigen sehr anschaulich die Schnittmenge eines Lebensraums, der von Wäldern, Gebirgen und menschlicher Besiedlung geprägt ist. Letztere ist wiederum ein Grund dafür, dass Bären, Wölfe oder Adler in Deutschland selten geworden sind. Der Braunbär, der in den Wappen Berlins und Sachsen-Anhalts vorkommt, ist sogar ausgestorben – das letzte wild lebende Exemplar wurde vor 170 Jahren abgeschossen. In Italien und Österreich wird versucht, die einst durch die dortigen Wälder streifenden Bären wieder anzusiedeln. Ein Exemplar, der «Problembär» Bruno, wanderte im Sommer 2006 auch durch Bayern. Dort wurde er schließlich wegen der «großen Gefahr für Menschen» erlegt.

Neben den großen Raubtieren haben vor allem Vögel in Deutschland kulturelle Bedeutung, etwa in Volks- und Kinderliedern. Kuckuck und Nachtigall, Eule und Amsel kommen häufig vor. Hase und Igel, Fuchs und Reh, Wildschwein und Hirsch sind weitere Tiere, die jedem Kind in Deutschland ein Begriff sein dürften.

Die allermeisten Tierarten hierzulande sind dagegen nur Biologen bekannt. Zum Beispiel das Bärtierchen, ein oft nicht einmal

Das brandenburgische Landeswappen: der Adler

einen Millimeter großes, achtbeiniges Geschöpf, das weltweit im Wasser und zu Lande verbreitet ist und zum Stamm der Häutungstiere gehört. Insgesamt leben laut einer Studie des Bundesamtes für Naturschutz in Deutschland rund 48 000 Tierarten, Einzeller mitgerechnet (Stand des Jahres 2004). Allein 33 000 dieser Arten sind Insekten. Fast 3800 verschiedene Spinnentiere, mehr als 1000 Krebsarten und rund 3000 verschiedene Faden- und Plattwürmer bevölkern das Land. Das klingt nach einer enormen Vielfalt. Wissenschaftlich gesehen gehört Deutschland jedoch zu den artenärmeren Regionen der Welt.

Von 97 Prozent der Tierarten auf unserem Planeten ist hierzulande in der Natur kein einziges Exemplar anzutreffen. Unter den 703 Wirbeltierarten, die in Deutschland verbreitet sind, haben Vögel (314) und Knochenfische (227) den größten Anteil – zu den Knochenfischen gehören alle Süßwasserfische. Dazu kommen 28 Arten von Knorpelfischen. Zu dieser Gattung zählen Rochen und Haie, die auch in der Nord- und (seltener) der Ostsee verbreitet sind – zum Beispiel der Heringshai und der Dornhai, dessen Bauchlappen heiß geräuchert als «Schillerlocke» eine Spezialität sind. Allerdings bedroht die Überfischung der Meere diese Arten. An Land leben 91 Säugetierarten, das entspricht lediglich 2,4 Prozent der weltweit rund 4300 bekannten Arten. Besonders niedrig ist hierzulande die Artenvielfalt bei den Reptilien. Von den weltweit 6650 bekannten Arten sind bei uns nur 13 vertreten.

Der Bestand von beinahe der Hälfte der Wirbeltierarten in Deutschland ist laut der sogenannten Roten Liste gefährdet oder sogar ernsthaft bedroht. Bei den Säugetieren ist die Lage besonders für Fledermäuse, Biber, Fischotter und Wildkatzen dramatisch. 36 Tierarten, darunter 12 Säugetierarten, sind in Deutschland ausgestorben. Wölfe und Luchse kehrten allerdings in den vergangenen Jahren dank scharfer Schutzbedingungen wieder zurück. Irgendwann, so hoffen Experten, könnten in einigen Regionen auch wieder Bären leben.

Erdbeben

Die Erdkugel ist aus unterschiedlichem Material geformt, das in Schichten um den sogenannten Erdkern liegt. Die oberste Schicht heißt Erdkruste, sie besteht aus verschiedenen Gesteinen und ist im Durchschnitt 40 Kilometer dick. Sie ist jedoch keine durchgehende Hülle, sondern zusammengesetzt aus sieben großen Platten sowie aus zahlreichen kleinen und mittleren, die teilweise Bruchstücke der größeren sind. Diese Platten bewegen sich. Sie driften voneinander weg, aneinander vorbei oder stoßen gegeneinander. Langsam, aber doch spürbar. Wenn dies passiert, sind Erdbeben die Folge, entweder an Land oder im Meer. Deshalb sind Regionen, die zwischen oder am Rand dieser Platten liegen, besonders gefährdet.

Deutschland liegt, wie ganz Mitteleuropa, auf der Eurasischen Platte. Trotzdem gibt es Regionen, die von Erdbeben betroffen sein können. Der Grund dafür liegt in Italien: Die Afrikanische Platte drückt dort gegen die Eurasische. Durch diesen Prozess sind auch die Alpen entstanden. Wenn die Spannungen in der Erdkruste zu stark werden, bricht das Gestein an den entsprechenden Stellen. Die Energie, die dabei freigesetzt wird, kann so stark sein, dass sie zu Beben an der Erdoberfläche führt. Auch Vulkane können Beben auslösen. Neben diesen natürlichen Ursachen kann überdies Berg- und Tiefbau in Einzelfällen zu Erdbeben führen.

Italien ist neben Griechenland eine der Regionen Europas, die am stärksten von Erdbeben bedroht sind. Grund sind ganz allmähliche Verschiebungen zweier riesiger Erdplatten. Vereinfacht gesagt: Der afrikanische Kontinent bewegt sich immer weiter auf Europa zu und löst damit immer wieder Erdbeben aus. (Tagesschau-Meldung vom 6. April 2010)

In Deutschland sind das alpennahe Süddeutschland, vor allem die Schwäbische Alb, der Oberrheingraben und das sächsische Vogtland gefährdet, insbesondere aber die Rheinische Bucht. Denn diese Schiefergebirgsregion ist geologisch gesehen eine Schwächezone mit vielen Gesteins-Bruchstellen. In Bensberg, im Süden der Stadt Bergisch

Gladbach, gibt es deshalb eine Erdbebenstation, die die Beben der Region überwacht und wissenschaftlich auswertet. Seit 1955 wurden dort rund 2000 Beben registriert. Die allermeisten sind jedoch so schwach, dass man sie nicht wahrnimmt. Anders in der Nacht zum 13. April 1992, als 16 Sekunden lang die Erde im Grenzgebiet von Belgien, den Niederlanden und Deutschland erschüttert wurde. Das sogenannte Roermond-Beben (benannt nach der nahe dem Epizentrum liegenden niederländischen Stadt) hatte eine Magnitude von 5,9 – umgangssprachlich heißt das, es erreichte die Stärke 5,9 auf der Richterskala. In Deutschland wurden bei dem Beben vor allem durch herabfallende Dachziegel etwa dreißig Menschen verletzt. Der Sachschaden war beträchtlich.

Auch das stärkste Erdbeben, das für Deutschland historisch belegt ist, ereignete sich in der Rheinischen Bucht. Am 18. Februar 1756 bebte gegen acht Uhr morgens im Raum Düren/Aachen die Erde. Gesicherte Zahlen gibt es nicht, je nach Quelle ist von einem bis vier Toten die Rede. Giebel und Schornsteine stürzten ein, Kirchen und Stadtmauern wurden beschädigt. Nach heutigen Maßstäben gemessen erreichte das Beben eine Stärke von 6,4 auf der Richterskala. Das schwere Beben auf Haiti im Januar 2010 erreichte 7,0; das stärkste je gemessene Erdbeben traf mit 9,5 im Jahr 1960 das lateinamerikanische Land Chile. Wenn man bedenkt, dass 1756 ungleich weniger Menschen im Rheinland lebten, wird deutlich, welch verheerende Folgen ein derart starkes Beben wie damals in einer der am dichtesten besiedelten und bebauten Regionen der Republik heute haben könnte. Die Wahrscheinlichkeit einer solch großen Erschütterung ist allerdings extrem gering.

Vulkane

Im Oktober 2009 brach in der Eifel ein Vulkan aus. Brodelnde Lava ergoss sich übers Land, vom Himmel regnete es Asche, Menschen kamen um. Eine filmreife Katastrophe – die glücklicherweise tatsächlich nur ein Film war. Doch der TV-Zweiteiler «Vulkan» hat einen nicht ganz unrealistischen Hintergrund. In Deutschland gibt es wirklich Vulkane. Sie finden sich zum Beispiel im Westerwald, an der Rhön und vor allem in der Eifel. Dort brach vor rund 13 000 Jahren der Laacher Vulkan aus. Am Ende blieb eine Senke zurück, die heute der Laacher See füllt. Ähnlich verhält es sich mit dem Ulmener Maar, das vor 10 500 Jahren durch eine Eruption entstand. Seitdem ist, was Vulkanausbrüche betrifft, in Deutschland nichts mehr passiert. Ein Teil der knapp 40 Vulkane ist erloschen, fast alle sind schon seit Millionen von Jahren nicht mehr ausgebrochen. Dennoch gibt es einige, die nur «schlafen», also weder aktiv noch vollständig erloschen sind. Auch in der Eifel.

Entstand durch einen Vulkanausbruch: der Laacher See

3. Goethe meets Tokio Hotel: Kultur und Sprache

Sind wir eine Kulturnation?

«Goethe», erklären 37 Prozent der Deutschen in einer vom Aus-wärtigen Amt angeregten Umfrage, Johann Wolfgang von Goethe, Verfasser des «Faust», sei derjenige, der ihnen bei der Frage «Was ist deutsche Kultur?» zuerst einfiele.

Das wird das Ministerium freuen, heißen doch die Einrichtun-gen zur Vermittlung deutscher Kultur im Ausland Goethe-Insti-tute. An zweiter Stelle nannten die Befragten allerdings schon die Rockband «Rammstein» und knapp dahinter, mit etwas über 18 Prozent, das Oktoberfest. Nachdem auf der Liste auch noch «Volks-wagen» (knapp 13 Prozent) und «Franz Beckenbauer» (knapp 10 Prozent) auftauchen, wird deutlich: Es ist ganz und gar nicht klar, was genau deutsche Kultur ist.

Hochkultur der Sorte, die im Deutschunterricht als sogenann-ter Bildungskanon vermittelt wird? «Unterhaltungskultur» wie «Rammstein», deren Texte sich von deutschen Klassikern wie Heinrich Hoffmanns «Struwwelpeter», Bertolt Brechts Mackie Messer aus der «Dreigroschenoper» oder auch Goethes Gedicht vom Erlkönig inspirieren lassen? Kann Kultur Folklore sein wie das Oktoberfest oder ein angeblich «typisch deutsches Produkt» wie der Volkswagen (dessen Einzelteile längst schon in aller Welt gefertigt werden)? Oder eben ein weltbekannter Kicker wie Be-ckenbauer – und ist Fußball dann Kultur, und eine besondere Art, Fußball zu spielen, irgendwie deutsche Kultur?

Fußball als deutsche Kultur? Hier hätte Thomas Mann, der 1929 mit dem Nobelpreis für Literatur ausgezeichnet wurde, gewiss seine Einwände gehabt. «Deutschtum, das ist Kultur», erklärte der Schriftsteller in seinen «Betrachtungen eines Unpolitischen», die kurz nach dem Ersten Weltkrieg veröffentlicht wurden. Ganz sicher wollte Thomas Mann damit nicht behaupten, dass alle Deutschen kultiviert seien. (Dass dem nicht so war, bewiesen sie ja zur Genüge in den Nazijahren nach 1933, die Mann zunächst im Schweizer, dann im amerikanischen Exil verlebte. Nach Deutschland sollte er nie wieder zurückkehren.) Thomas Mann spielte, wie so viele andere deutsche Kulturschaffende und Intellektuelle seiner Zeit, auf einen Unterschied an, den bereits der Philosoph Immanuel Kant Ende des 18. Jahrhunderts gezogen hatte, nämlich den zwischen «Kultur» und «Zivilisation». Kultur, das seien bestimmte «geistige Werte» wie Kunst und Wissenschaft, Religion, Tradition oder das, was Kant «Sitte» genannt hat. Zivilisation hingegen seien äußere Güter wie Wirtschaft und Wohlergehen, das, wofür die staatliche Infrastruktur zu sorgen hat.

In München ist das Oktoberfest eröffnet worden. Nach traditionellem Brauch war dies die Aufgabe des Oberbürgermeisters. Die Zelte auf der Theresienwiese haben sechzehn Tage lang geöffnet. Sechs Millionen Besucher werden auf dem Volksfest erwartet.
(Tagesschau-Meldung vom 28. September 2009)

Modern ausgedrückt, wäre die Zivilisation die Hardware, die «schöne Hülle» und damit auch etwas Oberflächliches – «Kultur» hingegen die Software einer Gesellschaft, die sie sich selbst schreibt. Dass sich ein solches Konzept entwickeln konnte, ist vor allem einem Umstand geschuldet: Deutschland verfügte vor der Reichseinigung 1871 noch nicht über eine politische «Hardware»; Deutschland, das war ein bunt zusammengewürfelter Haufen unterschiedlicher politischer Einheiten, die sich vom Rhein über ganz Mitteleuropa bis nach Königsberg, dem heutigen Kaliningrad, erstreckten, deren Bewohner sich aber gleichzeitig durch eine gemeinsame Hochsprache und ein gemeinsames Kulturverständnis einander zugehörig fühlten.

Die Auffassung einer «Kulturnation», die gemeinsame geistige

Der deutsche Dichter schlechthin: Johann Wolfgang von Goethe, gemalt von
Johann Heinrich Wilhelm Tischbein 1787

Werte besitze, die der reinen Staatlichkeit überlegen seien, war
also aus der Not geboren. Und sie führte zu einer gewissen Arroganz, derzufolge Kultur über der Zivilisation stehe, denn schließlich drücke sich in der Kultur die «Seele» eines Volkes aus, und wer
diese Kultur nicht höher schätze als die Zivilisation, der könne ja
wohl auch keine haben. Womit auch deutlich wird: Eine Zivilisation ist so etwas wie ein Klub, dem man beitreten kann, wenn man
gewisse Regeln einhält. In eine Kultur muss man hineingeboren
werden, um ihre Feinheiten wirklich zu verstehen und ihr völlig
angehören zu können.

In Fragmenten hat sich diese Auffassung lange gehalten: In Ländern wie Frankreich, Großbritannien oder den USA wird automatisch Staatsbürger, wer auf französischem, britischem oder ameri-
kanischem Boden geboren wird, gleich welche Staatsbürgerschaft
die Eltern des Kindes besitzen. Dort gilt das «Recht des Bodens»,

das «jus soli». In Deutschland geborene Kinder hingegen wurden bis zur Änderung des Einwanderungsgesetzes im Jahr 2000 nur dann automatisch deutsche Staatsbürger, wenn auch deren Eltern die Staatsbürgerschaft besaßen. Inzwischen hat man die Tatsache anerkannt, dass Deutschland auch ein Einwanderungsland ist und sich damit neue, andere Kulturen hier beheimaten.

Dass man sich ausschließlich als Teilhaber einer Kultur zusammengehörig fühlen könne und deswegen keine einheitliche Staatlichkeit notwendig sei, führte auch der Schriftsteller Günter Grass nach dem Mauerfall 1989 ins Feld. Ein wiedervereinigtes Deutschland, fürchtete er, könne wiederum eine zu starke und womöglich unverantwortliche Macht im Herzen Europas werden – man solle doch eine Zweistaatenlösung akzeptieren, schlug er vor, und sich als «Kulturnation» verstehen.

Bei aller Betonung der Kultur: Immanuel Kant, Thomas Mann oder Günter Grass könnten vermutlich auch nicht präzise definieren, was denn genau die «deutsche Kultur» ausmachen soll. Etwas, das in Deutschland entsteht? Dann müsste man Richard Wagner, der fast nur germanische Mythen als Stoff für seine Opern verwandt hat, schon ausschließen: Er hat einen Großteil seines Lebens im Ausland verbracht – ebenso wie einer der wunderbarsten Meister der deutschen Sprache, der Dichter Heinrich Heine, der an Deutschland so sehr litt, dass er das Pariser Exil vorzog. Ebenso wenig hätte deutsche Kultur etwas mit der Staatsbürgerschaft der Schaffenden zu tun. Mozart, dessen Opern in italienischer und dessen Messen selbstverständlich in lateinischer Sprache gesungen wurden, war streng genommen Österreicher. Fatih Akin, dessen Film «Gegen die Wand» neben zahlreichen anderen Auszeichnungen auch den Deutschen Filmpreis erhielt, ist deutscher und türkischer Staatsbürger.

Deutschland ist ein Einwanderungsland, doch bei der Einbürgerung von Ausländern liegt offenbar noch einiges im Argen. Die Integrationsbeauftragte der Bundesregierung Böhmer sagte dem ARD Morgenmagazin: Die zuständigen Behörden sollten mehr Servicecharakter an den Tag legen. Sie erfahre immer wieder, dass Verfahren zu lange dauerten und zu bürokratisch seien. (Tagesschau-Meldung vom 12. Mai 2009)

Ausgezeichneter Regisseur: Fatih Akin

Gibt es besondere Formen deutscher Kultur, bestimmte Zweige, die in Deutschland vielleicht ausgeprägter, prominenter vertreten sind – so, wie als Zentrum des Films immer noch Hollywood gilt obgleich das indische Bollywood wesentlich mehr Filme jährlich produziert? Unter Umständen brachte Deutschland (oder besser die deutschen Länder) mehr berühmte Komponisten hervor als andere. Aber ist klassische Musik deshalb deutsche Kultur? Vielleicht ist das Tanztheater – man denke nur an Sasha Waltz oder Pina Bauschs Wuppertaler Truppe – in Deutschland prominenter vertreten als in anderen Ländern. Doch ohne den Fans des Tanztheaters zu nahe treten zu wollen, darf man behaupten, dass dies ein eher marginaler Teilbereich der Kultur ist. Und ist gerade Unterhaltungskultur nicht längst schon grenzenlos? Das Format «Deutschland sucht den Superstar» beruht auf dem britischen «Pop Idol»; Rammstein, Tokio Hotel und Nena, die im Ausland erfolgreichsten deutschen Musiker, verkauften dort mehr CDs als in Deutschland.

Es war jedenfalls ein schwammiger Grund, auf den sich deut-

sche Dichter und Denker mit ihrer Auffassung von Kultur begeben
haben. Denn das Adjektiv «deutsch» lässt sich zwar eingrenzen,
ganz erfassen kann man es aber nicht. Kultur ist
– im Gegensatz zur gewachsenen Natur – etwas
Geschaffenes, und zwar immer wieder neu Geschaffenes. Große Kultur ist zeitlos und universal. Goethe und Schiller mögen deutsche Kultur-
helden sein, so wie Shakespeare im englischen
oder Cervantes im spanischen Sprachraum. Ein
wenig Wissen über deren spezifische Hinter-
gründe hilft zwar, ihre Kunst noch besser zu verstehen. Aber Liebe und Eifersucht, Zweifel und
deren Überwindung, das Streben nach Ruhm und
das völlige Scheitern aller Pläne – damit können
auch Menschen etwas anfangen, deren Lebens-
wirklichkeit nichts mehr gemein hat mit den
Lebensumständen, in denen die Schöpfer dieser
Werke lebten. Ein Bild von Hieronymus Bosch

Trauerfeier für Pina Bausch.
Im Opernhaus von Wuppertal
haben sich Angehörige, Kollegen
und Weggefährten von der
verstorbenen Choreographin
verabschiedet. Die langjährige Leiterin des Tanztheaters
Wuppertal war Ende Juni überraschend im Alter von 68 Jahren
verstorben. Ihr Ensemble ehrte
sie mit einem Bühnenprogramm.
Bausch war mit zahlreichen Preisen ausgezeichnet worden und
gilt als Erneuerin des Ausdrucks-
tanzes. (Tagesschau-Meldung
vom 4. September 2009)

kann uns heute ebenso tief berühren wie Johann Sebastian Bachs
Matthäuspassion, auch wenn wir die theologischen Anspielungen
gar nicht mehr erkennen, die Boschs und Bachs Zeitgenossen völlig vertraut gewesen wären. Und wenn Bill Kaulitz von Liebe oder
Liebeskummer singt, dann mag ein amerikanischer Fan vielleicht
nicht den Text verstehen. Aber die Melancholie einer Popballade
ist jedem sensiblen Ohr zugänglich.

Kultur ist Ausdruck eines spezifischen Wertesystems, eine beständige, zumeist subtil stattfindende Selbstvergewisserung dessen, was jenseits der offiziellen Gesetze in bestimmten (durchaus
regional geprägten) Gebieten akzeptiert ist oder nicht. Den Müll
nicht zu trennen kommt im Gegensatz zu manch anderen Ländern
in Deutschland einem Frevel gleich, ist also so etwas wie Teil der
«gesellschaftlichen Kultur». Ausländer wundern sich über die angeblich sehr deutsche Sitte, im Restaurant getrennt zu bezahlen,
anstatt eine Gesamtrechnung zu teilen. Solche Gebräuche ändern

Eine der weltweit erfolgreichsten deutschen Bands: Tokio Hotel

sich selbstverständlich. Mülltrenner galten vor wenigen Jahren noch als Ökospinner, das deutsche sonntägliche Mittagessen mit Braten und schwerer Sauce als heilig, während jetzt lieber abends und leicht gegessen wird; der Kirchgang war in den fünfziger Jahren ein «Muss», in den siebziger Jahren Zeichen unverbesserlicher Spießigkeit, während manche den sonntäglichen Gottesdienst jetzt schon wieder als wichtigen Teil ihres Familienlebens betrachten.

Als Teil der Selbstvergewisserung enthält Kultur – obgleich sie ja als «Kulturschöpfung» universal ist – immer auch ein Element der Abgrenzung. Unmittelbar nach 1989 wunderten sich Ostdeutsche über die Wessi-Arroganz, zur Begrüßung höchstens die Hand zu heben und «Hallo» zu sagen, während Wessis das kernige Händeschütteln der Ossis kurios fanden. Dass man die deutsche oder die europäische Kultur für tiefsinnig, die US-amerikanische aber für oberflächlich hält, gehört beinahe schon zum guten Ton.

Abgrenzung kann sich leicht zur Überheblichkeit steigern, wobei noch lange nicht ausgemacht ist, ob man auf das Fremde oder das Eigene herabsieht. Von Sklaven umsorgt und die zivilisatorischen

Vorzüge Roms (wie fließendes Wasser oder Bibliotheken) genießend, verfasste der römische Historiker Tacitus mit seiner Schrift «Germania» eine glühende Bewunderung für die rauen, aber «echten» Wilden jenseits des Rheins, die in ihrer edlen Schlichtheit den städtischen dekadenten Römern weit überlegen wären. Als Deutschland sich im Zuge der Industrialisierung (siehe *Wirtschaft*) eher dem römischen Vorbild näherte, wurde Tacitus' Beschreibung der Germanen immer populärer. Man identifizierte sich mit einer Lebenswelt – dem im Einklang mit der rauen Natur Germaniens lebenden edlen, geradlinigen Wilden – in jenem Maße, wie die letzten Überreste dieser Lebenswelt mit der wachsenden Urbanisierung Deutschlands verschwanden. Die Griechen wiederum bezeichneten – zunächst nicht einmal abfällig gemeint – alle als Barbaren, die der griechischen Sprache nicht mächtig waren.

Vermutlich ist Sprache das stärkste verbindende Element von Kultur. Sie ist ja weit mehr als Vokabular und Grammatik, als Idiom oder Sprachmelodie. Sie ist Ausdruck eines bestimmten Denkens, und wer die Sprache eines Landes lernt, der versteht unter Umständen ein wenig besser, «wie es tickt». Dem Deutschen wurde immer wieder nachgesagt, es sei rau und bellend. Aber das ist Klischee, zu dem der Nationalsozialismus – und mehr noch zahlreiche Filme darüber – entscheidend beigetragen haben. Wie poetisch die deutsche Sprache sein kann und wie offen für neue Sprachschöpfungen (jenseits der oft belächelten Substantiv-Verkettungen), erschließt sich vielleicht eher in den Gedichten eines Rainer Maria Rilke. Sprachen kennen Ein- wie Auswanderung. Es war der «Import» eines anderen Kulturgutes, nämlich Martin Luthers lebendige, sprachkräftige Übersetzung der hebräischen Schriften und des griechischen Neuen Testaments (die Luther allerdings nur in der lateinischen Fassung kannte), die das Neuhochdeutsche und damit eine Sprache «aller Teutschen» auf Jahrhunderte geprägt hat.

Bestimmte Begriffe sind aus dem Deutschen in andere Sprachen übernommen worden (dazu gehört die oft zitierte «Schadenfreude», die es bezeichnenderweise im Englischen nicht gibt, oder der Kindergarten und der Doppelgänger). In Israel gibt es kein «Bed and Breakfast», sondern man vermietet, in der hebräischen maskulinen Pluralform, «Zimmerim». Das Deutsche hat sich aus dem Hebräischen über den Umweg des Jiddischen wiederum den «Ganoven» geholt (von «leganev», stehlen) oder spricht von «Schmiere» stehen und greift dabei auf den «Wachman», den «Schomer», zurück. Lehnwörter aus dem Lateinischen und Französischen, für Jahrhunderte die Sprachen der gebildeten Oberschicht, sind ohne Zahl, nun kommen die Anglizismen, oder besser Amerikanismen, und das «Computerisch» dazu. Am Verb «downloaden» findet wenigstens die Alltagssprache nichts auszusetzen. Den deutschen Dialekten, unter denen das Ostpreußische oder sudetendeutsche Spielarten verloren gingen, wird nun ein «Migrantenslang» hinzugefügt, der vielleicht die Charakteristika einer eigenen Sprache entwickeln mag, aus dem aber sicher einiges ins Hochdeutsche sickern wird.

Sprache ist Ausdruck einer Kultur – und Kultur ist wie die Sprache nichts in Stein Gemeißeltes, sondern fluid und immer in Entwicklung begriffen. Ist der politische Rahmen einer Gesellschaft deren Hardware, so ist die Kultur tatsächlich deren Software. Das eine läuft nicht ohne das andere. Und beides benötigt, so würde man in der Computersprache sagen, ein regelmäßiges Update.

Stichworte · Kultur und Sprache

Füllhorn Buchhandel

Etwas über 94 000 Bücher erschienen 2008 auf dem deutschsprachigen Buchmarkt. Der größte Teil, nämlich 40 Prozent, entfiel auf den Wissenschaftsbereich. Dabei waren 2008 nur 7340 Novitäten Übersetzungen aus einer anderen Sprache, der Löwenanteil davon – knapp 76 Prozent – aus dem Englischen. In großem Abstand folgt das Französische mit 11,5 Prozent.

Die Leipziger Buchmesse wird morgen für den Publikumsverkehr geöffnet. Bis Sonntag präsentieren dann gut 2000 Aussteller aus fast 40 Ländern ihre Neuerscheinungen. Der Schwerpunkt liegt in diesem Jahr auf Südosteuropa. Bereits vor der offiziellen Eröffnung wird zur Stunde der Buchpreis zur europäischen Verständigung vergeben. (Tagesschau-Meldung vom 17. März 2009)

14 Prozent des Umsatzes von insgesamt 9,1614 Milliarden Euro (im Jahr 2008) entfallen auf den Versandhandel oder das Internet; den größten Teil des Umsatzes, nämlich 53 Prozent, verbuchen die traditionellen Sortimenter. Unter diesen Buchhandlungen geben die fünf Branchenführer den Ton an, die für fast 25 Prozent des Gesamtumsatzes verantwortlich sind. Was aber den Einzelhandel insgesamt betrifft, so sind gewiss nicht die Buchhandlungen Spitzenreiter: Nur vier Prozent ihrer «Einzelhandelsausgaben» lassen die Verbraucher in der Buchhandlung, aber immerhin zehn Prozent in Baumärkten. 17 Prozent der Deutschen geben an, täglich in einem Buch zu lesen. Mit dem Internet und der Möglichkeit, Daten digitalisieren zu können, erleben wir die zweite Kommunikationsrevolution seit Erfindung des Buchdrucks. Der Internet-Versandhandel Amazon bietet für sein Lesegerät Kindle über 350 000 elektronische Bücher an, Apple wiederum betreibt

für iPhone und iPad einen eigenen elektronischen Book-Store. In Deutschland wurden 2009 nur 1,6 Millionen E-Books verkauft. Bis zum Jahr 2015 könnten es aber nach Schätzungen über sechzig Millionen sein.

Nobelpreis für Literatur

Der erste Autor deutscher Sprache, der mit dem Nobelpreis für Literatur ausgezeichnet wurde, war kein Schriftsteller, sondern Historiker. «Der gegenwärtig größte lebende Meister der historischen Darstellungskunst», so die Begründung der Schwedischen Akademie, wurde 1902 vor allem wegen seiner monumentalen «Römischen Geschichte» ausgezeichnet – es war Theodor Mommsen. Auch der nächste Preisträger war kein Schriftsteller, sondern der Jenaer Professor für Philosophie und Aristoteles-Spezialist Rudolf Eucken (1908). Nur zwei Jahre später, 1910, honorierte die Schwedische Akademie mit dem Dramatiker, Lyriker und Novellisten Paul Heyse gewissermaßen einen «Allround-Schriftsteller». 1912 schon wurde der Dramatiker Gerhart Hauptmann ausgezeichnet. Nach dem Ersten Weltkrieg allerdings dauerte es bis 1929, als mit Thomas Mann (ausdrücklich für dessen Familiensaga «Die Buddenbrooks») wieder ein deutscher Schriftsteller geehrt wurde. Der erste Literaturnobelpreisträger deutscher Sprache nach dem Zweiten Weltkrieg war der im württembergischen Calw geborene Schweizer Staatsbürger Hermann Hesse. Die Lyrikerin Nelly Sachs, die in Berlin geboren wurde und 1940 kurz vor ihrer Deportation als Jüdin nach Schweden flüchten konnte (dessen Staatsbürgerschaft sie später auch annahm), teilte sich den Preis 1966 mit dem israelischen Schriftsteller Schmuel Agnon.

Heinrich Böll war der erste deutsche Schriftsteller mit deutscher Staatsbürgerschaft, dem der Preis (1972) nach dem Zweiten Weltkrieg verliehen wurde. Günter Grass wurde 1999, vierzig Jahre nach dem Erscheinen seines wohl erfolgreichsten Buches «Die Blechtrommel», ausgezeichnet. 2010 schließlich würdigte die Akademie das Werk der im Banat, dem heutigen Rumänien, geborenen Schriftstellerin Herta Müller.

Der einzige Autor Österreichs, der jemals den Nobelpreis für Literatur erhielt, ist eine Autorin, nämlich Elfriede Jelinek. Und der zweite mit dem Nobelpreis gekürte Schweizer Schriftsteller neben Hermann Hesse ist Carl Spitteler, «im besonderen Hinblick», so die Akademie, «auf sein mächtiges Epos ‹Olympischer Frühling›».

Auch der Nobelpreis für Literatur wird heute überreicht. Er geht an die Berliner Schriftstellerin Herta Müller. Sie wird für die Aufarbeitung ihrer Erfahrungen in der kommunistischen Diktatur Rumäniens ausgezeichnet. (Tagesschau-Meldung vom 10. Dezember 2009)

Proletariat und Alpenwiese: Bestseller

Die drei weltweit am häufigsten verbreiteten ursprünglich deutschsprachigen Bücher sind:

- Karl Marx: Das kommunistische Manifest. Schätzungen zufolge wurde es in zahlreichen Übersetzungen – am prominentesten davon Chinesisch und Russisch – über 500 Millionen Mal unter die Völker gebracht.
- Johanna Spyris «Heidis Lehr- und Wanderjahre». Das Werk brachte es bislang auf 50 Millionen Exemplare und Übersetzungen in 50 Sprachen; das Buch über das Almkind Heidi, seinen Großvater und den «Ziegenpeter» ist seit dem Erscheinen 1881 nie vergriffen gewesen.

- Erich Maria Remarques Roman «Im Westen nichts Neues». Dieses Buch über das schreckliche Sterben in den Schützengräben der Westfront im Ersten Weltkrieg wurde über 20 Millionen Mal verkauft. Auf die Liste der Bestseller mit über zehn Millionen verkauften Exemplaren hat es nur noch Patrick Süskinds «Das Parfum» mit rund 15 Millionen Exemplaren geschafft.

Wie das Kommunistische Manifest wurde das folgende «Werk» in riesigen Stückzahlen verschenkt, nicht verkauft: Hitlers «Mein Kampf» wurde etwa zehn Millionen Mal gedruckt.

Das in Deutschland am häufigsten verkaufte Buch ist die Bibel in der Übersetzung Martin Luthers. Auch weltweit steht die Bibel mit 20 Millionen jährlich verkauften (und verschenkten) Exemplaren an der Spitze. Das nach der Bibel am meisten verbreitete Buch (gedruckt, nicht unbedingt verkauft) ist die «Rote Bibel» mit den Sprüchen Mao Tse-tungs, Vorsitzender der Kommunistischen Partei, Gründer der Volksrepublik China und als Alleinherrscher über das Land von 1949 bis 1976 für den Tod von 44 bis 72 Millionen Menschen verantwortlich. In der weltweiten Bestsellerliste folgt danach schon der Koran – allein der saudische «King Fahd Complex for the Printing of the Holy Q'uran» druckte bislang 200 Millionen Exemplare.

Singende Bären, tanzende Affen: Film

«Das Dschungelbuch» von Walt Disney von 1968 mit über 27 Millionen Zuschauern, James Camerons Untergangsschnulze «Titanic» aus dem Jahr 1997 (mit über 18 Millionen Zuschauern) und Sergio Leones Italowestern «Spiel mir das Lied vom Tod» von 1969 (13 Millionen Zuschauer) waren die erfolgreichsten Filme in der Bundesrepublik. Fast ebenso berühmt wie die Filme wurden die Soundtracks – vor allem das berühmte Mundharmonikamotiv aus «Spiel mir das Lied vom Tod» oder der von Balu dem Bären gesungene Ohrwurm «Probier's mal mit Gemütlichkeit».

Aus den Jahren vor 1960 gibt es kein gesichertes Zahlenmaterial. Geht man jedoch von der geschätzten Zuschauerzahl aus, so steht eine österreichische Produktion in der Hitliste ganz oben: Der Heimatfilm «Der Förster vom Silberwald», ein steirisches Jäger-, Wilderer- und Liebesdrama von 1954 (und damit aus der Prä-Fernseh-Epoche) verbuchte vermutlich 28 Millionen Besucher. «Sissi», das dreiteilige Kaiserinnenmelodram mit Romy Schneider, brachte es auf etwa 20–25 Millionen Besucher. Weltweit erreicht ein weiterer Heimatfilm aus deutscher Produktion Zuschauerrekorde: Die Geschichte einer singenden Adelssippe, «Die Trapp-Familie», bringt es mit 255,4 Millionen Zuschauern weltweit auf Platz zehn der erfolgreichsten Filme aller Zeiten. In den USA ist dieser Erfolg vor allem der Verfilmung der Geschichte als Musical «The Sound of Music» mit Julie Andrews zu verdanken.

Alberne Indianer und trommelnde Zwerge: deutschsprachige Produktionen

Da behaupte noch jemand, die Deutschen hätten keinen Sinn für Komödien: Unter den deutschsprachigen Produktionen nach 1960 liegen Bully Herbigs «Schuh des Manitu» mit knapp 12 Millionen und dessen «(T)raumschiff Surprise» von 2004 mit etwas über 9 Millionen Besuchern noch vor «Otto – der Film» von 1985 (knapp 9 Millionen Besucher).

Der erfolgreichste Film der DDR wiederum war die DEFA-Produktion «Die Geschichte des kleinen Muck» von Wolfgang Staudte, die 13 Millionen Besucher in die Kinos zog.

Und welche deutschen Produktionen wollten die Amerikaner

Szene aus der Verfilmung der «Blechtrommel» von Günter Grass, Regie: Volker Schlöndorff

sehen? An erster Stelle steht Wolfgang Petersens Verfilmung von Michael Endes «Die unendliche Geschichte» (1984), die über 21 Millionen Zuschauer erreichte. Knapp darauf folgt das Zweite-Weltkriegs-Drama «Das Boot» mit Herbert Grönemeyer und Jürgen Prochnow (ebenfalls von Wolfgang Petersen nach der Vorlage von Lothar-Günther Buchheims Buch) und schließlich «Das Leben der Anderen» über die Spitzelmethoden der Stasi von Florian Henckel von Donnersmarck, der 2007 den Oscar als bester fremdsprachiger Film erhielt.

Zuvor hatte es nur zwei Auszeichnungen für deutschsprachige Produktionen in der Kategorie «Best Foreign Film» gegeben: Volker Schlöndorff erhielt sie 1980 als erster deutscher Regisseur für seine Verfilmung von Günter Grass' «Blechtrommel». 2003 gewann Caroline Link für «Nirgendwo in Afrika» den Academy Award.

Der erste deutsche Film allerdings, der nach dem Zweiten Weltkrieg mit einem Oscar geehrt wurde, war 1960 Professor Bernhard Grzimeks Dokumentation »Serengeti darf nicht sterben». In den sechziger und siebziger Jahren gehörte Grzimeks Sendung «Ein Platz für Tiere», in der er über bedrohte und aussterbende Tierarten berichtete (und ein Exemplar dieser Gattung meist ins Studio brachte) so sehr zum festen Bestandteil des deutschen Fernsehens, dass Loriot ihn kongenial mit dem gezeichneten Sketch «Die Steinlaus» parodierte.

Der einzige deutsche Schauspieler, der bislang mit einem «Academy Award of Merit», einem Ehrenoscar, ausgezeichnet wurde, war im Jahr 1929 Emil Jannings – dabei kam erst ein Jahr später der Film heraus, der ihm posthume Berühmtheit sicherte: In Josef von Sternbergs «Der blaue Engel» (der wiederum auf Heinrich Manns Buch: «Professor Unrat» beruht) spielt Jannings den kleinbürgerlichen Gymnasialprofessor Rath, genannt Unrat, der der Varietésängerin Lola Lola verfällt und sich zum Gespött der Stadt macht. Lola Lola wurde von der damals noch gänzlich unbekannten Marlene Dietrich gespielt.

Kaliforniens Bösewichte

Hollywood versorgte nicht nur Zuschauer weltweit mit bunten Träumen. Für viele Schauspieler, Regisseure oder Kameramänner ist es auch das Traumziel schlechthin. Auch in Deutschland, wo das seriöse Feuilleton zwar gern die Nase rümpft über die «Oberflächlichkeit» der ältesten Filmwirtschaft der Welt, aber die Klatschpresse zur gleichen Zeit mit Bewunderung registriert, wenn es ein deutscher Künstler auch in Hollywood «geschafft» hat.

Marlene Dietrich ist vermutlich die bis heute berühmteste deutsche Schauspielerin, die in Hollywood Karriere machte und dort ihre Heimat fand. Ursprünglich war sie ihrem Entdecker Josef von Sternberg aus beruflichen Gründen gefolgt, aber da sie mit den Nationalsozialisten nichts zu schaffen haben wollte (obgleich Propagandaminister Joseph Goebbels sie um eine Rückkehr gebeten hat), blieb sie in Amerika und unterstützte mit Auftritten vor US-Truppen den Kampf ihrer Wahlheimat gegen die Nazis – was ihr bei ihrem ersten Besuch in Deutschland in den sechziger Jahren reichlich Häme von Deutschen einbrachte, die ihr «mangelnden Patriotismus» vorwarfen. Nur wenige deutsche Schauspieler schafften einen Durchbruch wie Marlene Dietrich – und viele beschwerten sich, dass sie meist auf die Rolle von Barbaren, Bösewichten oder Nazis mit teutonischem Akzent verpflichtet wurden. Maximilian Schell machte mit seiner Rolle als junger deutscher Anwalt von NS-Verbrechern in «Das Urteil von Nürnberg» Furore. Thomas Kretschmann gelang nach seiner Rolle als nicht ganz so übler Wehrmachtsoffizier Wilm Hosenfeld in Roman Polanskis «Der Pianist» auch in Deutschland eine beachtliche Karriere. Til Schweiger durfte den teutonischen Bösewicht und Gegenspieler von Lara-Croft-Darstellerin Angelina Jolie in «Tomb Raider – Die Wiege des Lebens» spielen. Der Österreicher Christoph Waltz wurde erst jüngst mit dem Oscar für die beste Nebenrolle (neben Brad Pitt) als SS-Mann Hans Landa in Quentin Tarantinos «Inglorious Basterds» ausgezeichnet.

Künstlerinnen und Künstler wie Franka Potente («Bourne Identity»), sehr viel früher schon Hildegard Knef («Schnee am Kilimandscharo») oder Diane Krueger («Troja» und ebenfalls «Inglorious Basterds»), Klaus Maria Brandauer (für einen Oscar in «Jenseits von Afrika» mit Meryl Streep nominiert) oder Armin Mueller-Stahl (ebenfalls Oscar-nominiert für «Shine») waren zwar ohne Bösewicht-Rollen in Hollywood erfolgreich. Der größte deutschsprachige Star schaffte den ganz großen Durchbruch aber eben doch erst als «Conan der Barbar» und dann als Bösewicht, obgleich er in seiner Titelrolle als «Terminator» nur etwa 17 Sätze mit etwa 70 Wörtern zu sprechen hat. Arnold Schwarzenegger, ehemaliger Mister Universum, durfte nicht nur seine legendären Muskeln in Hollywood spielen lassen. Sein österreichischer Akzent wurde «Kult», er heiratete mit Maria Shriver eine Angehörige des mächtigen Kennedy-Clans und wurde schließlich sogar Gouverneur des Hollywood-Heimatstaates Kalifornien.

Immer wieder Faust: Theater

3787 Werke konnte man im Jahr 2008 auf deutschsprachigen Bühnen (Landes-, Staats- und Stadttheater) in insgesamt 98 712 Vorstellungen sehen – dazu kamen allein in Deutschland knapp 4000 Aufführungen des Tanztheaters. Diese Zahl bleibt seit einigen Jahren ebenso konstant wie die Besucherzahlen, die ebenfalls im Jahr 2008 bei 30,7 Millionen lagen. Leicht gestiegen sind die Zuschüsse für die Landesbühnen, Stadt- und Staatstheater, nämlich von 2,08 Milliarden auf 2,09 Milliarden Euro.

Und welches ist das am häufigsten aufgeführte und inszenierte Stück? Hier liegt ein Klassiker seit vielen Jahren unbeirrt vorn: Goethes «Faust» steht an der Spitze der Inszenierungszahlen (49 Inszenierungen, 540 Aufführungen, 180 656

Goethes «Faust» als Rock-oper auf dem Brocken, Februar 2010

Zum 250. Geburtstag des
Dichters Friedrich Schiller ist
im süddeutschen Marbach das
Schiller-Nationalmuseum wieder
eröffnet worden. Es war zwei
Jahre lang saniert worden, zu
einem großen Teil aus Spenden-
geldern. (Tagesschau-Meldung
vom 11. November 2009)

Besucher). Im Jahr 2008 bekam der «Faust» allerdings Konkurrenz von einem modernen Klassiker. «Der Gott des Gemetzels» von Yasmina Reza
wurde zwar nur am zweithäufigsten inszeniert
(44-mal), setzte sich aber mit 893 Aufführungen
und 227 659 Besuchern gegenüber dem «Faust»
in Deutschland durch. Auf den vorderen Insze-
nierungsplätzen finden sich bei den Schauspiel-
werken Klassiker von Schiller, Büchner, Lessing
sowie auch wieder «Klamms Krieg» von Kai Hensel, ein Drama
über die Folgen des Selbstmords eines Schülers. Meistgespielter
Autor war mit 29 Werken wie in den Jahren zuvor William Shakespeare.

Vogelfänger, arme Künstler und ein deutsches Märchen: Oper

Noch stärker ist die Dominanz der Klassiker in der Oper. Die
Lieblingsoper der Deutschen bleibt auch in der Spielzeit 2007/08
Mozarts «Die Zauberflöte», die auf deutschsprachigen Bühnen 40-
mal inszeniert, 453-mal aufgeführt und von 289 964 Besuchern gesehen wurde. Auf Platz zwei liegt Giacomo Puccinis «La Bohème»
(30-mal inszeniert, 280-mal aufgeführt) und auf dem dritten Platz
Engelbert Humperdincks «Hänsel und Gretel» (29 Inszenierungen;
283 Aufführungen). Im Bereich Zuschauerzahlen schlägt Humperdincks Märchenoper allerdings Puccinis arme Künstler: 218 525 Besucher sahen «Hänsel und Gretel», «La Bohème» hatte 182 974 Zuschauer.

Dass diese Oper (wie die meisten anderen auch) mittlerweile in
der Originalsprache aufgeführt wird, ist eine Neuerung aus den
fünfziger Jahren des letzten Jahrhunderts. Seit im Jahr 1639 zum
ersten Mal eine szenische Handlung mit Musik dargestellt wurde

(das ist die klassische Definition der Oper), hat man dem jeweiligen Publikum auch mit Übersetzungen in die eigene Landessprache ermöglicht, die Handlung zu verfolgen. Erst der Dirigent Herbert von Karajan fand, dass durch Übersetzungen auch der ganz eigene Sprachklang der Oper verloren ginge; seine «Sprachreform» hat sich seither durchgesetzt.

Oper ist die aufwendigste und teuerste Form des Theaters, und zwar nicht nur, weil die Häuser oft recht teure Solisten verpflichten müssen. Die meisten deutschen Opernhäuser leisten sich im Gegensatz zu den meisten Opernhäusern der Welt auch eine Stammbelegschaft von Musikern und Sängern. 43 Opernhäuser gibt es in Deutschland, manche Städte verfügen sogar über mehrere: Berlin hat mit der Deutschen Oper, der Staatsoper Unter den Linden und der Komischen Oper drei mit insgesamt etwa 4700 Sitzen; München hat gleich vier (Nationaltheater, Staatstheater am Gärtnerplatz, Prinzregententheater und Cuvilliés-Theater mit insgesamt 4636 Sitzen), selbst die Kleinstadt Bayreuth hat zwei: das Festspielhaus, in dem nur Werke Richard Wagners aufgeführt werden, und das einzige noch erhaltene Barocktheater, das Markgräfliche Opernhaus. Festes Ensemble, aufwendige Inszenierungen, teure Intendanten: Die Oper ist zwar mit 95 Prozent Auslastung äußerst beliebt, aber der Steuerzahler stemmt auch einen Teil der Kosten: Pro Karte schießt der Staat zwischen 150 und 300 Euro an Subventionen zu.

Kein Sinn für Religion

Freunde, Partner, Familie – mit diesem Dreigespann könnte man das Wertesystem der deutschen Jugendlichen beschreiben. 71 Prozent der Jugendlichen gaben laut Shell-Studie an, dass es ihnen wichtig sei, gute Freunde zu haben, die einen anerkennen. 65 Prozent finden es wichtig, einen Partner zu haben, dem man vertrauen kann. Für 44 Prozent ist es von großer Bedeutung, ein gutes Familienleben zu führen. Erst danach folgen «eigenverantwortlich handeln und leben» (33 Prozent), «von anderen Menschen unabhängig sein» (30 Prozent) und «eigene Phantasie und Kreativität entwickeln» (ebenfalls 30 Prozent). Sich politisch zu engagieren gilt offensichtlich nicht als Wert. Nur zwei Prozent stimmten dem zu. Auch Religion und Umweltbewusstsein schneiden nicht allzu gut ab: «An Gott glauben» hielten ebenso wie «sich umweltbewusst verhalten» nur 12 Prozent für einen Wert.

Klare Unterschiede zeigt die (bislang aktuellste) Shell-Studie von 2006 zwischen Jungen und Mädchen. Mädchen seien, heißt es dort, das «wertebewusstere Geschlecht». Sie messen Fleiß, Ehrgeiz, einem gesundheitsbewussten Leben oder ihren «sozialen Nahbeziehungen» einen größeren Wert zu als die Jungen, die sich wettbewerbsorientierter zeigen. Diese Unterschiede, stellen die Verfasser fest, hätten sich in den vergangenen Jahren eher verstärkt.

Humboldt oder Warum Bildung mehr ist als Wissen

Man müsse, heißt es allerorten, in Bildung investieren, um Deutschland zukunftsfähig zu halten. Aber gilt Bildung nur im Zusammenhang mit Wettbewerbsfähigkeit? Ist Allgemeinbildung das, was man bei «Wer wird Millionär?» wissen muss? Nein, Bildung ist auch, oder noch immer, so etwas wie «Menschenbildung», das Ideal, dem Einzelnen ein tieferes Wissen zu vermitteln, ihm dadurch die Möglichkeit freier, weil informierter Entscheidungen zu gewähren, ihn im Wissen um die universalen Bedingungen des Menschseins auch über spezifische kulturelle Begrenzungen hinaus zum Weltbürger zu machen. Dass es dieses Bildungsideal gibt, ist wiederum den Brüdern Humboldt, vor allem Wilhelm von Humboldt, und in gewisser Weise deren Kindheit zu verdanken.

Es muss eine bedrückende Stimmung im vornehmen Hause Humboldt geherrscht haben. Die Mutter, früh verwitwet und eher freudlos, besaß den Ehrgeiz, den beiden hochbegabten Söhnen Wilhelm und Alexander eine ausgezeichnete Ausbildung zu ermöglichen. Doch verstand sie darunter eher dumpfes Pauken als eine Förderung begabter, neugieriger Geister, eine Wissensvermittlung, die es erlaubt, die Welt – ausgestattet mit einem gewissen Grundgepäck – weiter zu entdecken.

Gelitten haben darunter beide Humboldt-Brüder. Und für beide mag die dröge Paukerei der Jugend Anlass gewesen sein, die Welt der Bildung nachhaltig zu verändern. Alexander, der Jüngere, zog aus, die Welt mit allen Sinnen und unter großen Strapazen selbst zu entdecken. Seine langjährige Forschungsreise nach Lateinamerika führte zu einem Universalwerk, in dem er Klima, Biologie, Lebensweise, Kultur und Wirtschaft auf dem Kontinent beschrieb. Wilhelms «Reisen» im Sinne einer Fortbewegung waren eher geistiger Natur. Als Leiter der «Sektion des Kultus und des öffentlichen Unterrichts» im preußischen Innenministerium reformierte er zunächst die preußischen Volksschulen. Sie sollten keine Verwahranstalten mehr sein, in denen Schülern das Notwendigste für den späteren Broterwerb eingedrillt wurde. Die natürlichen Begabungen und die jedem Kind innewohnende Neugierde sollten so gefördert werden, dass es später, seiner selbst sicherer, eigene Wege würde finden können. Es ging nicht um die abfragbare Leistung, nicht um die reine Nützlichkeit des Wissens, sondern um die «Bildung» eines Menschen im Sinne einer kreativen Schöpfung, darum, die «ihm zugrunde liegenden Kräfte zu wecken», als die ihm Verstand, Gefühl, Einbildungskraft und Anschauung galten.

Selbstverständlich beschränkte sich Humboldt nicht auf die Volksschulen. Für die Universitäten forderte er – wahrhaft revolutionär für seine Zeit (Wilhelm von Humboldt lebte von 1767 bis 1835,

> Vor 200 Jahren wurde die älteste Berliner Hochschule gegründet, und zwar auf Initiative des preußischen Bildungsreformers und Wissenschaftlers Wilhelm von Humboldt. Ein Jahr später begann der Lehrbetrieb, und seither hat die Universität eine wechselvolle Geschichte erlebt. (Tagesschau-Meldung vom 12. Oktober 2009)

sein Bruder Alexander von 1769 bis 1859) –, dass sie sich «von allen Formen im Staate losmachen» und wahrhaft unabhängige Institutionen sein sollten. Heute steht der Humboldt'sche Bildungsbegriff vor allem für die «Einheit von Forschung und Lehre». Auch hier galt ein Ansatz, den man etwas esoterisch «ganzheitlich» nennen würde: Es sollten keine Kader geschmiedet, kein Spezialistentum herangezogen werden, das sich nur in einem kleinen Bereich auskennt. Vielmehr sollte die Universität einen permanenten Austausch von Erkenntnissen unter allen Beteiligten ermöglichen (daher eben kein Rückzug allein in die Forschung, sondern auch die Verpflichtung zur Lehre) und Wissen «auch auf dieser Ebene zu einer umfassenden Bildung und eben nicht nur Ausbildung beitragen».

Humboldt ist – das unterscheidet ihn nicht von anderen Reformern und Revolutionären – von den Wahrern des Alten heftig angefeindet worden. Aber seine Bildungsreform, die weit mehr war als eine Neustrukturierung des Schulsystems, sondern wirklich einen höheren Sinn des Menschseins erzielen wollte, hatte Erfolg. Auch wirtschaftlichen Erfolg. Deutschlands Bildungssystem, das Humboldt zunächst nur für Preußen eingeführt hatte, galt sehr bald in der Welt als Vorbild. In den Schulen und Universitäten wuchsen eben nicht nur «feine Menschen» heran, sondern auch große Forscher, Erfinder und Künstler. Noch in den zwanziger Jahren des vergangenen Jahrhunderts galt: Wer sich in der Welt der Wissenschaft auf dem Laufenden halten oder selbst zur Kenntnis ge-

Wilhelm von Humboldt. Denkmal vor der Berliner Humboldt-Universität

nommen werden wollte, der sollte besser deutsche Fachmagazine studieren oder gar in ihnen veröffentlichen.

In Berlin sitzen die beiden Brüder als Steinfiguren vor der Universität, die Wilhelm zu gründen half und die später nach ihnen benannt wurde. Wilhelm, der hochbegabte Altphilologe, sieht ein wenig streng drein. Bruder Alexander, der Abenteurer, hat die Beine keck übereinandergeschlagen. Hinter dem Eisentor, in den ehrwürdigen Hallen der Universität – aber auch in vielen anderen Ausbildungsstätten und unter jenen, die für «Bildung und Forschung» zuständig sind, wird wieder gestritten über das Humboldt'sche Bildungsideal. Es wird darüber nachgedacht, ob man Studenten nicht «zielorientierter» ausbilden sollte, um im internationalen Wettbewerb der Know-how-Gesellschaften bestehen zu können. Humboldt hätte dies vermutlich befremdlich gefunden. Denn scheinbar «zielorientiert», das waren schon die alten preußischen Paukanstalten. «International wettbewerbsfähig» sind sie erst geworden, nachdem Humboldt sie reformiert hatte.

Sprachwanderer

Wie alle anderen Sprachen kennt auch das Deutsche zahlreiche «Einwanderer», vor allem aus jenen Sprachen, die als «lingua franca» von den Oberschichten gesprochen wurden, also aus dem Lateinischen bzw. Griechischen, dem Französischen und heute vor allem aus dem Englischen. Weigern sie sich zu assimilieren, spricht man von Fremdwörtern, passen sie sich an, wird ihnen das Prädikat «Lehnwort» verliehen. Der Magister ist ein (lateinisches) Fremdwort, der daraus entstandene «Meister» ein Lehnwort. Aus dem französischen «chic» wurde das deutsche «schick» (das im Berliner Dialekt bei der Frage «Allet schick?» wiederum die Bedeutung von «gut» annimmt). Oft existieren Fremd- und Lehnwörter friedlich miteinander. Man kann Daten inzwischen «herunterladen» – oder «downloaden». Immer aber gab es auch Versuche, «Eindringlingen» zwangsweise eine deutsche Identität zu verpassen. Das französische Rendezvous wurde zum «Stelldichein», das man mittlerweile zu den gefährdeten, wenn nicht ausgestorbenen Wörtern zählen darf, dann wurde es durch das «date» ersetzt. Die «Fremdlingsbiographie» einiger Wörter ist oft nicht mehr erkennbar. «Tomate» ist ein ursprünglich aztekisches Wort, das über das Französische einwanderte und den «Paradiesapfel» ersetzte, der sich nur im Österreichischen als «Paradeiser» erhielt. Der «Tollpatsch» ist ein Ungar, genauer ein gemeiner ungarischer Soldat, der nur Fußlappen trug («talpas» bedeutet so viel wie breitfüßig). Und das «Tabu» verdanken wir den Polynesiern: Der für den Herrscher reservierte, heilige Bereich war «gekennzeichnet» – «tapu» und durfte von gewöhnlichen Menschen nicht betreten werden. Importiert wurde der Begriff über das Englische, nämlich das «taboo», das der Entdecker Polynesiens, Kapitän James Cook, geschildert hat.

Seit nun mehr elf Jahren vergeben Sprachwissenschaftler das sogenannte Unwort des Jahres. Es spiegelt den Zeitgeist in Deutschland. Dieses Mal fiel die Wahl auf den Begriff «betriebsratsverseucht». Die unabhängige Jury erklärte, die Wahrnehmung von Arbeitgeberinteressen störe zwar viele Unternehmen, sie als solche zu bezeichnen sei aber ein sprachlicher Tiefpunkt im Umgang mit Lohnabhängigen. (Tagesschau-Meldung vom 19. Januar 2010)

Kulturgut freie Presse

Deutschland ist ein Zeitungsland. Wenn man auf die Geschichte der gedruckten Presse zurückblickt, zeigt sich, welch großen Einfluss dabei deutsche Erfinder, Verleger und Journalisten hatten – angefangen von der Erfindung des Buchdrucks durch Johannes Gutenberg. Anfangs druckten Unternehmer, Kirchen- und Politaktivisten in ganz Europa nur Flugschriften zu bestimmten Themen. Nach und nach entstanden auch Periodika, die monatlich oder wöchentlich herausgebracht wurden. Die weltweit erste Tageszeitung erschien 1650 in Leipzig: Der Drucker und Buchhändler Timotheus Ritzsch brachte sechsmal wöchentlich seine vierseitigen «Einkommenden Zeitungen» heraus (das Wort wurde damals noch mit dem Begriff «Nachrichten» gleichgesetzt).

Presseerzeugnisse sind seitdem nicht nur Informationsträger, sondern ein Kulturgut geworden. Die Stilformen des Journalismus von der Nachricht über den Kommentar bis zur Reportage sind Gattungen der Publizistik ebenso wie Romane, Erzählungen oder Gedichte. Inhalt und Gestaltung der Presse waren seit dem 17. Jahrhundert immer wieder neuen Entwicklungen unterworfen, zugleich prägten sie die gesellschaftliche Entwicklung mit.

Von Anfang an umkämpft war das Recht, Presseorgane und andere Medien herauszugeben, zu besitzen und zu kontrollieren – und welche Nachrichten sie verbreiten sollen. Auch Ritzsch brauchte ein Privileg, also eine Genehmigung des Kurfürsten. Die Geschichte der Zeitung ist deshalb eng verknüpft mit der Entwicklung von bürgerlichen Freiheiten, mit dem Kampf um politische und wirtschaftliche Macht, mit den Grenzen von Meinung und Kritik. Freie Medien, die weitgehend ohne Kontrolle durch die Obrigkeit entstehen, sind zugleich eine Grundvoraussetzung für ein demokratisches Gemeinwesen. Denn nur wer Zugang zu unzensierten Informationen und zu widerstreitenden Meinungen hat, kann wirklich wählen und sich politisch beteiligen. Deshalb heißt es im Grundgesetz auch: «Jeder hat das Recht, seine Meinung in Wort, Schrift und Bild frei zu äußern und zu verbreiten und sich aus allgemein zugänglichen Quellen ungehindert zu unterrichten. Die Pressefreiheit und die Freiheit der Berichterstattung durch Rundfunk und Film werden gewährleistet. Eine Zensur findet nicht statt.»

Die heutige Medienlandschaft Deutschlands beruht auf dieser Festlegung sowie den Gesetzen der alliierten Besatzungsmächte nach dem Zweiten Weltkrieg. Sie entschieden darüber, welche Zeitungen und Rundfunksender entstehen durften. Dabei setzten Briten, Franzosen und Amerikaner auf unterschiedliche Konzepte von freier Presse und die Sowjets auf staatliche Kontrolle. Zunächst aber wurden alle deutschen Zeitungen und Programme nach dem Krieg verboten. Das war die logische Reaktion darauf, dass das freie und extrem differenzierte Pressewesen und der Rundfunk aus den Zeiten der Weimarer Republik von den Nationalsozialisten zum einen Teil zerschlagen und zum anderen «gleichgeschaltet», also in die staatliche Propaganda eingegliedert worden waren.

Im Ostteil Deutschlands gründeten die Sowjets schon im Mai 1945 die «Berliner Zeitung». Die erste amerikanische Zeitungslizenz erhielt am 1. August 1945 die «Frankfurter Rundschau». Mit Inkrafttreten des Grundgesetzes am 23. Mai 1949 endete in der Bundesrepublik die alliierte Kontrolle im Pressebereich. Von nun an galt die allgemeine Pressefreiheit. Im Osten wurden Presse und Funk bis zum Ende der DDR vom Staat beziehungsweise der Staats-Partei SED kontrolliert.

Verkaufte Auflagen und Reichweiten der Printmedien

In vielen Ländern Europas und besonders in den USA sinkt die Reichweite der Tageszeitungen. Das heißt: Immer weniger Menschen lesen sie. Laut dem Bundesverband Deutscher Zeitungsverleger (BDZV) lesen aber immer noch drei Viertel der Deutschen über 14 Jahren täglich Zeitung: 47 Millionen. Allerdings trifft das auf die Jüngeren weniger zu. So nimmt nur knapp die Hälfte der 14- bis 19-Jährigen (47 Prozent) und 58 Prozent der 20- bis 29-Jährigen täglich eine Zeitung zur Hand. Die Reichweite ist eine Hochrechnung: Die tatsächlich verkauften Exemplare werden mit einer angenommenen Zahl von «Mitlesern» multipliziert, die ebenfalls zum Haushalt desjenigen gehören, der das Zeitungsexemplar gekauft hat.

Pro Erscheinungstag wurden im ersten Quartal 2010 durchschnittlich 22,72 Millionen Tageszeitungsexemplare verkauft, inklusive Sonntagsausgaben und Sonntagszeitungen. Diese Zahl sinkt seit Mitte der neunziger Jahre kontinuierlich. Vor allem die lokalen und regionalen Tageszeitungen leiden unter dieser Entwicklung. Wurden von ihnen 1995 noch 18,1 Millionen Exemplare pro Erscheinungstag verkauft, so waren es im Jahr 2009 noch 14 Millionen. Außerdem kauften die Deutschen im ersten Quartal 2010 1,97 Millionen Exemplare von Wochenzeitungen und 114,64 Millionen sogenannte Publikumszeitschriften (Magazine, Illustrierte etc.) pro Ausgabe sowie 12,20 Millionen Exemplare von Fachzeitschriften.

Duales System für Vielfalt: Funk und Fernsehen

Regelmäßige Rundfunksendungen gibt es in Deutschland, seit am 29. Oktober 1923 die «Funk-Stunde Berlin» ausgestrahlt wurde – nur drei Jahre nachdem in Pittsburgh (USA) der erste kommerzielle Rundfunksender gegründet worden war. Beim Fernsehen lag dann wieder Deutschland vorne. Von den Nazis vorangetrieben, startete im März 1935 der «Deutsche Fernseh Rundfunk» das erste TV-Programm der Welt. Zum Massenmedium wurde das Fernsehen jedoch erst nach dem Zweiten Weltkrieg – nur wenige hatten bis dahin ein entsprechendes Gerät.

Hörfunk und Fernsehen in der Bundesrepublik waren ab 1950 eine Sache der öffentlich-rechtlichen Rundfunkanstalten, die in der ARD zusammengeschlossen sind. 1961 kam das ZDF, das Zweite Deutsche Fernsehen, hinzu. Öffentlich-rechtlicher Rundfunk heißt: Die Sender sind weder staatlich noch privat. Vielmehr sind die Sender wie der Norddeutsche Rundfunk, der die «Tagesschau» produziert, eigene Anstalten, die zu einem Teil über Werbung, zum Großteil aber über Rundfunkgebühren finanziert

Marktanteile der größten deutschen Fernsehsender

Sender(-Gruppe)	Marktanteil
Dritte Programme	13,5 %
ARD (Das Erste)	12,7 %
ZDF	12,5 %
RTL	12,5 %
Sat.1	10,4 %
Pro Sieben	6,6 %
VOX	5,4 %

* Laut AGF/GFK Fernsehforschung, Tagesdurchschnitt der Zuschauer ab 3 Jahre, Montag bis Sonntag 3:00–3:00 Uhr

werden. Jeder private Haushalt mit eigenem Einkommen ist verpflichtet, eine Abgabe pro Empfangsgerät (Fernseher, Radio, Autoradio, internetfähige Computer) zu bezahlen – unabhängig davon, ob das entsprechende Programm auch eingeschaltet wird. Die Programme der Sender werden also von den Nutzern selbst bezahlt. Journalisten bei ARD und ZDF genießen die volle Pressefreiheit – sie sollen und dürfen über alles berichten, was ihnen wichtig erscheint. Zugleich wachen Gremien wie die Rundfunkräte darüber, dass die Anliegen von Parteien und gesellschaftlichen Gruppen wie Kirchen im Programm angemessen und fair berücksichtigt werden.

Neben dem öffentlich-rechtlichen hat sich in den vergangenen dreißig Jahren der private Rundfunk entwickelt. Er ist seit 1986 formal den Anstalten von ARD und ZDF gleichgestellt. Das Zusammenspiel aus privaten und öffentlich-rechtlichen Sendern, das sogenannte duale System, ist in einem Staatsvertrag geregelt. Während private Sender ihre Programm-Schwerpunkte, von einigen Auflagen abgesehen,

Die Internetaktivitäten des öffentlich-rechtlichen Rundfunks in Deutschland sind nun vertraglich geregelt. Die Ministerpräsidenten der Länder unterzeichneten heute bei ihrem Treffen in Berlin eine entsprechende Übereinkunft, den 12. Rundfunkänderungsstaatsvertrag. Er betrifft auch das Engagement von ARD, ZDF und Deutschlandradio im Digitalbereich. (Tagesschau-Meldung vom 18. Dezember 2008)

nach kommerziellen Gesichtspunkten und nach der Höhe der Einschaltquoten wählen dürfen, sind die öffentlich-rechtlichen dazu verpflichtet, die «Grundversorgung» der Bürger zu gewährleisten. Kultur, Politik, Sport, Nachrichten und Unterhaltung müssen in den Programmen auch unabhängig davon vorkommen, wie viele Menschen sich dafür interessieren.

Die Zeitung ist das älteste Massenmedium der Welt, das Radio gilt als das schnellste, und gemessen an der Nutzerzahl ist das Fernsehen das größte – auch in Deutschland. Bei den jüngeren Nutzern haben die klassischen Medien aber einen ernsthaften Konkurrenten bekommen, der immer populärer wird: das Internet. Das Netz ist dabei nicht nur ein eigenes Medium, in dem neue Anbieter Informationen und Meinungen anbieten – etwa in Blogs. Es ist zugleich ein neuer, digitaler Vertriebskanal für die bisherigen Medien. Sowohl die deutschen Zeitungsverlage als auch die Rundfunksender bieten ihre Inhalte von der harten Nachricht bis zur Unterhaltung auch im Internet an. Deutschland hat sich längst weiterentwickelt, vom Zeitungsland zu einem der modernsten und vielfältigsten Medienstandorte der Welt. Und als solcher ist das Internet nicht nur Wirtschaftsfaktor, sondern fester Bestandteil der kulturellen Landschaft.

4. Vom Turnvater Jahn bis zum Computer-Fußball – Sport in Deutschland

Freud und Leid und Leidenschaft

Obwohl Deutschland eine Republik ist, hat es noch einen König. König Fußball. Dieser Begriff mag etwas abgegriffen sein, aber er passt: Fußball ist der unumstrittene Herrscher im deutschen Reich des Sports. Obwohl Deutschland kein besonders großes Land ist, ist der Deutsche Fußball-Bund (DFB) mit mehr als fünf Millionen Mitgliedern der größte Einzelsportverband der Welt. Die populärste Sportart und das typisch deutsche Vereinswesen sind beim Fußball die größtmögliche Synthese eingegangen. Aber natürlich wird zwischen Nordsee und Alpen nicht nur gekickt. Deutschland bietet im Sport unendlich viele Möglichkeiten. Wie in anderen Ländern auch, sind die Formen der körperlichen Betätigung dabei ebenso Trends unterworfen wie regionalen und sozialen Vorlieben.

Hockey wird zum Beispiel eher von gebildeten, bürgerlichen Familien bevorzugt. Ebenso Fechten, Golf und Polo. Der letzte Schrei ist mancherorts, Mädchen zum Lacrosse zu schicken – einem Ballspiel mit Toren und Netzschlägern, das die Kanadier einst von den Indianern abschauten. Die Zahl der Lacrosse-Spieler stieg allein im vergangenen Jahr um 20 Prozent, zahlreiche Hockeyclubs des Landes bieten inzwischen auch Lacrosse an. Boxen ist ein typischer Großstadtsport, der seit Generationen Zigtausende Jugendliche im wahrsten Sinn des Wortes von der Straße holt. Handball ist im Norden und Nordwesten der Republik landstrichweise der große Renner, während im Süden und Südosten alle möglichen Sport-

Die deutsche Nationalelf bei der WM 2010 in Südafrika

arten populär sind, bei denen man über und durch Eis und Schnee rutscht, springt oder jagt. Im Saarland hat die Nähe zu Frankreich sogar eine gutorganisierte Szene von Boule-Spielern hervorgebracht – also Menschen, die schwere Eisenkugeln möglichst nahe an eine kleine Holzkugel rollen, die man «Schweinchen» nennt (siehe *Beliebteste Sportarten*). Deutschland hat sehr erfolgreiche Reiter, schnelle Schwimmer und hervorragende Sportschützen hervorgebracht. Zudem sind die verschiedenen Disziplinen der Leichtathletik, bei denen man werfen, laufen oder springen muss (oder alles zusammen), nach wie vor beliebt. Wie populär Sportarten sind, unterliegt einem ständigen Wandel und Trends, die oft auch vom Erfolg des jeweiligen Profisports abhängen.

So erlebte die Bundesrepublik in den Achtzigern und Anfang der neunziger Jahre einen regelrechten Tennisboom, als Boris Becker, Steffi Graf und Michael Stich in der Weltspitze einen Titel nach dem anderen gewannen. War der «weiße Sport» bis dahin eher den besseren Kreisen vorbehalten, spielten plötzlich Kinder aus allen

Schichten Tennis im Verein. Im Fernsehen wurden ständig Tennis-turniere übertragen. Dieser Boom ist heute Vergangenheit. Die großen Vorbilder traten ab, Nachfolger dieser Dimension fanden sich nicht, und Tennis verlor wieder an Bedeu-tung. Wimbledon, das wichtigste Tennisturnier der Welt, kann man nur noch in Spartensendern live verfolgen. Stattdessen wurde Deutschland dank des Formel-1-Serienweltmeisters Michael Schumacher eine Motorsportnation. Plötzlich wurden massenhaft Kartbahnen eröffnet, auf denen man schon als Kind ohne Führerschein Rennfahren lernen kann. Auf Schumacher folgten inzwischen so vielversprechende Talente wie Nick Heidfeld und der inzwischen zweimalige Weltmeister Sebastian Vettel. Deshalb trägt die For-mel 1 den scherzhaften Beinamen «Formel Deutsch». Aber solche Begeisterung kann, wie die Einschaltquoten im Fernsehen bewei-sen, schnell wieder abflauen. Ein paar Winter lang waren beispiels-weise die deutschen Skispringer nationale Helden. Die «DSV-Adler» um Martin Schmitt flogen bei der Vierschanzentournee ganz nach oben. Und landeten doch wieder in der deutschen Realität, mit der sich auch alle erfolgreichen Handballer, Hockeyspieler oder Segler abzufinden haben. Die Nummer eins des Sports ist, immer noch und immer wieder: Fußball.

Zwar leiden die Nachwuchsabteilungen der Fußballvereine zumindest zeitweise darunter, dass deutsche Jungen plötzlich Tennis, Basketball oder lieber am Computer spielten, aber diese Lücke wurde von den Kindern der Einwanderer geschlossen. Und die Mädchen? Bis 1970 durften sie in den deutschen Vereinen nicht kicken. Inzwischen sind die Frauen längst Teil der deutschen Fuß-balldominanz geworden: Das deutsche Nationalteam ist seit Jah-ren international das Maß aller Dinge. Doch kilometerweit über allen thront die Fußtruppe des Königs: Die deutsche Männer-Na-tionalelf ist die mit Abstand erfolgreichste Europas und – gemes-sen an den Top-3-Platzierungen bei Weltmeisterschaften – sogar

Formel-1-Fahrer Sebastian Vettel hat den Großen Preis von Malaysia gewonnen. Nico Rosberg wurde Dritter. Michael Schumacher schied frühzeitig aus. (Tagesschau-Meldung vom 5. April 2010)

Die deutsche Fußball-Nationalelf beim Empfang in Deutschland nach dem Sieg bei der WM 1954

erfolgreichste des Planeten (siehe *Erfolge der Deutschen Fußball-nationalelf*). Der Gewinn der Fußball-WM 1954 ist als «Wunder von Bern» nicht nur einer der Gründungsmythen der jungen Bundesrepublik, die nach dem von den Deutschen begonnenen Zweiten Weltkrieg und der daraus folgenden totalen Zerstörung in die Gemeinschaft der Nationen zurückkehren wollte. Spätestens seit dem unerwarteten 3:2-Triumph der deutschen Kicker 1954 über Ungarn, die beste Mannschaft jener Epoche, ist das Kicken überall und quer durch alle Bevölkerungsgruppen Volkssport.

Auch außerhalb des Vereinswesens: Kaum eine Wiese bleibt im Sommer von Hobby- und Gelegenheitskickern verschont. Kein anderer Sport hat es geschafft, so nachhaltig neben den regionalen und sozialen Traditionen auch die Grenze zwischen Könnern und Nichtkönnern zu überschreiten. Denn während es niemandem, der einen Ball nicht trifft, einfiele, einfach mal mit Kumpels golfen zu gehen, treibt es Millionen Dilettanten ebenso euphorisch zum Bolzen wie die größten Talente. Der Fußball ist zum deutschen Kul-

Friedrich Ludwig Jahn, der Turnvater

turgut geworden, auch wenn die Holländer sich traditionell einbilden, sie kickten schöner. In vielen Ländern Europas, die ebenfalls große Fußballnationen sind, wie Italien, Spanien oder England, stagnieren oder sinken die Zuschauerzahlen in den Stadien. Im Fernsehen sind Spiele der Top-Ligen längst nur noch in Bezahlsendern zu sehen. In Deutschland dagegen sind die Stadien immer gut gefüllt, und eine zeitnahe Zusammenfassung der Bundesliga im frei empfangbaren Fernsehen gilt als unverzichtbarer Bestandteil des allgemeinen Rechts auf Information.

Noch vor hundert Jahren hätte kaum einer an diese Entwicklung geglaubt. Denn als Mutterland des Fußballs gilt England. Auf der Insel gab es schon eine nationale Liga und eine große Fußballkultur, als die Jagd nach dem runden Leder hierzulande noch als roh und unschicklich galt. Der deutsche Mann kickte nicht, er turnte. Im Frühjahr 1811 hatte der Pfarrersohn Friedrich Ludwig Jahn in der Berliner Hasenheide den ersten deutschen Turnplatz eröffnet. Jahn war nicht nur Turner, sondern auch ein Patriot zu einer Zeit, als Deutschland keine einige Nation, sondern ein Flickenteppich von Kleinstaaten war. Jahn wollte ein vereintes Deutschland, dessen Ideale sich auch im Turnerwahlspruch «frisch, fromm, fröhlich, frei» spiegeln sollten. Der «Turnvater» gilt den Deutschen seither als Erfinder des Sports für alle. Davon übrig geblieben ist bis heute, dass Schüler im Sportunterricht über Barren und Pferde geschickt werden.

Von der Schule abgesehen wird in Deutschland Sport traditionell in einem Verein betrieben. Dort finden Gleichgesinnte zusammen, ob Turner oder Basketballer. Man ist füreinander da, man gehört zusammen – und grenzt sich von jenen ab, die nicht dazugehören. Idealerweise gehört Letzteres nur zum Wesen des sportlichen Wettkampfs, es hat aber auch eine gesellschaftliche Dimension. So gab es vor dem Zweiten Weltkrieg Vereine für die Arbeiter und für die Bürgerlichen. Frauen hatten, wenn überhaupt, darin ihre streng eingegrenzten eigenen Bereiche.

Doch die Grundtugenden des organisierten Sports in Deutschland blieben über Jahrzehnte erhalten: sich zu bewegen, wenn möglich an der frischen Luft, weil es gesund ist und Werte vermittelt wie Disziplin, Fairness, soziales Miteinander, mit Anstand siegen und verlieren. Das Motiv «Spaß» (oder, altmodisch, «Freude») gehörte zwar immer schon dazu, aber erwähnt wird es erst in der modernen Gesellschaft mit ihrer Vielzahl an Freizeitangeboten. Sport muss heute fit machen, uns gesund aussehen lassen und dabei Spaß und das Gefühl von Freiheit und Individualität vermitteln. Deshalb machen sogenannte Trendsportarten den altbekannten Disziplinen Konkurrenz. Menschen spannen beim «Slacklining» Gummiseile und balancieren darüber. Andere rennen Hochhaustreppen hoch oder stürzen sich mit dem Skateboard die Geländer herunter. Ungezählte Menschen walken mit Stöcken durch unsere Parks. Wer etwas auf sich hält, geht vor der Arbeit joggen. Der Phantasie sind keine Grenzen gesetzt, jeder kann und darf in Gemeinschaft oder ganz allein seinen bevorzugten «Leibesübungen» frönen.

Aber nur ein Sport schafft es, die Masse der Deutschen in Freud und Leid und Leidenschaft zu vereinen, auf der Wiese oder zumindest vor dem Fernseher. Und deshalb ist der Fußball immer noch König.

Die Fußballerinnen von Bundesligist Turbine Potsdam haben zum vierten Mal den Meistertitel gewonnen. Mit einem 1:0 gegen den SC Bad Neuenahr stehen sie nach dem vorletzten Spieltag uneinholbar an der Tabellenspitze. (Tagesschau-Meldung vom 2. Mai 2010)

Stichworte · Sport

Die beliebtesten Vereinssportarten bei 7- bis 14-Jährigen*

Jungen		Mädchen	
Fußball	(1 263 000)	Turnen	(677 000)
Turnen	(360 000)	Fußball	(273 000)
Tennis	(137 000)	Reiten	(152 000)
Handball	(132 000)	Leichtathletik	(130 000)
Leichtathletik	(114 000)	Schwimmen	(118 000)
Schwimmen	(112 000)	Tennis	(101 000)
Tischtennis	(75 000)	Handball	(100 000)
Judo	(73 000)	Volleyball	(45 000)
Skifahren	(46 000)	Skifahren	(44 000)
Schießen	(45 000)	Judo	(33 000)

* In Klammern die Zahl der jeweiligen Vereinsmitglieder (gerundet)

Fußball ist bei deutschen Jungen mit großem Abstand die beliebteste Sportart. Aber auch bei den Mädchen hat das Kicken aufgeholt und liegt nur noch hinter dem Turnen. Insgesamt sind die Vorlieben unter den Top Ten relativ ähnlich – mit einigen Ausnahmen. Reiten und Volleyball sind mit Platz 3 und Platz 8 eindeutig Mädchensportarten. Bei den Jungen liegen diese Disziplinen nur auf Platz 14 (Reiten) und 12 (Volleyball). Richtige Jungen-Sportarten gibt es in dieser Klarheit nicht – am ehesten wäre es Tischtennis, das bei ihnen auf Platz 7 liegt und bei den Mädchen nur Elfter ist.

Direkt vor dem Schießen übrigens. Was die Statistik nicht erfasst, ist die Zahl der Aktiven außerhalb von Sportvereinen. So dürfte Basketball von sehr viel mehr Jungen in Deutschland gespielt und geliebt werden, als es die relativ geringe Zahl der jungen Mitglieder im Basketballverein (knapp 38 000, Platz 11) vermuten lässt.

Leistungssport in Deutschland

Jede Form von Sport, die Menschen in ihrer Freizeit treiben, um fit und fröhlich zu bleiben, nennt man Breitensport. Er wird vom Staat und von den jeweiligen Gemeinden gefördert und unterstützt – zum Beispiel durch die Instandhaltung von Hallen, Schwimmbädern und Sportanlagen, durch die finanzielle Förderung von Jugendabteilungen und anderes mehr. Denn Sport gehört erstens im weitesten Sinne zur Kultur unseres Landes und gilt zweitens als sinnvolle, integrierende Beschäftigung für Jugendliche. Gesunder Sport kann aber auch von Krankenkassen unterstützt werden oder von Sponsoren. Einen großen Teil der Kosten für die Ausübung ihres Hobbys tragen aber die Sportler selbst, indem sie an ihre Vereine Mitgliedsbeiträge zahlen.

Der Breitensport ist in jeder Hinsicht der Unterbau des oft berufsmäßig betriebenen Leistungssports. Während Fußball- oder Tennisprofis in der Regel gut von ihren Einnahmen leben können, gibt es in Deutschland Tausende Athleten, die zwar genauso hart trainieren, aber damit längst nicht so viel verdienen. Denn der Leistungssport ist letztlich ein Wirtschaftszweig – und gehorcht entsprechend den Regeln des Marktes, also Angebot und Nachfrage.

Weil Millionen Menschen Fußball im Fernsehen sehen möchten, bezahlen die TV-Sender hohe Summen für die Senderechte etwa an der Fußball-Bundesliga. Mit diesem Geld kann der Profifußball ebenso planen wie mit den Zuwendungen von Sponsoren, die sich von der Präsenz auf Trikots, auf Stadionbanden und sonstigen Werbeflächen einen Imagegewinn versprechen. Zudem bezahlen Millionen Deutsche Eintritt zu den Spielen oder geben Geld für Merchandising-Artikel wie Fahnen, Mützen und Schals aus. Mit all diesen Einnahmen finanzieren die Profivereine die Gehälter der Spieler und Trainer, medizinische Abteilungen, Infrastruktur, Nachwuchsarbeit und vieles mehr. In einem Sport, der weniger Leute interessiert, werden entsprechend geringere Summen umgesetzt. Deshalb müssen viele andere Leistungssportler wie Triathleten, Hockeyspieler oder Fechter nebenbei oft noch einem Beruf nachgehen.

Mit Feuerwerk und einer Lasershow auf dem Main ist in Frankfurt das Internationale Deutsche Turnfest eröffnet worden. Bei der weltweit größten Breiten- und Wettkampfsportveranstaltung messen in den kommenden Tagen etwa 65 000 Teilnehmer ihre Kräfte. (Tagesschau-Meldung vom 31. Mai 2009)

Der Gewinn von Meisterschaften und Medaillen bei internationalen Wettbewerben ist jedoch nicht nur für die Sportler und ihre Sponsoren wichtig, sondern auch für Deutschland – so wie für jedes andere Land auch. Dafür gibt es, neben den wirtschaftlichen Aspekten, zwei entscheidende Gründe. Erstens schaffen Erfolge bei Veranstaltungen wie Olympische Spiele oder Weltmeisterschaften ein gutes Gefühl im Land der erfolgreichen Sportler – ihre Landsleute fiebern mit, freuen sich und erleben eine Zusammengehörigkeit, die ansonsten selten empfunden wird. Wenn dieser gemeinsame Stolz nicht in nationalistische Exzesse ausartet, ist er für jedes Land etwas sehr Positives. Zweitens können Länder mit erfolgreichen Sportlern ihr Ansehen und ihren Bekanntheitsgrad im Ausland steigern. Das kann sich zum Beispiel positiv für den Tourismus auswirken.

Aus diesen Gründen fördern die meisten Staaten der Welt ihren Leistungssport, so gut es geht – zum Beispiel mit Steuervorteilen, aber auch mit direkter finanzieller, wissenschaftlicher oder sonstiger Unterstützung. Auch Deutschland tut das. So arbeiten viele Athleten, die als Profis in ihrer Disziplin nicht genügend Geld verdienen würden, bei der Bundeswehr oder der Bundespolizei. Dort haben sie zum einen ein geregeltes Arbeitsverhältnis, werden aber zum Training und für Wettkämpfe freigestellt, sodass sie sich ganz auf ihre sportliche Karriere konzentrieren können. Eine weitere Einrichtung, die Athleten dies ermöglicht, ist die Stiftung Deutsche Sporthilfe. Diese gemeinnützige Organisation fördert derzeit knapp 4000 Sportler, vom Nachwuchsturner bis zur Olympiasiegerin. Spitzenathleten erhalten neben Leistungsprämien bis zu 10 000 Euro Unterstützung im Jahr. Alles mit dem Ziel, möglichst viele erfolgreiche Sportler «made in Germany» hervorzubringen.

Der Osten spielt nicht Tennis

Bei den beliebtesten Sportarten Deutschlands gibt es, gemessen an den Mitgliederzahlen in den jeweiligen Verbänden, ein Ost-West-Gefälle. Am auffälligsten ist das am Beispiel Tennis. In vielen alten Bundesländern ist der «weiße Sport» die Nummer drei. In keinem einzigen der neuen Länder dagegen taucht Tennis unter den Top-5-Sportarten auf. Das hat gesellschaftliche Gründe: In der DDR war das als bürgerlich und elitär geltende Tennis kein populärer Sport – und der bundesdeutsche Tennisboom hielt nach der Wiedervereinigung nicht lange genug an, um diesen Unterschied auszugleichen. Dafür sind im Osten, gemessen an der Bevölkerungszahl, mehr Menschen aktive Kegler oder Schützen. Auch Volleyball und Tischtennis werden gern gespielt.

Weitere Unterschiede bei den beliebtesten Sportarten haben in der Regel keine gesellschaftlichen, sondern geographische Ursachen. Dass Fischen und Segeln in küstennahen und wasserreichen Bundesländern wie Mecklenburg-Vorpommern populärer sind als in Hessen, liegt ebenso auf der Hand wie der Umstand, dass im bergigen Süden der Republik mehr Ski gefahren wird als an der Küste. Ein kleiner Sonderfall ist das Boule-Spielen. Bundesweit betreibt nur jeder 5320. Deutsche diesen Sport in einem Verein. Im Saarland hingegen ist es jeder 610.

Die Deutschlandkarte des Sports:
Beliebteste Sportarten in den Bundesländern

Bundesland	Top-3-Mitgliedsver-bände*	Überdurchschnittlich beliebte Sportart/Auswahl**
Baden-Württemberg	Turnen, Fußball, Tennis	Skifahren (197 000 Mitgl.)
Bayern	Fußball, Turnen, Ski	Skifahren (280 000 Mitgl.)
Berlin	Fußball, Turnen, Tennis	Segeln (14 549 Mitglieder), Rudern (8749 Mitglieder)
Brandenburg	Fußball, Turnen, Volleyball	Kegeln (8113 Mitglieder)
Bremen	Turnen, Fußball, Tennis	Schwimmen (7414 Mitgl.)
Hamburg	Turnen, Fußball, Tennis	Segeln (11 750 Mitglieder)
Hessen	Turnen, Fußball, Tennis	Basketball (31 716 Mitglieder)
Mecklenburg-Vorpommern	Fußball, Turnen, Volleyball	Segeln (8321 Mitglieder)
Niedersachsen	Turnen, Fußball, Schießen	Pferdesport (140 314 Mitgl.)
Nordrhein-Westfalen	Fußball, Turnen, Tennis	Schwimmen (223 000 Mitgl.)
Rheinland-Pfalz	Fußball, Turnen, Tennis	Leichtathletik (76 848 Mitgl.)
Saarland	Fußball, Turnen, Tennis	Boule (1687 Mitglieder)
Sachsen	Fußball, Turnen, Volleyball	Kegeln (24 382 Mitglieder)
Sachsen-Anhalt	Fußball, Schießen, Turnen	Angeln (48 000 Mitglieder)
Schleswig-Holstein	Turnen, Fußball, Tennis	
Thüringen	Fußball, Schießen, Turnen	Kegeln (16 500 Mitglieder)

* Absolute Zahl der Mitglieder der Sportverbände sowie in den Einzelverbänden des jeweiligen Landessportbundes lt. deren Angaben; Behinderten-
sport, Rehasport etc. nicht eingerechnet; Stand: 2009

** Gemessen an Vereinsmitgliedern pro Einwohner, verglichen mit dem
Bundesschnitt

Die Deutschlandkarte des Sports

In welcher Stadt wird Spitzensport geboten?

- Fußball-BL
- Handball-BL
- Basketball-BL
- Eishockey (DEL)
- Olympiastützpunkt

Verzeichnet sind die Vereine in der jeweils höchsten Spielklasse der Sportart, Stand: Saison 2012/2013

Sylt

Flensburg

Fehmarn

Rügen

Kiel

Schleswig-Holstein

Usedom

Rostock

Mecklenburg-Vorpommern
Segeln

Hamburg
Segeln

Bremerhaven   Hamburg

Bremen
Schwimmen

Oldenburg   Bremen

Niedersachsen
Pferdesport

Quakenbrück   Burgdorf

Wolfsburg

Berlin
Segeln
Rudern

Potsdam   Berlin

Frankfurt/
Oder

Lübbecke   Hannover   Braunschweig

Minden

Lemgo   Magdeburg

Brandenburg
Kegeln

Nordrhein-Westfalen
Schwimmen

Sachsen-Anhalt
Angeln

Cottbus

Gelsenkirchen
Essen   Dortmund

Krefeld   Iserlohn   Weißenfels   Leipzig

Düsseldorf   Hagen
Mönchen-   Leverkusen
gladbach   Gummersbach   Melsungen   Erfurt

Sachsen
Kegeln

Köln   Bonn   Chemnitz

Hessen
Basketball   Gießen   Thüringen
Kegeln

Wetzlar

Rheinland-Pfalz
Leichtathletik   Frankfurt

Mainz   Großwallstadt   Bamberg
Bayreuth

Trier   Würzburg

**Beliebteste Sportarten
in den Bundesländern**

- Überdurchschnittlich beliebte Sportart/Auswahl**

Saarland
Boule   Mannheim   Tauber-
bischofsheim   Fürth

Heidelberg   Nürnberg

Saarbrücken   Hoffenheim

Bayern
Skifahren

Ludwigsburg   Straubing

Stuttgart   Ingolstadt

Göppingen

Tübingen   Metzingen

Balingen-Weilstetten   Ulm   Augsburg

Baden-Württemberg
Skifahren   München

Freiburg

* Absolute Zahl der Mitglieder der Sportverbände sowie in den Einzelverbänden des jeweiligen Landessportbundes lt. deren Angaben/Behindertensport, Rehasport etc. nicht eingerechnet; Stand: 2012
** Gemessen an Vereinsmitgliedern pro Einwohner, verglichen mit dem Bundesschnitt

Mehr Angler als Tischtennisspieler –
Deutschlands größte Sportverbände*

Sportverband	Zahl der Mitglieder
Deutscher Fußball-Bund	6 563 977
Deutscher Turnerbund	5 006 039
Deutscher Tennisbund	1 586 663
Deutscher Schützenbund	1 462 290
Deutscher Leichtathletik-Verband	891 006
Deutscher Handball-Bund	842 070
Deutscher Alpenverein**	782 753
Deutsche Reiterliche Vereinigung	752 964
Verband Deutscher Sportfischer	653 300
Deutscher Tischtennis-Bund	616 796

Deutschlands kleinste Sportverbände*

Sportverband	Zahl der Mitglieder
Deutscher Minigolf-Verband	10 793
Deutscher Rugby-Verband	10 200
Dt. Gehörlosen-Sportverband	9910
Rasenkraftsport- und Tauzieh-Verband	9491
Bob- und Schlittenverband	7125
Wasserski- und Wakeboard-Verband	2919
Deutscher Skibob-Verband***	1845
Dt. Eisschnelllauf-Gemeinschaft	829
Deutscher Curling-Verband	712

*   Zur besseren Vergleichbarkeit stammen alle Zahlen aus der Mitgliedsstands-
   erhebung des Deutschen Olympischen Sportbunds, Stand: Ende 2008
** Im Deutschen Alpenverein sind Bergsteiger, Wanderer, Mountainbiker und
   andere Bergsportler organisiert.
*** Skibob/Snowbike ist eine Wintersportart, bei der man auf einer Art Fahrrad
   (allerdings mit Skibrettern statt Rädern) sitzend Skipisten hinabfährt.

Die beste Mannschaft aller Zeiten

Besser geht's nicht: In der Saison 2011/2012 hat das Handball-Bundesliga-Team des THW Kiel einen Rekord aufgestellt, den vorher noch nie eine Profi-Mannschaft in Deutschland erreicht hatte. Die Kieler verloren in der Liga kein einziges Spiel, sie spielten kein einziges Mal unentschieden, sondern schafften 34 Siege in 34 Partien. Außerdem gewannen sie den Pokal und die Champions League, den wichtigsten europäischen Titel. Die Männer aus Kiel lieferten damit die perfekte Saison und machten sich unsterblich.

Fakten zur deutschen Fußballnationalelf

- *Erstes Länderspiel:*
  5. April 1908 in Basel, 3:5-Niederlage gegen die Schweiz
- *Erster Sieg:*
  4. April 1909 in Karlsruhe, 1:0 gegen die Schweiz
- *Höchster Sieg/Höchste Niederlage:*
  16:0 gegen Russland (1912), 0:9 gegen England (1909)
- *Teilnahmen an der Fußballweltmeisterschaft:*
  16 von 18 – bei der ersten Fußball-WM 1930 war das Deutsche Reich nicht dabei; am Turnier 1950 durfte Deutschland als Folge des Zweiten Weltkriegs nicht teilnehmen.
- *Erfolge:*
  Weltmeister 1954, 1974, 1990. Vize-Weltmeister 1966, 1982, 1986, 2002. WM-Dritter 1970, 2006, 2010. Europameister 1972, 1980, 1996. Vize-Europameister 1976, 1992, 2008. EM-Dritter 1988.
- *Die zehn besten Torschützen aller Zeiten:*
  Gerd Müller (68), Miroslav Klose (63)*, Joachim Streich (55)**, Rudi Völler, Jürgen Klinsmann (je 47), Karl-Heinz Rummenigge (45), Lukas Podolski (44)*, Michael Ballack (42)*, Oliver Bierhoff (38), Ulf Kirsten (34)***

* Noch aktiv / ** Für die DDR / *** Davon 14 für die DDR

Deutschland bei den Olympischen Spielen

Im Ewigen Medaillenspiegel der Olympischen Spiele liegt Deutschland auf Platz drei. Seit 1896 beziehungsweise 1924 errangen deutsche Sportler 1589 Medaillen bei Sommer- und Winterspielen – 518-mal Gold, 529-mal Silber und 542-mal Bronze. In dieser Statistik sind alle deutschen Staaten vertreten, die an den Spielen der Neuzeit teilnahmen: das Deutsche Reich inklusive des «Dritten Reichs», die west- bzw. gesamtdeutschen Teams nach dem Zweiten Weltkrieg, die Bundesrepublik Deutschland und die DDR jeweils bis zu den Sommerspielen 1988 sowie seitdem das wiedervereinigte Deutschland. Erfolgreichster deutscher Einzelstaat war die DDR, die zwischen 1968 und 1988 553 Medaillen errang (207 Gold/183 Silber/163 Bronze). Besser als die Deutschen sind in der modernen olympischen Geschichte nur die USA mit insgesamt 2517 und Russland (inklusive der Sowjetunion) mit 1739 Medaillen. Gemessen an der heutigen Bevölkerungszahl der drei Staaten sind die Deutschen sogar einsame Spitze. Jeder 51605. Deutsche hat – statistisch gesehen – eine olympische Medaille gewonnen – aber nur jeder

81656. Russe und jeder 91379. Amerikaner. Berücksichtigt man nur die Medaillen bei Winterspielen, ist Deutschland ohnehin die Nummer eins. 358 Medaillen gewannen deutsche Skiläufer, Skispringer, Rodler, Bobfahrer, Biathleten oder Eisläufer, darunter 128 goldene. Russland (308) und Norwegen (303) liegen dahinter.

In Deutschland fanden bisher zweimal Olympische Spiele statt. 1936 wurden in Berlin und

Birgit Fischer, erfolgreichste deutsche Olympionikin aller Zeiten

Garmisch-Partenkirchen noch Sommer- und Wintersportarten im selben Jahr ausgetragen. Nach einer Idee des deutschen Sportfunktionärs Carl Diem wurde damals zum ersten Mal der Fackellauf durchgeführt, mit dem bis heute das olympische Feuer vom griechischen Olympia zum Austragungsort getragen wird. Doch der Sport geriet vor der Propaganda in den Hintergrund: Das seit 1933 von den Nazis regierte Deutsche Reich wollte sich der Welt von seiner besten Seite präsentieren und zugleich beweisen, dass die «arische Rasse» allen anderen überlegen ist. Jüdische Sportler durften in der deutschen Mannschaft nicht antreten. Ironie der Geschichte: Mit Jesse Owens wurde ausgerechnet ein schwarzer Amerikaner der beste Sportler der Spiele.

Maria Riesch hat bei den Olympischen Spielen in Vancouver ihre zweite Goldmedaille gewonnen. Im Slalom siegte sie vor Marlies Schild aus Österreich. (Tagesschau-Meldung vom 27. Februar 2010)

Ein palästinensischer Geiselnehmer im olympischen Dorf von München, September 1972

Auch die Olympischen Spiele in München 1972 wurden von politischen Ereignissen überschattet. Sie fielen in eine Hochzeit des internationalen Terrorismus – und wurden Schauplatz der größten olympischen Tragödie. Ein palästinensisches Terrorkommando überfiel die israelische Mannschaft und nahm Athleten und Betreuer als Geiseln, um andere Terroristen aus Gefängnissen freizupressen. Ein schlecht vorbereiteter Versuch der deutschen Polizei, die Israelis gewaltsam zu befreien, endete in einem Blutbad. Insgesamt töteten die Terroristen elf Israelis und einen deutschen Polizisten, fünf der acht Geiselnehmer kamen ebenfalls um. Die Spiele wurden für einige Stunden unterbrochen, dann aber fortgesetzt – nach dem inzwischen berühmt gewordenen Motto des damaligen Chefs des Internationalen Olympischen Komitees, Avery Brundage: «The games must go on» (Die Spiele müssen weitergehen).

Seit 1972 waren deutsche Städte bei der Bewerbung um die Austragung der Olympischen Spiele nicht mehr erfolgreich, trotz zahlreicher Versuche wie dem Berlins für das Jahr 2000. Auch Münchens Bewerbung für die Winterspiele 2018 klappte nicht. Den Zuschlag bekam das südkoreanische Pyeongchang.

Doping

Der Sport lebt vom Leistungsprinzip – es muss immer noch schneller, höher, weiter und besser werden. Das gilt in Deutschland genauso wie überall sonst. Diesen Anforderungen gerecht zu werden ist harte Arbeit. Und nur, wenn diese Arbeit von Medaillen, Trophäen oder Rekorden gekrönt wird, lohnt sie sich aus Sicht vieler Beteiligter. Ideell und finanziell. Kein Wunder, dass Sportler und ihr Umfeld immer wieder versuchen, auf die krumme Tour zu Geld und Ruhm zu gelangen. Die bekannteste Form des Sportbetrugs ist Doping. Darunter versteht man die unerlaubte, leistungs-steigernde Verwendung von Drogen, Medikamenten oder anderen Substanzen. Das heißt: Sportler können zwar durchaus eine Menge Medikamente verwenden (und tun dies aus verschiedenen Gründen auch), sie dürfen aber nichts nehmen, was auf einer sogenannten Dopingliste steht. Auf ihr werden zum Beispiel Mittel aufgeführt, die aufputschend oder unnatürlich leistungssteigernd sind und darüber hinaus in der Regel auch noch die Gesundheit gefährden – etwa, weil sie schädliche Nebenwirkungen haben.

Solche Mittel sind beispielsweise Präparate, die das Muskelwachstum fördern (Anabolika, Wachstumshormone), die Sauerstoffaufnahme des Blutes steigern (Epo) oder Schmerzen überdecken. Wegen dieser Wirkungen greifen trotz Verboten und Gesundheitsrisiken weltweit Abertausende Leistungssportler auf solche Hilfsmittel zurück – oft unterstützt von ihren Ärzten, Trainern, Betreuern oder Funktionären. Auch deutsche Sportler sind in den vergangenen Jahrzehnten erwischt worden. Prominente Beispiele sind der Skilangläufer Johann Mühlegg (Olympiasieger 2002), der Radprofi Jan Ullrich (Tour-de-France-Sieger 1997) oder die Sprinterin Katrin Krabbe.

Der Kampf gegen das Doping wird nicht in jeder Sportart und jedem Staat gleich ernst genommen. In manchen Ländern wird Doping sogar von ganz oben vertuscht, unterstützt oder angeordnet. Letzteres war beispielsweise in der DDR der Fall. Weil die kommunistische Staatsführung mit allen Mitteln in der Sportwelt vorn dabei sein wollte, wurden schon Kindern ohne deren Wissen leistungssteigernde Substanzen verabreicht – etwa, indem ihre Trainer ihnen angebliche Vitamintabletten unterschoben, die in Wahrheit Dopingpräparate waren.

2007 erhielten 167 Dopingopfer des DDR-Sports nach teils jahrelangen Prozessen eine finanzielle Entschädigung von 9250 Euro pro Person. Dies sollte ein kleiner Ausgleich dafür sein, dass die Medi-

Nach der Tour de France gibt es Berichte über einen Doping-Verdacht. Die französische Anti-Dopingagentur hat offenbar in den Mülleimern einiger Teams verbotene Substanzen gefunden. (Tagesschau-Meldung vom 27. Juli 2009)

kamente das Leben der Betroffenen schwer beeinträchtigt hatten. Ein besonders krasses Beispiel: Die Kugelstoßerin Heidi Krieger hatte als Teenager so viele Dopingtabletten schlucken müssen, dass ihr Hormonhaushalt völlig durcheinandergeriet. Inzwischen hat sich die Athletin zum Mann umoperieren lassen, weil sie mit ihrem über Jahre männlichen Sexualhormonen ausgesetzten Frauenkörper nicht mehr leben konnte. Heidi heißt heute Andreas.

Doping ist sowohl vom Staat als auch von den deutschen Sportverbänden aus geächtet, es wird viel Geld ausgegeben, um Athleten zu überführen, da die Betrüger mit immer neuen, schwer nachzuweisenden Tricks arbeiten. Dennoch ist Deutschland nach wie vor keine dopingfreie Zone. Zu verlockend ist trotz abschreckender Beispiele wie dem von Heidi Krieger und vieler anderer die Aussicht auf das, was winkt, wenn man gewinnt – und nicht erwischt wird.

Klootschießen, Boßeln und Co.

In Theodor Storms Novelle «Der Schimmelreiter» wird eine Sportart beschrieben, die den meisten Deutschen wohl unbekannt sein dürfte, in Nordwestdeutschland aber sehr beliebt ist: das Boßeln, eine vereinfachte Form des Klootschießens. Bei beiden Sportarten handelt es sich um Wurfspiele, die Spieler werfen Kugeln aus unterschiedlichem Material (Holz, Metall oder Kunststoff). Klootschießen wurde im Norden seit Jahrhunderten betrieben, und zwar im Winter – die Landbevölkerung hatte dann mehr Zeit, und auf zugefrorenem Boden ließ sich der Sport ideal betreiben.

Es gibt Einzeldisziplinen, meist treten aber zwei Teams gegeneinander an, die die Kugel mit möglichst wenig Würfen bis zum Ende einer mehrere Kilometer langen Strecke befördern müssen. Boßeln und Klootschießen (Kloot ist Niederdeutsch für Klumpen)

Klootschießen ist ein norddeutscher Brauch

wird organisiert ausschließlich in Ost- und Nordfriesland, im nördlichen Niedersachsen und Teilen Nordrhein-Westfalens ausgeübt,
weswegen man diese Disziplinen auch «Friesensport» nennt. Vier
Verbände tragen sogar eine Deutsche Meisterschaft aus, die Verbände Oldenburg und Ostfriesland haben immerhin rund 40 000
Mitglieder – zwischen diesen Hochburgen gab es auch schon im
18. Jahrhundert sogenannte Feldkämpfe. Neben dem regional be-
schränkten Liga-Betrieb gibt es die Tradition in Norddeutschland
auch als winterliches Freizeitvergnügen, zu dem eine Menge Alkohol getrunken wird. Damit knüpft das Boßeln an seinen deutlich
komplizierteren Vorläufer an, über den es auf der Fach-Website
bosseln-online heißt: «Mit dem Klootschießen verbanden sich
viele Begleiterscheinungen. So wurden oft Wettkämpfe ausgetragen, bei denen um Geld, sonstige Wertgegenstände und anderes
gewettet wurde. Oftmals wurde dabei wohl viel getrunken. Da es
dann zu ungültigen Würfen kommen musste, wurde oft gestritten.
Dementsprechend wurde die Sportart schon mal verboten.»

E-Sport – Kicken am Computer

Dennis und Daniel Schellhase sind die beiden besten Fußballer Deutschlands – mit den Fingern. Die 1983 in Gelsenkirchen geborenen Zwillinge haben seit 2003 je zweimal die Weltmeisterschaft im Computer-Fußballspiel FIFA des Spieleherstellers EA Sports gewonnen. Obwohl sie natürlich bei weitem nicht so populär sind wie richtige Fußballnationalspieler, haben die beiden eine echte Fangemeinde, Sponsorenverträge und Auftritte in den Medien. Denn die Schellhase-Brüder repräsentieren jene Sportart, die in den vergangenen Jahren am rasantesten gewachsen ist und dabei wenig bis nichts mit körperlicher Bewegung zu tun hat: E-Sport.

Unter diesem Begriff firmieren verschiedene Disziplinen des Computerspielens. E-Sportler daddeln aber nicht einfach so herum, sondern betreiben ihre Spiele mit großem Engagement – und in organisierten Wettkämpfen. Spieler und Teams können dabei übers Internet von zu Hause aus gegeneinander antreten, oder man trifft sich bei sogenannten LAN-Partys in Sport- und Eventhallen, bei denen unter Umständen Hunderte Spieler teilnehmen. Wie sehr das Computerspielen ein Massenphänomen geworden ist, sieht man etwa daran, dass inzwischen mehr als zwei Millionen Menschen allein in der größten europäischen Online-Plattform registriert sind, der Electronic Sports League (ESL).

Die beliebtesten Spiele sind Sportsimulationen wie FIFA, aber auch sogenannte Ego-Shooter wie Counter-Strike, bei denen es darum geht, im Team (Clan) verschiedene Ziele zu erkämpfen. Wegen dieser «Killer-Spiele» hat E-Sport gerade bei älteren Menschen ein negatives Image. Doch für die Aktiven ist das organisierte Computerspielen keine Zusammenrottung seltsamer Gestalten, sondern eine Freizeitbeschäftigung ganz normaler Menschen, die als eine moderne Form des Schachs angesehen werden könnte.

In den verschiedenen Disziplinen gibt es regionale, nationale und internationale Meisterschaften. Das Preisgeld ist dabei wegen der vielen Sponsoren aus der Computer-, Freizeit- und Spiele-Industrie so hoch (teilweise sechsstellig), dass es sogar Counter-Strike-Profis gibt, die von ihrem elektronischen Sport gut leben können.

Die Weltmeisterschaften der Computerspieler, die World Cyber Games, finden jährlich statt. 2008 besuchten fast 60 000 Menschen die Finals in Köln. Die Preisgelder betrugen insgesamt mehr als 400 000 Dollar, es nahmen mehr als 850 Spieler aus knapp 80 Ländern teil. Im Ewigen Medaillenspiegel führt Südkorea, gefolgt von Deutschland und den USA.

Millionen Spieler, Profis, Sponsoren, Live-Übertragungen, mehrere deutsche Weltmeister – all dies zeigt, dass E-Sport sowohl in der Breite als auch in der Spitze hierzulande alle Kriterien einer ernsthaften Sportart erfüllt. Ob E-Sport aber das Prädikat «Pädagogisch wertvoll» beanspruchen kann, das andere Sportarten gern für sich reklamieren, ist eine Geschmacksfrage – und führt zu einer Debatte, der sich auch anerkannte Disziplinen wie Schießen, Karate oder Boxen seit jeher stellen müssen.

Der Mann, der den Fußball nach Deutschland brachte

Der wohl einflussreichste Fußball-Pionier Deutschlands und damit der «Turnvater Jahn» des deutschen Fußballs war Walther Bensemann. Bensemann wurde 1873 in Berlin geboren. Zwischen 1899 und 1901 organisierte er die ersten – inoffiziellen – fünf Länderspiele mit deutscher Beteiligung und gründete in Süddeutschland mehrere Fußballvereine zu einer Zeit, als das Kicken in Deutschland noch verpönt war. So handelte er sich 1893 an der Universität Freiburg einen Verweis ein, weil er Schüler angeblich nicht nur zum Alkohol, sondern auch zum Fußball verführt hatte. 1920 gründete Bensemann den «Kicker», die erste deutsche Fußballzeitschrift – bis heute das führende Fachblatt. Sowohl seine Rolle als

Fußball-Gründervater: Walther
Bensemann

Fußball-Pionier wie auch als Journalist und Herausgeber wurde in Deutschland über Jahrzehnte verschwiegen oder verunglimpft – sogar von einstigen Weggefährten wie seinen Nachfolgern beim «Kicker». Denn Bensemann war Jude. Ende März 1933, genau zwei Monate nach der Machtübernahme durch die Nationalsozialisten, verließ Bensemann das Land und zog ins Exil in die Schweiz. Dort starb er im November 1934. In jüngster Zeit wird Bensemanns Wirken wieder mehr gewürdigt.

5. Von Karl bis Kohl: Geschichte

Ein Stammesland in der Mitte Europas

Paris, Madrid oder London sind unbestritten die politischen und kulturellen Zentren Frankreichs, Spaniens und Großbritanniens, sie überstrahlen den «Rest» des Landes – und ihre Bedeutung ist bis heute wenigstens in Teilen des Stadtbildes erkennbar. Der prächtige Place des Vosges im Pariser Viertel Marais ist mehr als 400 Jahre alt, der Louvre war schon im 16. Jahrhundert Residenz der französischen Könige. Der Escorial vor den Toren Madrids wurde im 16. Jahrhundert errichtet und repräsentierte eine Großmacht, die damals nicht nur große Teile Europas, sondern der Welt beherrschte. Der Sitz des britischen Parlaments schließlich, die Westminster Hall im Palace of Westminster, stammt aus dem Jahr 1097; die knarrenden Holzbänke, auf denen sich Regierungspartei und Opposition gegenübersitzen, sind genau zwei Degenlängen voneinander entfernt. Hätte in der Hitze des Redegefechts ein Abgeordneter seinem Argument mit der Waffe Geltung verschaffen wollen – er hätte keinen Schaden angerichtet.

Berlin hingegen ist ein «New Kid on the Block» unter den europäischen Hauptstädten. Seine Gründung mag bis ins 12. Jahrhundert zurückreichen, und als Hauptstadt des mächtigen preußischen Staates war es gewiss nicht ohne Bedeutung. Doch begann Berlins Aufstieg erst, als es auch Hauptstadt des vereinigten Reiches wurde und die Industrialisierung Hunderttausende in die rasant wachsende Metropole zog. Ganze Viertel wie Charlottenburg

Kaiserlicher Prunk: Das Berliner Stadtschloss 1938

mit seinen noch erhaltenen prächtigen Altbauten, Industriegebiete
wie die «Siemensstadt» oder die «Mietskasernen» Kreuzbergs und
Moabits für die Arbeiterfamilien entstanden erst zwischen der
Jahrhundertwende und dem Ausbruch des Ersten Weltkriegs. Der
Glanz, den Berlin damals zu entwickeln begann, der in den «goldenen Zwanzigern» eher mythische Ausmaße annahm und sogar
das «Dritte Reich», den Weltkrieg und die Teilung überlebte und
sich nun als «Berlin ist cool» äußert – dieser Glanz lässt ein wich-
tiges Charakteristikum der deutschen Geschichte in den Hintergrund treten: Es gab nie eine alles beherrschende Metropole wie
Paris, Madrid oder London. Deutsche Geschichte spielte sich nicht
nur in vielen politischen, geistigen und wirtschaftlichen «Zentren»
ab; viele dieser ehemaligen für die Geschichte bedeutsamen Stätten liegen inzwischen außerhalb der deutschen Grenzen – manche
sind nicht einmal mit Gewissheit zu verorten.

Historiker haben die Schlacht im Teutoburger Wald lange in
Kalkriese im Osnabrücker Land lokalisiert, aber auch das ist jüngst
wieder bezweifelt worden. Wo genau Hermann der Cherusker

(oder Arminius, wie die Römer ihn nannten) im Jahr 9 nach unserer Zeitrechnung den römischen Legionen unter dem Kommando des Feldherrn Varus eine herbe Niederlage zugefügt hat, wissen wir nicht. Gewiss aber ist: Rom hat eine entscheidende Rolle für die deutsche Geschichte gespielt – und zwar zunächst einmal durch das, was nach dieser Schlacht *nicht* geschah. Rom gab alle Versuche auf, Germanien dem römischen Imperium einzuverleiben und seinen Bewohnern die (aus römischer Sicht) Vorzüge eines angenehmen Lebensstils, des römischen Rechts und einer verlässlichen und effektiven zentralisierten Verwaltung zu schenken. Germanien blieb ein lange Zeit in sich zerrissenes «Stammesland» – auf Rom aber sollte man noch lange mit einer Mischung aus Bewunderung für eine große Kultur und Verachtung für den angeblich so dekadenten städtischem Lebensstil blicken – bei gleichzeitiger völliger Verklärung der eigenen Naturverbundenheit.

Bei der Varusschlacht vor 2000 Jahren fügten die Germanen der römischen Armee eine herbe Niederlage zu. Die Römer gaben es damals auf, das damals sumpfige Waldgebiet in Deutschland zu erobern. (Tagesschau-Meldung vom 27. Juli 2009)

Gibt es einen ersten «deutschen Ort», so wäre das wohl Aachen. Karl der Große wählte das eher kleine Städtchen als Lieblingsresidenz. Im Aachener Dom, der 1978 als erstes deutsches Kulturdenkmal in die Welterbeliste der UNESCO aufgenommen wurde, wurden jahrhundertelang deutsche Kaiser gekrönt. Karl unternahm, was die Römer 700 Jahre zuvor unterlassen hatten: eine (recht gewaltsame) Einigung der zahlreichen germanischen Stämme. Mit seinem Schul- und Bildungssystem sowie seiner Sammlung deutscher Sagen legte er das Fundament einer gemeinsamen Kultur.

Und schon an diesem offiziellen Ausgangspunkt deutscher Geschichte zeigt sich, dass sie drei Grundtöne aufweist: einen nationalen (der oft schriller klingen sollte als die nationalen Töne anderer Länder), einen regionalen (der in Deutschland vermutlich kräftiger ist als in anderen Staaten) und einen zutiefst europäischen (der gewissermaßen als Basso continuo in verschiedenen Tonarten immer mitschwingt – siehe *Deutschland und die Welt*). Karl, oder Charle-

Karl der Große als Gesetzgeber: Deckenmalerei (1897) von Jules Lefebvre
(1836–1912)

magne, teilen wir uns mit Franzosen und Italienern, erstreckte
sich sein Reich doch von den Pyrenäen im Westen bis zur Oder im
Osten, von Nord- und Ostsee im Norden bis zur südlichen Stiefel-
hälfte Italiens. Er selbst wurde nicht in Aachen, sondern vom Papst
in Rom gekrönt, verstand sich als «Oberhaupt aller Christen» und
wurde zum ersten Herrscher des vereinigten Reiches. Nach seinem
Tod zerfiel es. Fortan sollten sich nicht heidnische Stammesführer,
sondern christliche Herzöge und Fürsten um Macht und Einfluss
streiten. Natürlich ging es vor allem um Macht und Einfluss. Doch
im ausgehenden Mittelalter, im 16. Jahrhundert, sollte noch ein
weiteres Element hinzukommen – die Religion.

Ein eher unbedeutender Mönch namens Martin Luther hatte
(wie viele andere Gläubige, Denker, Herrscher und Theologen seiner Zeit) die korrupte Herrschaft der katholischen Päpste satt und
forderte lautstark Reformen, eine Rückkehr zu den Urquellen der
Religion, die nicht mehr allein von Priestern in lateinischer Sprache verkündet, sondern jedem zugänglich gemacht werden sollten – weshalb auch eine Bibelübersetzung ins Deutsche überfällig

wurde. Halb Europa befehdete sich in Kriegen zwischen den Verteidigern von Papsttum und Katholizismus und den Reformern, den Protestanten, über Glaubensfragen. Und in Prag, wo neben Wien die habsburgischen – und katholischen – Kaiser von Deutschland regierten und gerade die Rechte der Protestanten eingeschränkt hatten, wurden nun im Jahr 1618 drei Gesandte des Kaisers von Protestanten aus dem Fenster gestürzt. (Zwei kamen unverletzt davon, weil sie auf einem Misthaufen gelandet waren.)

Dieser Fenstersturz war Auslöser des wahrhaft apokalyptischen Dreißigjährigen Krieges, der hauptsächlich in den deutschen Gebieten tobte und in dem die Großmächte Schweden, Frankreich, Spanien und der deutsche Kaiser verbittert um die Vormacht in Europa und um den rechten Glauben fochten. (Hier ist er wieder, der europäische Basso continuo.) Kaum vorher (und lange danach nicht mehr) wurde ein Krieg so grausam, so ungezügelt, so brutal geführt – anfänglich von «regulären Armeen», schließlich von Söldnern, die sich jenen anschlossen, die am besten zahlten oder am schlimmsten plündern ließen.

Bis zum 20. Jahrhundert sollte kein Krieg mehr solche einschneidenden Folgen für Deutschland haben. Dreißig Jahre nach dem Fenstersturz waren etwa vier Millionen Menschen, meist Zivilisten, auf grausame Weise getötet worden (was dazu Anlass gab, feste «Kriegsregeln» einzuführen), durch Seuchen und Hunger umgekommen, Deutschlands Bevölkerung um etwa die Hälfte dezimiert, ganze Landstriche verwaist, das Wirtschaftsleben zusammengebrochen – und die deutschen Lande waren ein Flickenteppich von mehr als sechshundert Herzogtümern, Bischofssitzen oder Grafschaften. Es galt der Grundsatz «Cuius regio, eius religio» (wessen Gebiet, dessen Religion – der Herrscher durfte die Religion für seine Untertanen vorgeben). Rein katholische oder protestantische Gebiete sollten noch bis ins 20. Jahrhundert fortbestehen.

Überall galten andere Gesetze oder andere Währungen. Ein Zustand, der beklagt und bedauert wurde, den man mit mehr oder weniger liberalen Einheitsbestrebungen zu überwinden suchte –

und der doch nicht nur Nachteile aufwies. In vielen dieser Fleckchen strahlten kleine (und größere) geistige kulturelle oder politische Zentren über ihre jeweiligen Landesgrenzen hinaus. Fast jede größere Kreisstadt Deutschlands besitzt noch heute eine herrschaftliche Residenz, ein Landestheater oder Parks, die der Lust auf Prachtentfaltung der jeweiligen Landesherren geschuldet sind. In Frankreich, Großbritannien oder Spanien trieb es jeden, der es auf seinem Gebiet zu etwas bringen wollte, unweigerlich und fast ausschließlich in die Hauptstadt. In den deutschen (oder besser deutschsprachigen) Landen förderten kunstsinnige Herrscher in Weimar, Köthen oder Leipzig einen Komponisten wie Johann Sebastian Bach, schrieb Immanuel Kant seine Philosophie in Königsberg nieder, betrieb Friedrich der Große in der sonst recht steifen Garnisonsstadt Potsdam nicht nur europäische Machtpolitik, sondern versammelte auch viele Intellektuelle seiner Zeit in seinem Schloss Sanssouci, blieb Hamburg mit seinem Hafen das Tor zur Welt, zog es Studenten aus ganz Europa an die Universitäten von Heidelberg, Marburg, Jena oder Tübingen, galt Weimar mit seinen berühmten Bewohnern Friedrich Schiller und Johann Wolfgang von Goethe (und später Franz Liszt) als Olymp deutscher Kultur, kündigte sich in den Provinzen Rheinland und Westfalen, im Sieger- und im Sauerland eine Revolution der Produktion von Gütern an (siehe *Wirtschaft*), die als industrielle Revolution bald das Gesicht Deutschlands völlig verändern sollte.

Manchen «unliebsamen politischen Kräften» (zu denen lange genug die Demokraten gehörten) oder Minderheiten boten diese Grenzen durchaus auch Schutz. Politische Flüchtlinge fanden zuweilen Asyl in etwas liberaleren Ländern, Preußen unter Friedrich dem Großen bot den im katholischen Frankreich verfolgten Hugenotten eine neue Heimat; Juden, die in einem der Länder diskriminiert, verfolgt oder mit unerträglichen Steuerlasten gedrückt wurden, mochten ihr Glück vielleicht in einem andern versuchen – falls sie nicht, wie sehr häufig, durch restriktive Gesetze an einer Einwanderung gehindert wurden.

Die deutsche Geschichte kennt viele Orte – aber einige stechen als besonders symbolisch heraus. Neben einem «unbestimmbaren Ort» wie dem der Schlacht im Teutoburger Wald, neben der Kaiserstadt Aachen und den Schlachtfeldern des Dreißigjährigen Krieges, neben den größeren und kleineren politischen, wirtschaftlichen und kulturellen Zentren des 17., 18. und beginnenden 19. Jahrhunderts würde sicherlich auch die Paulskirche in Frankfurt als Ort der ersten frei gewählten Nationalversammlung ebenso dazu gehören wie die Schützengräben an der Westfront des Ersten Weltkrieges, in denen der Glaube an den unaufhaltsamen Fortschritt der Menschheit mit den Mitteln moderner Technologie unterging.

Keine Aufzählung aber – über die man sich sicher auch streiten könnte – wäre vollständig ohne einen Ort in der Nähe der polnischen Kleinstadt Oświęcim. Auschwitz ist zu einem universalen Begriff geworden. Nicht, weil er für das «generell Böse» steht – Massenmorde, Kriegsverbrechen, auch die gezielte Tötung von Zivilisten wurden und werden immer wieder in vielen Teilen der Welt begangen. Das radikal Neue und zutiefst Verstörende an Auschwitz (oder Treblinka, Majdanek und Sobibor) war und ist, dass bestimmten Menschen, allein, weil sie als Juden geboren wurden, das Lebensrecht abgesprochen wurde und dass inmitten einer zivilisierten Nation gefühllos und konsequent eine Vernichtungsmaschinerie in Gang gesetzt werden konnte, die noch bis zur totalen Niederlage weiter betrieben wurde.

Geschichte ist alles, was sich in einem kollektiven Gedächtnis verankert hat, was wir immer wieder von neuem betrachten und in seinen Auswirkungen interpretieren, was die Art und Weise prägt, wie wir uns selbst verstehen (oder manchmal nicht verstehen), und wie wir in der Welt agieren. Sie wird gerne linear erzählt, aber Linien ergeben sich, wenn überhaupt, immer erst in der Rückschau. Kaum

Heute vor 65 Jahren befreiten sowjetische Truppen die letzten Überlebenden aus dem Konzentrations- und Vernichtungslager Auschwitz. In einer Gedenkstunde hat der Bundestag heute an die Millionen Opfer des Nationalsozialismus erinnert. Der israelische Präsident Peres forderte in seiner Rede, dass die noch lebenden Nazi-Verbrecher vor Gericht gestellt werden. (Tagesschau-Meldung vom 27. Januar 2010)

eine Geschichte weist dies deutlicher aus als die deutsche, die regional, national und europäisch ist; in der um Eigenständigkeit gegen «das Andere» gerungen wurde, das man gleichzeitig bewunderte (Rom!), in der man unverdrossen von einer Einheit träumte, aber auch geradezu verbissen an (wirklicher oder geistiger) Kleinstaaterei festhielt, in der es traumatische Erfahrungen völliger Schwäche (Dreißigjähriger Krieg) ebenso gibt wie ein reichlich unrühmliches aggressives Auftreten – es ist eine Geschichte, die die größten Leistungen der Kultur und die schrecklichsten Abgründe des Menschen offenbart.

Vermutlich gibt es deshalb auch kaum ein anderes Land, in dem so intensiv, so leidenschaftlich und zuweilen auch etwas selbstvergessen mit der eigenen Geschichte gerungen wird.

Stichworte · Geschichte

Kyffhäuser oder Die Sehnsucht nach dem Retter

Der flammend rote Bart wächst ihm durch die steinerne Tischplatte, an der er, tief verschlossen im Untersberg des Kyffhäusers, schon so lange mit seinen Getreuen sitzt und schläft – nur alle hundert Jahre erwacht Kaiser Barbarossa und fragt, so dichtete einst Friedrich Rückert, seinen Knappen: «Geh hin vor's Schloss, oh Zwerg, und sieh, ob noch die Raben herfliegen um den Berg». Erst wenn sie nicht mehr fliegen, dann wird der große Hohenstaufenkaiser Rotbart mit dem Schwert den Tisch durchhauen, den Berg spalten, in dem er verzaubert gefangen sitzt, und seine Getreuen wecken, um auszuziehen zur Rettung Deutschlands.

Die Sage vom Kyffhäuser ist schon im späten Mittelalter entstanden und bezog sich ursprünglich gar nicht auf Kaiser Barbarossa aus dem Geschlecht der Hohenstaufen. Gemeint war dessen Enkel Friedrich II., der in der italienischen Geschichte als Frederico Secondo bekannt ist und von dem – im Gegensatz zu vielen anderen Kaisern der deutschen Geschichte – fast nur Vorteilhaftes überliefert ist. Der groß gewachsene Friedrich soll nicht nur sehr gut ausgesehen haben, sondern seine Zeitgenossen auch durch Bildung, Charme und Klugheit beeindruckt haben.

Aufgewachsen in Sizilien (wohin er sich in späteren Jahren für immer längere Zeiträume zurückzog), war der vielsprachige Kaiser neben der deutschen Kultur und Geschichte auch mit dem gesamten multikulturellen Erbe der Mittelmeerinsel vertraut: mit der römischen Antike und der christlichen Theologie (sein Vormund war

Schlafend wie ein Stein: das Kyffhäuser-Denkmal mit der Statue des Kaisers
«Barbarossa»

der höchst gelehrte Papst Innozenz III.), mit arabischer Philosophie
und dem Islam – schließlich war die Insel lange von Arabern be-
herrscht worden. Anstatt einen weiteren Kreuzzug zu führen, handelte er mit den über Jerusalem herrschenden Kalifen aus, dass
christliche Pilger ungestört die heiligen Stätten besuchen dürften.
Friedrich II. gilt als großer Reformer – dass in Deutschland Geld als

«abstrakte Währung» den Tauschhandel zu ersetzen begann, ist ihm zu verdanken; außerdem wollte er die Lehen, also Dauerleihgaben an Adelige, möglichst abschaffen und die Verwaltung des Landes lieber einer professionellen Beamtenschaft übergeben.

Nach dem Tod Friedrichs II. zerfiel das einigermaßen geordnete Reich, das er geschaffen hatte. Und genau hier setzt die Sage ein: In die Sehnsucht nach der Ordnung unter Friedrich II. mischte sich ein alter germanischer Mythos, dass Helden nicht einfach sterben, sondern in einem Berg entrückt werden. Aber an die Stelle des feingeistigen Friedrich II., dem man das große Rettungswerk vielleicht nicht recht zutraute, trat Kaiser Barbarossa, der ein Kriegsheld und rechter Haudegen war.

Nun bleiben nur die Mythen erhalten, die immer wieder mit neuem Leben erfüllt werden. Und wenn es etwas für die deutsche Geschichte Typisches gibt, dann eine Sehnsucht nach einem Retter, der das Elend der Gegenwart beendet und dieses ewig uneinige, zersplitterte Volk zusammenführt. Es ist kein Zufall, dass die Kyffhäuser-Sage Mitte des 19. Jahrhunderts an Bedeutung gewann, als sich die Deutschen noch stärker als je zuvor nach dem Erlöser sehnten, der sie endlich einen würde. Und so errichtete man das recht monumentale Kyffhäuser-Denkmal in der Nähe des thüringischen Sondershausen zwischen 1890 und 1896, während der Regentschaft Kaiser Wilhelms II. Der wollte nicht nur seinem Großvater Wilhelm I. als Reichseiniger ein Denkmal setzen, weshalb dort auch eine Reiterstatue des ersten gesamtdeutschen Kaisers steht. Sich selbst sah er auch als Erbe der großen Hohenstaufen.

Nicht alle teilten die romantische Sehnsucht nach einem mythischen Erretter. In seinem Versepos «Deutschland. Ein Wintermärchen» besucht der zutiefst republikanisch gesinnte Dichter Heinrich Heine den Kyffhäuser, wo er einen Kaiser trifft, der nicht mehr schläft und sich alles andere als würdevoll benimmt: «Er watschelte durch die Säle herum/mit mir im trauten Geschwätze./ Er zeigte wie ein Antiquar/mir seine Kuriosa und Schätze.» Mit der Rettung hat Barbarossa es auch nicht so: «Es hat/mit dem Schlagen gar keine Eile./Man baute nicht Rom an einem Tag/Gut Ding will haben Weile.» Einen solchen Retter, glaubte Heine, bräuchte man nicht: «Herr Rotbart – rief ich laut, du bist/ein altes Fabelwesen/ Geh, leg dich schlafen, wir werden uns/auch ohne dich erlösen. (…) Das Beste wäre, du bliebest zu Hause/hier in dem alten Kyff-häuser –/Bedenk ich die Sache ganz genau,/So brauchen wir gar keinen Kaiser.»

Wittenberg oder Thesen mit Folgen

Im Portal der heutigen Schlosskirche von Wittenberg sind sie ein-graviert: 95 Thesen, die der Reformator Martin Luther dort, so will es die Überlieferung, am 31. Oktober 1517 angeschlagen hat. (Der 31. Oktober wird bis heute von Protestanten als Reformationstag begangen.) Historisch belegt ist diese Tat nicht. Aber die Legende veranschaulicht einen komplexen Prozess, der Deutschland und Europa gründlich verändert hat. Schon vor diesem denkwürdigen Tag hatte Luther gegen die Praxis der katholischen Kirche gewet-tert: Um ihre Prachtbauten und das recht luxuriöse Leben vieler Kleriker zu finanzieren, verscherbelte sie Seelenheil. Sünden soll-ten vergeben werden, solange man nur sein Scherflein in Form ei-nes angemessenen Geldbetrages beitrug – obgleich dies gegen die Lehre der Bibel verstieß, dass nur dem reuigen Sünder vergeben werden kann. Gnade jedoch, dieser tiefen Überzeugung war der Augustinermönch Martin Luther, könne nicht erkauft, sondern nur von Gott gewährt werden. Gnade ist auch nicht durch Priester oder die Kirche zu gewähren, denn nur das feste Vertrauen und der Glaube des Einzelnen an seinen Gott kann den grundsätzlich sün-digen Menschen retten. Luther führte gewissermaßen den Indivi-dualismus im christlichen Glauben wieder ein. Er stellte das eigene Gewissen vor die Macht der katholischen Kirche und des Papstes

– und handelte sich damit natürlich den Ärger der Kirche ein, die ihn bannte.

Nun war Luther nicht der Einzige, der die katholische Kirche, die eine allzu weltliche Macht geworden war, heftig kritisierte und zur Umkehr aufrief. Der Ruf nach «Reformen» und der Protest gegen den selbstgefällig gewordenen Katholizismus lagen gewissermaßen in der Luft, und so schlossen sich schnell auch weltliche Herrscher den neuen Lehren Luthers an. Zum Teil, weil ihnen die weltliche Macht des Papstes ein Dorn im Auge war, aber oftmals auch, weil sie sich aufrichtig eine Erneuerung des Glaubens wünschten.

Es wäre verwunderlich gewesen, wenn Reformen in solch grundlegenden Fragen, wie es Glaubensfragen immer sind, ohne größere Schwierigkeiten vonstatten gegangen wären. Doch als Martin Luther seinem Unbehagen über den Ablasshandel und andere Verfehlungen der Kirche mit starken Worten Luft machte, die überdies durch die Erfindung des Buchdrucks tausendfach verbreitet wurden, da konnte niemand die Folgen übersehen: Europa zerfleischte sich in Glaubenskriegen, die im Dreißigjährigen Krieg ihren Höhepunkt erreichten. Nach der Spaltung in eine orthodoxe und eine römische Kirche war nun eine weitere große Spaltung innerhalb des Christentums hinzugekommen. Noch bis in die Zeit nach dem Zweiten Weltkrieg blieb eine Hinterlassenschaft des Dreißigjährigen Krieges und der Spaltung bestehen, nämlich rein katholisch oder protestantisch geprägte Gegenden, in denen sogar noch Anfang der siebziger Jahre des vergangenen Jahrhunderts «Mischehen» zwischen den christlichen Denominationen verpönt waren.

In der Lutherstadt Wittenberg wird heute mit einem Fest an den Beginn der Reformation vor fast 500 Jahren erinnert. Die Stadt erwartet mehr als 20 000 Besucher am Originalschauplatz der kirchlichen Erneuerungsbewegung. Der Überlieferung nach hat dort der Theologe Martin Luther am 31. Oktober 1517 95 Thesen an die Tür der Schlosskirche geschlagen, um gegen Missstände in der katholischen Kirche zu protestieren. (Tagesschau-Meldung vom 31. Oktober 2009)

Aber mit Luthers Bibelübersetzung hatten die Deutschen auch eine gemeinsame Hochsprache gewonnen, die bis zum heutigen Tag prägend blieb. Und Luthers Idee, dass der Gläubige vor allem seinem Gewissen verpflichtet sei, und die Abscheu der Menschen vor den Übeln, die im Namen der Religion begangen worden waren, ebneten den Weg für eine weitere Idee, die mehr als ein Jahrhundert später heranreifen sollte: die Aufklärung, die ein völlig neues, revolutionäres Konzept vorsah – nämlich die Religion gänzlich aus dem Bereich weltlicher Macht zu bannen.

Völkerschlachtdenkmal oder Die Befreiung von einem fortschrittlichen Tyrannen

Die Sachsen waren zunächst nicht sehr erpicht auf ein Denkmal, das die in einer der größten Schlachten Europas gefallenen Soldaten ehren sollte. Schließlich hatten sie auf der falschen Seite – der Seite des französischen Kaisers – gestanden, als es vom 16. bis 19. Oktober 1813 in der Nähe von Leipzig zum Showdown zwischen Napoleon, dem Eroberer Europas, mit seinen Verbündeten und der feindlichen österreichischen, russischen, preußischen und schwedischen Truppen kam. Wie schon das Kyffhäuser-Denkmal wurde auch dieses mit einer stattlichen Höhe von 91 Meter größte Denkmal Europas erst im vereinigten Kaiserreich errichtet – übrigens vom selben Architekten Bruno Schmitz.

Allein während dieser Schlacht wurden mehr als hunderttausend Soldaten getötet, und es war weder das erste noch das letzte Mal, dass Angehörige verschiedener «deutscher Stämme» gegeneinander kämpften – in diesem Fall Bayern und Sachsen auf der Seite Napoleons, Preußen mit seinen Bündnisgenossen gegen ihn. Trotzdem sind die Kriege gegen den Franzosen in die gesamtdeutsche Geschichte als «Befreiungskriege» eingegangen. Als Befreiung von einem selbstherrlichen Herrscher, der ganz Europa unter seine Kuratel gebracht und die Herrschaft über Spanien, verschiedene Teile Italiens, die Niederlande oder Westfalen seinen nächsten

Das Völkerschlachtdenkmal in Leipzig

Verwandten übertragen hatte (die sich nicht gerade durch große Staatskunst auszeichneten). Der aber auch ein Kind der Französischen Revolution war und einen Gesetzeskodex, den «Code Napoleon», in den eroberten Gebieten einführte, der wesentlich fortschrittlicher war als die dort zuvor herrschenden Gesetze. Minderheiten, etwa den in deutschen Landen lebenden Juden, wurde zum Beispiel die langersehnte Gleichberechtigung gewährt.

In den Befreiungskriegen erhoben sich viele (aber nicht alle) Deutsche gegen einen Besatzer. Aber auch gegen das in der Französischen Revolution zunächst geforderte Ideal einer Volksherrschaft und gegen den Künder einer neuen Zeit, der als Kind armer korsischer Eltern selbst für den Umsturz der alten, vom Adel geprägten Machtverhältnisse in Europa stand. Als der französische Kaiser besiegt war, setzten diese alten Mächte auch alles daran, diese Ordnung wieder zu «restaurieren» und viele der bürgerlichen Rechte rückgängig zu machen, die der «Code Napoleon» gewährt hatte. So hatten sich deutsche Länder zwar von einem Fremdherrscher befreit, aber ihre bürgerliche Freiheit noch immer nicht errungen.

Paulskirche oder Der schwierige Weg zur Demokratie

Mit neuen Ideen ist es ein seltsam Ding – manchmal werden sie zu früh gedacht und finden noch nicht die rechte Aufmerksamkeit. Manchmal gelingt es jenen, die neue Ideen als bedrohlich empfinden, sie für eine Weile zu bannen. Aber einmal in der Welt, sind sie kaum noch aufzuhalten.

Viele Deutsche hatten sich zunächst von den Idealen der Französischen Revolution anstecken lassen. War es denn nicht höchste Zeit, die alten Kräfte davonzujagen und dem Volk selbst die Herrschaft zuzutrauen? Dass aus dem Aufstand eine Schreckenszeit und schließlich ein neues Kaisertum wurde, stieß jedoch viele ab (darunter auch Goethe und Ludwig van Beethoven). Als nach dem Sieg über Napoleon und den turbulenten Jahren des Kampfes wieder die «Ruhe» einer restaurierten Ordnung eintrat, zogen sich viele Deutsche in ein braves, privates, eben biedermeierliches Leben zurück. Der Gedanke an Mitspracherecht und Demokratie aber war nicht zu unterdrücken. 1848 kam es in großen Teilen Europas wieder zu Aufständen gegen die alte, überkommene Ordnung, in der Adel, König- und Kaisertum, also «Macht qua Geburt» über das Schicksal ihrer Länder bestimmten, während den Bürgern, die doch für einen großen Teil des Steueraufkommens sorgten, jede Mitsprache verwehrt war.

Auch in Deutschland gingen die Bürger auf die Barrikaden, um für politische Rechte zu kämpfen. Unter Druck geraten, erlaubten die Herrscher Preußens und anderer deutscher Staaten tatsächlich die Wahl eines ersten deutschen Parlaments, der Nationalversammlung, die sich in der Frankfurter Paulskirche traf und eine neue deutsche Verfassung ausarbeiten sollte. Aber Verfassung für welche deutschen Länder? Alle deutschsprachigen, also Österreich eingeschlossen? Das lehnte der österreichische Kaiser ab.

Dann also nur die «kleine Lösung» mit Preußen, aber ohne Österreich. Als die Nationalversammlung im Frühjahr 1848 endlich die Verfassung für eine konstitutionelle Monarchie entworfen hatte, trug sie dem preußischen König Friedrich Wilhelm IV. die Krone eines deutschen Kaisers an. Und was tat dieser? Lehnte ab. Er beharrte auf dem «Gottesgnadentum» – von einem weltlichen Parlament wollte er sich gefälligst nicht reinreden lassen. Und wie reagierte die Nationalversammlung? Sie schleuderte dem König nicht etwa Heines Worte an den alten Barbarossa im Kyffhäuser entgegen: «Bedenk ich die Sache ganz genau/So brauchen wir gar keinen Kaiser.» Einen König stürzen, das wagte sie nicht. Sie ging nach Hause; die Märzrevolution war damit gescheitert. Und was wurde aus dem deutschen Parlamentarismus? Im Kaiserreich blieb das Parlament zahm (siehe *Reichstag*). In der Weimarer Republik (siehe unten) wurde es allzu häufig als «Quasselbude» verunglimpft, bis es sich auf Druck der Nazis selbst auflöste. Erst mit dem bundesrepublikanischen Bundestag sollte es wieder ein starkes deutsches Parlament geben. Und die erste frei gewählte Volkskammer der DDR war ein Parlament, das sich deutsche Bürger erneut selbst erstritten haben.

Die Paulskirche wird schon seit 1948 nicht mehr als Gotteshaus genutzt. In Erinnerung an die demokratische Tradition, die hier einen bedauernswert kurzen Anfang hatte, wird in dem klassizistischen Rundbau jährlich der Friedenspreis des Deutschen Buchhandels verliehen und der Ludwig-Börne-Preis, der an einen der scharfsinnigsten und klügsten Republikaner der deutschen Geschichte erinnert.

Ein politischer Autor hat am Mittag in Frankfurt am Main den Friedenspreis des Deutschen Buchhandels bekommen: der italienische Germanist Claudio Magris. Magris ist Norditaliener, lebt im Grenzgebiet zwischen Italien, Österreich und dem Balkan. Grenzen und Konflikte ziehen sich durch seine Bücher, aber vor allem macht das Gemeinsame Mitteleuropas sein Werk aus. (Tagesschau-Meldung vom 19. Oktober 2009)

Versailles oder Das Ende der alten Welt

Die Plätze im Sitzungssaal des Hotels «Trianon Palace» sind mit dem Schild «Anklagebank» markiert. Doch als die deutsche Delegation am Nachmittag des 7. Mai 1919 den Saal betritt, wird sie nicht sehr lange auf dieser Bank Platz nehmen. Ulrich Graf von Brockdorff-Rantzau, Delegationsleiter und erster Außenminister der ersten deutschen Republik, nimmt das Vertragswerk entgegen, das die Alliierten hier in Versailles ausgehandelt haben, wirft kaum einen Blick hinein, bleibt sitzen, als er sein Statement verliest (ein diplomatischer Affront), und schleudert den versammelten Diplomaten entgegen, dass er keineswegs gewillt sei, die Schuld Deutschlands an diesem Weltkrieg anzuerkennen.

Historiker und Politiker sollten noch viele Jahrzehnte heftig darüber streiten, wer nun tatsächlich die Verantwortung für diesen Krieg trug. Alle europäischen Großmächte seien in diesen Krieg «hineingeschlittert», vermerkte einmal der britische Premier Lloyd George. Vor allem die Deutschen trügen die Schuld, schrieb der Historiker Fritz Fischer in einem Buch, das in den sechziger Jahren erschien und damals eine leidenschaftliche Kontroverse auslöste.

Gewiss hätten fast alle Mächte wesentlich mehr tun können, um diesen Krieg zu vermeiden. Und dass sie es nicht taten, hängt auch damit zusammen, dass sich kaum jemand das ganze Ausmaß dieser Katastrophe vorstellen konnte. Die deutsche Regierung wiederum hat (neben der österreichischen) viel dazu beigetragen, dass sich eine schwere Krise, die mit der Ermordung des österreichischen Thronfolgers durch serbische Separatisten in Sarajevo entstanden war, kaum mehr steuerbar auf einen Krieg zubewegte. Was sicher auch daran lag, dass eine neue Macht, die gerade erst zu ihrer Einheit (und zu wirtschaftlicher und politischer Größe) gefunden hatte, das lange vorherrschende Gefühl, zu kurz gekommen sein, kompensieren wollte und sich dabei wie ein Elefant im Porzellanladen benahm.

Man glaubte, einen «kleineren» Krieg zu führen, der bald schon vorbei wäre. Aber moderne Waffentechnik schuf eine Pattsituation, der die alten Strategen nicht gewachsen waren: An der Westfront verschanzten sich zwei Jahre lang deutsche und alliierte Truppen in Schützengräben. Hunderttausende junger Männer starben im Dreck von Verdun und anderen Orten, nur um ein paar Meter Gebiet zu erobern, das am nächsten Tag schon wieder verloren war. Hatte man sich die Technik während der Gründerjahre nur als Instrument des Fortschritts vorstellen können, so zeigte sie nun ihre hässlichste Fratze: Die Erfindung des Maschinengewehrs, des Giftgases, des Panzers, der alles platt walzen konnte, der schwersten Bombengeschütze oder der Granaten, die beim Aufprall zersplitterten und schwerste Wunden rissen, kosteten Millionen Menschen das Leben.

Angela Merkel ist die erste deutsche Regierungschefin, die an der großen Gedenkfeier in Paris teilnimmt. Zusammen mit Präsident Sarkozy entfacht sie unter dem Arc de Triomphe die Flamme des unbekannten Soldaten. Sarkozy hatte sich den 11. November ganz im Zeichen der deutsch-französischen Verbundenheit gewünscht. (Tagesschau-Meldung vom 11. November 2009)

Zum Ende des Krieges befanden sich 25 Staaten und deren Kolonien, in denen insgesamt 1,35 Milliarden Menschen lebten, also etwa drei Viertel der damaligen Erdbevölkerung, im Kriegszustand.

Nach diesem Krieg war nichts mehr wie zuvor, drei große Monarchien gingen zugrunde. Der deutsche Kaiser war ins holländische Exil gegangen, und die Habsburger hatten nicht nur den Thron verloren: Aus ihrem multikulturellen Imperium, das sich bis ins heutige Polen und nach Italien erstreckt hatte, gingen zahlreiche Nationalstaaten wie die Tschechoslowakei oder Ungarn hervor. In Russland hatten die bolschewistischen Revolutionäre unter Lenin die Zarenfamilie ermordet und begannen ein ganz neues Gesellschaftssystem aufzubauen. Deutschland musste seine (wenigen) Kolonien und einen großen Teil seines Gebietes im Osten abgeben, abrüsten und hohe Reparationssummen vor allem an Frankreich zahlen. Besonders in Frankreich und Deutschland hatte der Krieg eine tiefe demographische Lücke gerissen – eine ganze Generation junger Männer (in Frankreich allein 1,9 Millionen) fehlte. Selbst den klügsten Diplomaten wäre es vermutlich unmöglich gewesen, aus dieser Katastrophe etwas Konstruktives zu schaffen. Es hätte nur nicht ganz so arg kommen müssen. Denn dass der Versailler Friedensvertrag ein Paradebeispiel für schlechte Diplomatie war, darüber sind sich die meisten Historiker einig. Er missachtete eine wesentliche Lehre echter Friedenskunst; er war nicht auf Versöhnung angelegt, sondern auf Bestrafung des Hauptschuldigen, nicht auf Wiedereingliederung des ehemaligen Gegners, sondern darauf, ihn politisch und wirtschaftlich möglichst zu schädigen. So gelang es einem Gefreiten dieses Krieges namens Adolf Hitler, aus der «Kriegsschuldlüge» einen der wesentlichen Bestandteile seiner Propaganda zu machen. Vierzehn Jahre nach dem Abschluss des Vertrages hatte er sich an die Spitze des deutschen Staates gebracht.

Weimar oder Von Kultur und Schrecken

Das große Erbe ist dem Städtchen anzusehen. Vor dem Stadttheater stehen die Statuen der beiden Dichterfürsten Johann Wolfgang von Goethe und Friedrich Schiller, die hier lebten; die berühmte Herzogin Anna-Amalia-Bibliothek mit ihrem beeindruckenden Bestand alter Bücher und Schriften (die bei einem Brand 2004 zum Teil vernichtet wurden) ist ein Hinweis auf das Ideal der Klassik, in der Macht und Bildung durchaus einhergehen sollten. Fast wie eine Puppenstube der Klassik mutet Weimar an, mit dem Kopfsteinpflaster und den hübschen Fassaden der Bürgerhäuser. Es fällt nicht schwer, sich den Herrn Geheimrat Goethe im gepflegten Garten seines nicht unstattlichen Hauses vorzustellen, oder Schiller, sinnierend auf einem Gang durch den Park an der Ilm. Zahlreiche Dichter, Denker oder Komponisten wie Franz Liszt oder Johann

Gottfried von Herder zog es immer wieder nach Weimar, das eine ebenso ruhige Selbstgewissheit ausstrahlt wie die sanft hügelige thüringische Landschaft, die es umgibt.

Es ist eine Perle der deutschen Kulturgeschichte, dieses Weimar, und vielleicht war dies auch der Grund, warum die Nationalversammlung nach dem Ende des Ersten Weltkriegs und der überhasteten Abdankung des Kaisers vor den politischen Wirren in Berlin, den Demonstrationen, Gegendemonstrationen und Straßenschlachten in diesen so zeitlos schönen Ort floh. Dort ist ihr tatsächlich die liberalste Verfassung gelungen, die es in Deutschland je gab – eine Verfassung, die all ihren Bürgern (und endlich auch Minderheiten wie den deutschen Juden) all die Freiheiten gewährte, die sie so lange ersehnt hatten. Es war diesen Verfassungsvätern unter Leitung des großen Staatsrechtlers Hugo Preuss sicher bewusst, wie schwer die Umstände waren, unter denen diese «Weimarer Republik» geboren wurde: Sie hatte die Last des verlorenen Krieges zu tragen und wurde verwaltet von einer Beamtenschaft, die eher dazu neigte, dem alten System hinterherzutrauern, als die Chancen des neuen zu begreifen.

Es ist ein sehr tragischer Glanz um diese erste deutsche Republik; geliebt oder beliebt war sie nie, und doch brachte sie die großartigsten Kulturleistungen hervor (Weimar ist schließlich auch das Zentrum einer deutschen Architektur und der Designschule des Bauhauses). Sie war groß erdacht und scheiterte in kleingeistigem Streit.

Vielleicht war den neuen Machthabern, die dieser Republik den Todesstoß versetzt hatten, die Anmut Weimars ebenfalls bewusst. Setzten die Nationalsozialisten deshalb der Kultiviertheit, die diese Stadt ausstrahlt, den absoluten Schrecken entgegen? «Wir spielten hier an schönen Sommertagen unsere improvisierten Possen», erinnerte sich Goethe an seine Ausflüge auf Schloss Ettersberg in der unmittelbaren Umgebung Weimars. «Hier fühlt man sich groß und frei, wie die große Natur, die man vor Augen hat und wie man eigentlich immer sein sollte.» Etwas mehr als hundert Jahre nach den Ausflügen Goethes zum Ettersberg errichteten die Nationalsozialisten auf diesem Berg das Konzentrationslager Buchenwald. Nun war es nicht ganz neu, dass diktatorische Machthaber ihre Gegner einsperren ließen. Das System der Konzentrationslager, das die NS-Machthaber schon kurz nach ihrer Machtergreifung im Januar 1933 errichteten, hatte jedoch einen gänzlich neuen Charakter: Mit Bedacht sollte der Einzelne seiner Würde und seiner Identität beraubt werden. Menschen sollten nur noch die Nummer sein, die man ihnen eintätowierte. «Hier gibt es weder Vater noch Bruder noch Freund. Hier stirbt jeder für sich», schrieb Elie Wiesel, der das Lager Buchenwald überlebt hatte.

Anders als später im Fall der Vernichtungslager Auschwitz oder Treblinka wurde die Existenz der Konzentrationslager nicht verheimlicht – sie dienten im Gegenteil als Instrument des Terrors. «Schweig, sonst kommst du ins Lager» war ein häufig gehörter Ausspruch gerade während der ersten Jahre des NS-Regimes, als Tausende Sozialdemokraten und Kommunisten und andere politische Gegner (oder solche, die man als Gegner denunzierte) in diesen Lagern eingesperrt wurden. Buchenwald lag außerhalb der Kulturstadt Weimar in einem dichten Wald, dort war es wohl den Blicken der Neugierigen entzogen und doch vielfach mit der Stadt verbunden. Dass die Bevölkerung «indirekt beteiligt» wurde am Verbrechensregime – auch das gehörte zum System der Konzentrationslager. Häftlinge aus Buchenwald, das als eines der «späteren» Lager erst in den Jahren 1937 und 1938 errichtet wurde, schufteten als billigste Arbeitskräfte in der Stadt, jede Firma konnte sie anfordern. Die kärgliche Versorgung mit Lebensmitteln wurde zum größten Teil über Weimarer Geschäfte abgewickelt. Dass Schreckliches da oben auf dem Berg geschah, konnte den Bürgern schon wegen des heruntergekommenen Zustands der Häftlinge kaum verborgen bleiben. Ein Weimarer Buchbinder hatte in großer Zahl Urnen aus Pappe zu liefern. Bis zum Bau eines eigenen Krematoriums in Buchenwald durch eine ortsansässige Firma wurden zweitausend Leichen ins städtische Krematorium gefahren.

Zwischen 1937 und April 1945 waren etwa 250 000 Menschen aus allen Ländern Europas in Buchenwald inhaftiert. Schätzungsweise 56 000 Menschen wurden dort ermordet oder starben an Unterernährung, Krankheiten oder Erschöpfung. Befreit haben sich die Häftlinge dort am 11. April selbst. Sie hatten durch Boykott- und Sabotage-Aktionen ihre «Evakuierung» verhindert und die US-Armee per Funk um Hilfe gerufen. Nach Abzug der US-Truppen wurde das Gelände von der sowjetischen Besatzungsmacht als Lager für tatsächliche und angebliche NS-Verbrecher und für tatsächliche und angebliche Gegner des neuen kommunistischen Regimes benutzt. 1958 ließ die Regierung der DDR die Nationale Mahn- und Gedenkstätte Buchenwald eröffnen, in der hauptsächlich an die kommunistischen Opfer der NS-Herrschaft erinnert wurde. 1991 wurde die Gedenkstätte neu gestaltet. Sie widmet sich jetzt vor allem den Opfern des NS-Regimes, aber auch den Häftlingen, die noch nach 1945 auf dem Ettersberg umkamen.

US-Präsident Obama hat die Deutschen aufgerufen, die Erinnerungen an die Gräuel des Nationalsozialismus wachzuhalten. Bei seinem Kurzbesuch in Deutschland würdigte er zugleich die Verdienste um Aussöhnung. Obama und Bundeskanzlerin Merkel hatten zunächst in Dresden politische Gespräche geführt. Anschließend besuchten sie das ehemalige Konzentrationslager Buchenwald. (Tagesschau-Meldung vom 5. Juni 2009)

Gedenken an vielen Orten

Begonnen hat diese Geschichte 1988 mit einer Bürgerinitiative der Journalistin Lea Rosh, die sich jahrelang dafür einsetzte, dass in der Bundesrepublik endlich eine zentrale Gedenkstätte zur Erinnerung an die ermordeten europäischen Juden errichtet würde. Nach der Vereinigung und nachdem Berlin wieder Hauptstadt geworden war, stellte der Bund ein knapp zwei Hektar großes Areal zwischen Brandenburger Tor und Potsdamer Platz zur Verfügung. Nun, da klar war, dass ein Mahnmal gebaut werden würde, stritt die deut-

Stelen als Erinnerung: das Holocaust-Mahnmal in Berlin

sche Öffentlichkeit lange und intensiv darüber, wie es denn aussehen solle. Schließlich entschied sich eine Kommission für ein
von dem New Yorker Architekten Peter Eisenman entworfenes
Stelenfeld – das im Mai 2005 der Öffentlichkeit übergeben wurde.
Zusammen mit dem darunterliegenden «Ort der Information», in
dem eine Dauerausstellung in vier Räumen über das Ausmaß der
Verfolgung Auskunft gibt und versucht, möglichst vielen Opfern
Namen und Würde zurückzugeben, gehört die Gedenkstätte heute
zu den am häufigsten besuchten Orten in Berlin. Aber weder ist
das Stelenfeld im Herzen Berlins die «zentrale Gedenkstätte» geworden, noch ist der offizielle Holocaust-Gedenktag am 27. Januar
einziger Anlass hierzulande, an die während des «Dritten Reiches»
verübten Verbrechen zu erinnern.

221 offizielle NS-Gedenk- und -Dokumentationsstätten gibt es
in ganz Deutschland – und darüber hinaus noch unzählige andere
Initiativen von Ländern, Kommunen oder auch Bürgern um auf
ganz unterschiedliche Weise an die Opfer des Nationalsozialismus
zu erinnern. In vielen Gemeinden wurden inzwischen Synagogen

wiederaufgebaut, die in der Nacht vom 9. auf den 10. November 1938, der sogenannten Reichskristallnacht, zerstört wurden – auch wenn es in den meisten dieser Orte keine jüdischen Gemeinschaften mehr gibt, die die Gebetshäuser nutzen würden. An inzwischen mehr als 500 Orten in Deutschland liegen sogenannte Stolpersteine vor den Eingängen von Häusern, in denen Opfer des Nationalsozialismus vor ihrer Deportation lebten. Die Idee geht auf den Kölner Bildhauer Günter Demnig zurück, der die Messingplatten in der Größe von Pflastersteinen verlegt, auf denen nur der Name, das Geburtsdatum, der Tag der Deportation und, soweit bekannt, der Todestag vermerkt sind. Allein in Berlin gibt es mehrere Orte der Erinnerung, die mit dem Geschehen direkt in Verbindung stehen. Die Wannsee-Villa war Schauplatz der sogenannten Wannsee-Konferenz im Januar 1942, bei der die systematische Ermordung der europäischen Juden beschlossen wurde. Jetzt wird dort eine Dauerausstellung über den Holocaust gezeigt. Oder die Gedenkstätte am S-Bahnhof Grunewald: Dorthin mussten die verhafteten Juden zu Fuß marschieren, von dort wurden sie in Viehwaggons gen Osten deportiert. Zahlreiche Metallplatten, die in den Bahnsteig eines stillgelegten Gleises eingelassen sind, geben Auskunft darüber, für wie viele Menschen die Reise in den Tod an den Gleisen eines Bahnhofs inmitten eines idyllischen Villenvorortes begann und dass diese Deportationen den fast täglichen Bombardierungen der Hauptstadt zum Trotz noch bis fast zum Kriegsende durchgeführt wurden.

Bundespräsident Köhler hat in Berlin das neue Dokumentationszentrum «Topographie des Terrors» eröffnet. Auf dem Gelände im Zentrum der Hauptstadt soll an die Verbrechen des Nationalsozialismus erinnert werden. (Tagesschau-Meldung vom 6. Mai 2010)

Es hat seine historische Richtigkeit, wenn es sehr viele kleinere und größere Denk- und Mahnmale, aber keine «Hauptgedenkstätte» gibt. Der Holocaust mag (für viele) weit weg «irgendwo im Osten» begangen worden sein. Nur begann er ja bereits mit dem langsamen und sicheren Ausschluss von Menschen, denen der Nationalsozialismus das Recht auf Leben absprach – von Juden, aber auch von Roma und Sinti oder sogenannten «Erbkranken». Die kleineren und größeren Verfehlungen und Verbrechen, die schließlich im Völkermord endeten, die fanden eben nicht an einem fernen Ort statt. Sondern an sehr vielen Orten mitten in Deutschland.

Brandenburger Tor oder Endlich eine friedliche Einigung

«Berlin feiert eines der glücklichsten Ereignisse der jüngeren und jüngsten Geschichte», hieß es in zahlreichen Pressemitteilungen zum 20. Jahrestag des Mauerfalls am 9. November 2009. Unter großem Jubel fiel die Mauer noch einmal – wenn auch nur eine Mauer aus buntbemalten Styroporsteinen, die zwischen Reichstag und Potsdamer Platz aufgestellt worden waren. Natürlich durfte die politische Prominenz nicht fehlen. Die Kanzlerin, selbst im Osten aufgewachsen, lief mit der US-Außenministerin Hillary Clinton sowie den Staats- und Regierungschefs der 27 EU-Länder durchs Brandenburger Tor. Der französische Präsident Nicolas Sarkozy setzte dem Ausspruch des amerikanischen Präsidenten John F. Kennedy «Ich bin ein Berliner» noch eins drauf und verkündete überschwänglich im Plural: «Wir sind Berlin.» Für das Publikum waren die Stars des Abends wohl der ehemalige polnische Präsident Lech Wałesa, der als Anführer der Gewerkschaft Solidarność das polnische kommunistische Regime ins Wanken gebracht hatte – und natürlich der ehemalige sowjetische Staats- und Parteichef Michail Gorbatschow, der mit einer Politik der neuen Transparenz (Glasnost) und des Umbaus verkrusteter Machtstrukturen (Perestroika) ein umfassendes Reformprogramm in der Sowjetunion begonnen hatte, das im gesamten Ostblock Hoffnung auf Reformen weckte.

Noch im Frühjahr 1989 hätten sich nur wenige Menschen vor-

In Berlin haben am Abend Zehntausende Menschen den Fall der Mauer vor zwanzig Jahren gefeiert. Zum Fest der Freiheit am Brandenburger Tor waren auch Staatsgäste aus rund dreißig Ländern gekommen. (Tagesschau-Meldung vom 10. November 2009)

stellen können, dass der «Eiserne Vorhang», der nach dem Ende des Zweiten Weltkriegs Europa teilte und als Mauer mit Selbstschussanlagen mitten durch Deutschland verlief, eines Tages friedlich beseitigt werden könnte. Und wahrscheinlich gibt es im schwierigen 20. Jahrhundert kaum ein anderes Ereignis, das so freudig begrüßt wurde wie der 9. November 1989. Tatsächlich gingen mit dem Fall der Mauer vier Jahrzehnte gefährlicher ideologischer Auseinandersetzungen zwischen zwei grundsätzlich verschiedenen Staats- und Gesellschaftssystemen zu Ende, und es begann das Zeitalter der Freiheit, Demokratie und Integration für ganz Europa.

Was hatte zum stillen Zusammenbruch der DDR geführt? Waren es die Demonstrationen, die in Leipzig begannen und dann auch auf andere Orte übersprangen – Demonstrationen, bei denen die Menschen erst forderten, als Souverän endlich ernst genommen und an politischen Entscheidungen beteiligt zu werden («Wir sind das Volk»), um dann die Einheit zu fordern («Wir sind ein Volk»)? Oder die Reformpolitik Gorbatschows? Oder die Tatsache, dass die DDR entgegen ihrer Propaganda keineswegs die erfolgreichste Wirtschaft des Ostblocks war, sondern schlicht und ergreifend pleite? Fragen wir doch die Ostdeutschen selbst: 37 Prozent machen die wirtschaftliche Pleite für den Zusammenbruch der SED-Herrschaft verantwortlich; 33 Prozent den Wandel in der Sowjetunion, in Polen und dann auch in Ungarn, das sich im September 1989 entschlossen hatte, die Westgrenze für DDR-Bürger zu öffnen. Nur 21 Prozent der Befragten glauben, die Montagsdemonstrationen hätten das alte System zum Einsturz gebracht. 85 Prozent der Ostdeutschen aber (und fast so viele Westbürger) sind stolz auf die friedliche Überwindung des SED-Regimes.

Vermutlich war keine der genannten Ursachen allein für den Fall der Mauer und das Ende der kommunistischen Herrschaft verantwortlich. Besonders wichtig ist aber: Den Bürgern, die in Leipzig und anderen Städten mutig auf den Straßen demonstrierten, ist es zum ersten Mal in der langen deutschen Geschichte gelungen, Freiheit und Demokratie friedlich und erfolgreich zu erstreiten.

Älteste Stadt

Die ältesten deutschen Städte sind zunächst römische Städte oder Heerlager, die meist in der Nähe bereits vorhandener Siedlungen errichtet wurden. Hier beginnt schon das Problem, denn wird das Alter der Stadt daran gemessen, wann sie auch als Stadt galt – also «Stadtrecht» erhielt –, oder schon, wenn sie als Heerlager errichtet wurde? Eine amtlich «älteste Stadt Deutschlands» gibt es nicht, wenngleich Trier, Worms oder Augsburg immer wieder genannt werden. Trier hat die längste Geschichte als anerkannte Stadt – im Gegensatz zu einer Siedlung oder einem Heerlager. «Augusta Treverorum» wurde 16 v. Chr. gegründet, das 100 n. Chr. gebaute Amphitheater in Trier dürfte das älteste noch erhaltene Gebäude Deutschlands sein. An zweiter Stelle sieht sich Augsburg, das 15 v. Chr. als römisches Heerlager gegründet wurde. Worms, das seit der Jungsteinzeit (5000 v. Chr.) eine kontinuierliche Geschichte aufweist, wurde 1994 von der Bundesregierung als Mitglied des «Arbeitskreises der ältesten Städte Europas» benannt und darf damit einen offiziellen Titel als «Älteste Stadt» tragen.

Zu den römischen Siedlungen, die im Wesentlichen im Jahrzehnt vor der Zeitenwende bis zum 1. Jahrhundert nach Christus gegründet wurden, gehören auch Andernach, Bonn, Kempten, Koblenz, natürlich Köln, Mainz, das bayerische Manching, Neuss, Speyer und Xanten.

Das größte Handelsimperium

Sie verfügte über eigene Schiffe: die dickbäuchigen Koggen mit ihren enormen Laderäumen. Sie entwickelte mit Schuldscheinen und Zertifikaten ein eigenes Kreditwesen, das von Frankreich bis weit nach Russland galt. Und sie wurde so mächtig, dass sie sogar Handelssperren errichten und Kriege führen konnte.

Die Hanse war der wohl größte Wirtschaftszusammenschluss in Europa vor der Europäischen Union. Sie entstand im 12. Jahrhundert als zunächst lockerer Allianz in Lübeck, um niederdeutschen Kaufleuten durch gemeinsam unternommene Handelsreisen in den «wilden Osten» Russlands etwas mehr Sicherheit zu bieten. Von dort wurden Rohstoffe wie Holz, Pelze oder Pottasche importiert. Geliefert wurden hauptsächlich Tuche und Metallwaren (meist Waffen), wovon natürlich die heimische Industrie profitierte.

Im 14. Jahrhundert hatten sich schon über 300 Städte im gesamten Nord- und Ostseeraum und weit darüber hinaus der Hanse angeschlossen. Greifswald, Hamm und Naumburg, alles andere als Küstenstädte, gehörten beispielsweise auch zur Hanse.

Als Kolumbus Amerika entdeckte, ging es mit der Handelsgesellschaft aus dem Norden bergab, der Schwerpunkt des Import-Export-Geschäfts wanderte in die überseeischen Gebiete. Der letzte Hansetag, eine Art «G-8» oder «G-Hanse-Treffen» der Neuzeit, fand 1669 in Lübeck statt. Lübeck, Hamburg und Bremen trugen als Sachwalter der alten Hanse den Beinamen weiterhin. Seit 1990 haben weitere 15 Städte ihn wieder angenommen, darunter Wismar, Rostock und Stralsund. Als Erinnerungen an die Blütezeit des Nord- und Ostseehandels tragen aber noch viele Städte Weiß (wahlweise auch Silbern) und Rot, die Farben der Hanse, in ihrem Stadtwappen.

Die erste Sozialsiedlung ...

... entstand keineswegs in den großen Industriestädten Deutschlands, sondern in einer «vorindustriellen» Stadt, nämlich Augsburg. Dort residierte die Familie Fugger, die zahlreiche Manufakturen und Bankgeschäfte in Europa unterhielt. 1521 stiftete der Kaufmann (und Multimillionär) Jakob Fugger die heute älteste bestehende Sozialsiedlung der Welt – und zwar nicht etwa für die «Angestellten» in den Manufakturen der Familie. Die 52 Häuser und sechs Gassen waren, so heißt es in der Stiftungsurkunde, für Handwerker und Tagelöhner (sowie deren Familien) gedacht, die zum Beispiel wegen Krankheit fürchten mussten zu verarmen, oder die sich nicht selbst versorgen konnten.

Die Jahres(kalt)miete für eine Wohnung in der Fuggerei beträgt bis heute den nominellen Gegenwert eines Rheinischen Gulden, derzeit 0,88 Euro, sowie täglich drei Gebete für den Stifter und seine Familie. Die Nebenkosten tragen die Bewohner – heute etwa 150 «bedürftige katholische Augsburger Bürger». Besucher dürfen das Viertel nur noch durch ein Tor betreten, das von 22 bis fünf Uhr morgens verschlossen wird.

Deutschlands erste Sozialsiedlung: die Fuggerei

Im Gegensatz zu den Mietskasernen, die inzwischen zu begehrten Altbauwohnungen geworden sind (und sich oft in Privatbesitz befinden), ist die Fuggerei noch immer eine Sozialsiedlung, die nahezu ausschließlich aus dem Stiftungsvermögen (Forstwirtschaft und Immobilien) finanziert und durch die Fürstlich und Gräflich Fuggersche Stiftungs-Administration verwaltet wird.

Die älteste Baustelle

Eine Kirche, die mehrmals erweitert wurde, gab es an dieser Stelle, direkt an der ehemaligen östlichen Stadtmauer, schon seit dem 3. Jahrhundert. Aber erst, als im Juli 1164 die Gebeine der Heiligen Drei Könige auf Umwegen in den Bischofssitz gelangten und Köln nun auch zum wichtigen Wallfahrtsort geworden war, sollte ein gigantischer Neubau errichtet werden. 1248 erfolgte die Grundsteinlegung für den gotischen Kölner Dom.

Kein Zeitgenosse hätte erwartet, dass ein Bau mit den damals bekannten technischen Mitteln innerhalb seiner eigenen Lebensspanne errichtet würde. Er war ja auch – die in die Höhe strebende Architektur der Gotik bezeugt es wie keine andere – zum Lob des Herrn und für die Ewigkeit gedacht. Aber an keinem Gotteshaus wurde so lange gebaut wie am Kölner Dom.

1322 waren Chor und Innenausstattung fertig und konnten geweiht werden, ein Jahrhundert später das südliche Seitenschiff und die unteren Bereiche des Südturms. 1794 eroberten französische Revolutionstruppen Köln und nutzten den Bau als Lagerraum. Es ist vermutlich der Empörung über diesen Frevel zu verdanken, dass die Kölner ihren Dom gewissermaßen adoptierten. Sie sammelten Spendengelder, und 1842, ausgerechnet unter preußisch-protestantischer Herrschaft, begann eine vorerst letzte Etappe. Der Dom wurde nach alten Plänen fertiggestellt – 1880 ragten nun endlich zwei 157,38 Meter hohe Türme in den Himmel. Damit ist der Kölner Dom nach dem Ulmer Münster das zweithöchste Kirchengebäude Europas und nach der Basilika Notre Dame de la Paix in Yamoussoukro (Elfenbeinküste) das dritthöchste der Welt.

Gebaut wird noch immer: Nach 1945 mussten die schweren Zerstörungen beseitigt werden. Jetzt werden vorsichtig archäologische Grabungen durchgeführt, um die «Vorgänger» des Doms teilweise freizulegen. Und selbstverständlich müssen beständig Renovierungsarbeiten ausgeführt werden, die dem Alter des ehrwürdigen Doms und Umweltbelastungen geschuldet sind.

Ob in dem prächtigen goldenen Schrein hinter dem mittleren Hochaltar wirklich die Gebeine der Heiligen Drei Könige ruhen, ist indes ungewiss. Der Evangelist Matthäus schweigt sich über deren Herkunft aus, gefunden wurde die Reliquie von Helena, Mutter des ersten christlich-römischen Kaisers Konstantin. Und diese eifrige Konvertitin ist berüchtigt dafür, drei Jahrhunderte nach dem Tod Jesu alle möglichen «authentischen Zeugnisse» seines Lebens und Wirkens aufgespürt zu haben.

6. Von Kant bis Klum – Leute

Dichter, Denker, Stars und Erfinder

Was und wie ist Deutschland? Wir erklären es anhand des politischen Systems und der Wirtschaft, anhand von Geographie und Wetter, Sitten und Gebräuchen, Geschichte und Kultur. All das ist wichtig, bleibt aber nur ein äußerer Rahmen, wenn man das Entscheidende vergisst – die Menschen, die in diesem Land leben. Geschichte, Gegenwart und Zukunft eines Landes werden maßgeblich davon geprägt, was seine Bürger tun. Von Einzelnen oder kleinen Gruppen werden Technologien und Ideen entwickelt, Höchstleistungen vollbracht und unverzeihliche Fehler begangen. Deshalb handeln Geschichten ebenso wie Nachrichten – etwa in der «Tagesschau» – nicht nur von Ereignissen und Strukturen, sondern vor allem von Menschen. Da geht es um große Persönlichkeiten und schlimme Versager, Heilige, Scheinheilige und Kriminelle, Helden für einen Tag, Mächtige und Machtlose, Berühmte und vollkommen Unbekannte – Leute eben.

Ist Deutschland ein Land der Dichter und Denker? Das behauptete zumindest der Schriftsteller Wolfgang Menzel im Jahr 1836. Seitdem ist diese Beschreibung der Deutschen zu einer Art Allgemeingut geworden. Man kann dieses pauschale Urteil durchaus anhand berühmter Menschen belegen. Man denke an Johann Wolfgang von Goethe und Friedrich Schiller, die Dichterfürsten, die weit über ihre Epoche und die Grenzen ihrer Heimat hinaus Bedeutung erlangten. Oder an Denker wie Georg Friedrich Wilhelm Hegel, Immanuel Kant, Friedrich Nietzsche, Martin Luther. Solche

Persönlichkeiten haben den Ruf der Deutschen geprägt, grüblerisch zu sein – und, wenn es um Politik und Gesellschaft geht, große Idealisten.

Aber das ist eine sehr einseitige Sicht, nicht nur, weil von Deutschen ersonnene politische Visionen wie der Nationalsozialismus und der Kommunismus diese Bilanz nachhaltig trüben. Die Menschen, die große Deutsche waren oder die Deutschland zu dem gemacht haben, was es heute ist, lassen sich größtenteils ebenso wenig der Kategorie «Dichter und Denker» zuordnen wie jene Menschen, die Deutschland heute prägen – oder jene, die wir für wichtig halten.

Das eine hängt nicht unbedingt mit dem anderen zusammen. Prominent sind meistens Menschen, die unterhalten oder faszinieren (siehe *Die beliebtesten Deutschen*). Wie Schauspieler, Künstler und Sportler und, nicht zu vergessen, Verbrecher. Der berühmteste Bürger der amerikanischen Stadt Chicago war zumindest bis zur Wahl des Chicagoer Senators Barack Obama zum US-Präsidenten 2008 der Mafiaboss Al Capone. Der Räuberhäuptling Johannes Bückler ist unter dem Namen «Schinderhannes» bis heute eine Berühmtheit in Rheinhessen, obwohl er schon 1803 in Mainz hingerichtet wurde. In Hamburg lebt immer noch die Legende des Seeräubers Klaus Störtebeker, obwohl höchst strittig ist, ob es diesen Mann jemals gegeben hat.

Der Komponist Karlheinz Stockhausen ist tot. Wie heute bekannt wurde, starb er am Mittwoch im Alter von 79 Jahren in Kürten bei Köln. Stockhausen galt als einer der international bedeutendsten zeitgenössischen Komponisten und Pionier der elektronischen Musik. (Tagesschau-Meldung vom 7. Dezember 2007)

Aber zurück zum Land der Dichter und Denker. Deutschland hat große Komponisten von Johann Sebastian Bach bis Karlheinz Stockhausen hervorgebracht, große Maler von Albrecht Dürer bis Gerhard Richter, aber auch große Sportler wie Max Schmeling oder Lothar Matthäus. Welche dieser Persönlichkeiten lassen Rückschlüsse darauf zu, wie «die Deutschen» sind? Mag die Bedeutung solcher Berühmtheiten auch immer eine subjektive Einschätzung sein, so steht fest: Die Entwicklung der Nation wäre anders verlaufen ohne

Politiker wie Otto von Bismarck. Auf den «eisernen Kanzler» geht nicht nur ein maßgeblicher Teil jenes Sozialversicherungssystems zurück, das dem deutschen Staat bis heute sozialen Ausgleich und politische Stabilität verleiht. Seine Politik führte überhaupt erst zur Gründung des Deutschen Reichs 1871. Das wiederum war nur möglich durch den Sieg im Deutsch-Französischen Krieg 1870/71 – und den gewann nicht der durchaus umstrittene Politiker Bismarck persönlich. Vielmehr war dies das Werk preußischer Generale wie Karl Friedrich von Steinmetz, Helmuth von Moltke oder Edwin von Manteuffel, die wiederum auf die Kanonen des deutschen Stahlherstellers Alfred Krupp zurückgreifen konnten – und auf rund 1,4 Millionen längst vergessene einfache Soldaten, von denen fast 45 000 ihr Leben ließen.

Die Geschichte Deutschlands nach dem Zweiten Weltkrieg wurde maßgeblich geprägt von demokratischen Politikern wie Ludwig Erhard, Franz Josef Strauß, Theodor Heuss, Helmut Schmidt, Willy Brandt, Helmut Kohl oder Konrad Adenauer. Eine repräsentative Umfrage für den «Spiegel» zeigte, dass die Deutschen dies auch anerkennen. Als prägendste Persönlichkeiten seit 1949 nannten die Befragten an erster Stelle Kohl, den Kanzler der Einheit; es folgten Adenauer, der erste Bundeskanzler, und seine sozialdemokratischen Nachfolger Helmut Schmidt und Willy Brandt – und der ehemalige Staats- und Parteichef der DDR, Erich Honecker.

Adenauer wählte das Publikum der ZDF-Sendung «Unsere Besten» 2003 sogar zum «größten Deutschen» aller Zeiten, noch vor Martin Luther, Karl Marx und den im «Dritten Reich» hingerichteten Widerstandskämpfern Sophie und Hans Scholl. Der einzige Naturwissenschaftler in den Top Ten war Albert Einstein auf Rang zehn. Bach kam auf Rang sechs, Goethe auf Rang sieben. Dichter, Denker, Idealisten und Politiker sind aus Sicht der Deutschen also besonders wichtige, einflussreiche Persönlichkeiten.

Mit einem Festakt haben heute in Ludwigshafen rund 800 Ehrengäste den 80. Geburtstag von Altkanzler Helmut Kohl nachgefeiert. Kohl sagte, es sei ein Leben gewesen, von dem er sagen könne, es habe Sinn gehabt. Bundeskanzlerin Merkel würdigte Kohls Leistungen um die deutsche Einheit. (Tagesschau-Meldung vom 5. Mai 2010)

Dennoch ist Deutschland mindestens ebenso das Land des Handwerks, der Facharbeiter, Ingenieure, Forscher (siehe *Deutsche Nobelpreisträger*) und Erfinder. Die meisten Menschen, die den Ruf des fleißigen, zuverlässigen, pünktlichen und gut ausgebildeten Deutschen in der Welt geprägt haben, sind jedoch unbekannt geblieben. Sie tauchen nie in den Nachrichten, in Büchern oder gar Ranglisten auf. Gleichwohl sind Männer wie die Flugzeugbauer Hugo Junkers und Otto Lilienthal oder die Autobauer Gottlieb Daimler und Carl Benz für ihre Erfindungen berühmt geworden. Ohne Rudolf Diesel gäbe es heute den gleichnamigen Motor nicht und ohne die Vorarbeit von Konrad Zuse keinen modernen Computer.

Beispiele lassen sich dafür noch viel mehr finden. Artur Fischer erfand 1958 den Spreizdübel; Rudolf Hell konstruierte 1951 den «Klischographen», den Vorläufer des Scanners; 1953 fertigte Adolf Dassler den ersten Fußballschuh mit Stollen; 1971 bauten Konstrukteure von Mercedes-Benz die ersten Airbags; 1987 entwickelten Forscher um Karlheinz Brandenburg am Fraunhofer-Institut das Musik-Komprimierungsformat MP3. Einen guten Teil des Wohlstands, über den Deutschland verfügt, verdankt es der Erfindungskraft einer Vielzahl mehr oder minder bekannter Forscher, Entwickler und Tüftler.

Forschung, Wissenschaft und Industrie hatten gerade in der von Frieden und Wachstum geprägten Geschichte der Bundesrepublik nach 1949 einen enormen Einfluss auf das Land. Dennoch spielen erfolgreiche Unternehmer keine große Rolle im öffentlichen Bewusstsein. Viele große Unternehmen, die vor dem Zweiten Weltkrieg in Deutschland von Bedeutung waren, profitierten später von Zwangsarbeit und Kriegsgeschäften oder davon, dass sie Konkurrenzbetriebe günstig übernehmen konnten, nachdem sie deren jüdischen Besitzern zwangsweise weggenommen worden waren («Arisierung»). Das wirft einen langen Schatten. August Thyssen, Friedrich Krupp oder Werner von Siemens stehen für deutsche Industrielle, die Weltkonzerne begründeten (siehe *Wirtschaft*). Aber ihre Namen einfach so unter den «Großen» einzureihen, fällt vielen angesichts der düsteren Kapitel, die ihren Schatten auch auf die Nachfahren werfen, schwer.

Dennoch sind die industrielle Potenz und die Menschen, die sie ermöglicht haben, wichtige Bestandteile des Ansehens, das Deutsche im Ausland genießen (siehe *Deutschland und die Welt*). Dies verdanken wir nicht zuletzt dem zum Gütesiegel aufgestiegenen «made in Germany» und dem Status als eine der führenden Exportnationen der Welt.

Mit Bundeskanzlerin Angela Merkel wird auf der Liste des US-Magazins *Forbes* derzeit dennoch nur eine Deutsche zu den Mächtigsten der Welt gezählt. Dafür hat es das Model Heidi Klum in die Liste der einflussreichsten Berühmtheiten geschafft. In Polen hat der Kabarettist Steffen Möller das gängige Bild vom humorlosen Deutschen konterkariert und es zu großer Beliebtheit gebracht. Und immer mal wieder erringen deutsche Musikgruppen – wie in den siebziger und achtziger Jahren die Scorpions und zuletzt Tokio Hotel – weltweiten Ruhm. Nicht zu vergessen Sportlegenden wie Franz Beckenbauer oder Michael Schumacher. All diese Menschen repräsentieren heute «die Deutschen». Das Volk, das sich zum Beispiel bei der Fußballweltmeisterschaft 2006 nicht nur als zuverlässig, sondern auch als freundlich, tolerant und locker erwies.

Trotz Umfrageergebnissen wie in England, nach denen nach wie vor Adolf Hitler der bekannteste Deutsche ist, hat sich das Image der Deutschen in den vergangenen Jahrzehnten extrem verändert. So ist Deutschland im April 2010 zum zweiten Mal in Folge in einer Erhebung des britischen Senders BBC zum beliebtesten Land der Welt gekürt worden. Irgendetwas muss also dran sein an den Leuten hierzulande.

Stichworte · Leute

Die beliebtesten Deutschen

Günther Jauch. Dieser Name fällt immer wieder, wenn in Umfragen nach den beliebtesten Prominenten gefragt wird. Der Showmaster von «Wer wird Millionär» belegte im «Moderatorenmonitor» 2009 sowohl in der Rubrik «Show» als auch im Bereich «TV-Magazin» im deutschen Fernsehen den ersten Platz. In einer repräsentativen

Beliebtes Paar: Steffi Graf und Andre Agassi, 2009

Umfrage 2005 war er gar der beliebteste Deutsche überhaupt, vier Jahre später nannte jeder fünfte Befragte den Moderator als geeigneten Bundeskanzler – der beste Wert unter allen vorgeschlagenen Prominenten. Aber ob Jauch tatsächlich am beliebtesten ist, oder ob ihn nicht doch sein Kollege Thomas Gottschalk oder der ehemalige Fußballstar Franz Beckenbauer überholt haben? Oder der deutsche Papst Benedikt XVI.? Umfragen dieser Art gibt es viele, und die Antworten variieren – auch, weil sie von aktuellen Ereignissen abhängen. So steht und fällt die Position von Prominenten wie dem Fußball-Bundestrainer Joachim Löw in einem solchen Ranking damit, ob seine Nationalelf erfolgreich ist oder nicht.

Eine Konstante gibt es aber doch. In den Listen der beliebtesten Deutschen landen Fernsehstars, Schauspieler, Sportler und Komiker immer vorn, Politiker tauchen nur auf den hinteren Plätzen auf, Manager so gut wie nie. Kein Wunder: Eine Mehrheit (52 Prozent) vertraut den Unternehmensführern nicht.

Die beliebteste deutsche Frau ist beispielsweise laut einer repräsentativen Umfrage von 2008 die ehemalige Tennisspielerin Steffi Graf. Es folgten die Schauspielerinnen Veronica Ferres, Iris Berben und Senta Berger. Dahinter rangieren mit Heidi Klum und Claudia Schiffer zwei Models, die Sängerin Nena, die Ex-Sportlerinnen Katarina Witt und Franziska van Almsick und zwischen diesen beiden die Schauspielerin Hannelore Elsner. Die aktuelle Bundeskanzlerin Angela Merkel belegt Platz 32.

Die Gründe dafür? Beliebtheit ist eine Mischung aus verschiedenen Faktoren. Zu ihnen gehören neben Prominenz und außergewöhnlichen Leistungen auch ein Leben ohne große Skandale sowie die Fähigkeit, Menschen zu unterhalten. Wenn man dies berücksichtigt, wird klar, warum Steffi Graf bei den Deutschen auch lange nach dem Ende ihrer Karriere noch hoch im Kurs liegt. Die 41-Jährige lebt in den USA, ist offensichtlich glücklich verheiratet mit dem Ex-Tennis-Star Andre Agassi, der bei jeder Gelegenheit betont, wie gut ihm der Einfluss seiner Frau tut. Das Paar hat zwei Kinder, und in der Werbung hat Graf den Sprung von der jungen, attraktiven Sportlerin zur perfekten Mutter geschafft. Grafs Tennis-Boom-Kollege Boris Becker hingegen hat mehrere öffentlichkeitswirksame Trennungen hinter sich und kein neues, erfolgreiches Image aufbauen können. In derselben Umfrage landete er auf Platz 92.

Zusammengefasst: Die Deutschen lieben erfolgreiche Menschen ohne Skandale, und sie lieben unterhaltsame Menschen mehr als solche, die reale Macht haben. Und das wiederum sagt über die Befragten vermutlich mindestens genauso viel aus wie über diejenigen, zu denen sie befragt wurden.

Deutsche Nobelpreisträger

Seit 1901 werden in der schwedischen Hauptstadt Stockholm jährlich die Nobelpreise in den Kategorien Chemie, Physik, Medizin und Literatur vergeben. Es sind die höchsten und renommiertesten Auszeichnungen, die in den jeweiligen Disziplinen zu erreichen sind. In der norwegischen Hauptstadt Oslo wird zudem der Friedensnobelpreis verliehen. Anhand der Jahresstatistik der Preise kann man erkennen, in welchen Zeiten deutsche Forscher, Schriftsteller oder andere Personen in ihren Disziplinen weltweit Maßstäbe setzten – und wann dies weniger ausgeprägt war.

Wenige Tage vor der Entgegennahme ihres Literatur-Nobelpreises hat die Schriftstellerin Herta Müller an die Folgen von Unterdrückung einzelner Menschen in Diktaturen erinnert. In der traditionellen Vorlesung kurz vor der Verleihung des Preises schilderte sie prägende Erfahrungen aus ihrem Leben als Angehörige der deutschen Banater Minderheit im kommunistischen Rumänien. (Tagesschau-Meldung vom 8. Dezember 2009)

Jahr	Person	Kategorie	Werk (teilweise vereinfacht)
1901	Wilhelm Conrad Röntgen	Physik	Erfindung der Röntgenstrahlen
	Emil von Behring	Medizin	Forschung an Mitteln gegen die Diphtherie
1902	Emil Fischer	Chemie	Bahnbrechende Arbeiten zur Zuckerchemie
	Theodor Mommsen	Literatur	«Römische Geschichte»
1905	Philipp Lenard	Physik	Studien zur Atomphysik
	Adolf von Baeyer	Chemie	Arbeiten über organische Farbstoffe u. a.
	Robert Koch	Medizin	Erforschung der Tuberkulose
1907	Eduard Buchner	Chemie	Entdeckung der zellfreien Gärung
1908	Paul Ehrlich	Medizin	Begründung der Immunologie
	Rudolf Eucken	Literatur	Seine ideale Weltanschauung und deren Darstellung
1909	Ferdinand Braun	Physik	Mit-Entwicklung der drahtlosen Telegraphie
	Wilhelm Oswald	Chemie	U. a. Erforschung der Katalyse
1910	Otto Wallach	Chemie	Arbeiten zu alicyclischen Verbindungen
	Albrecht Kossel	Medizin	Studien an Proteinen
	Paul Heyse	Literatur	Gesamtwerk
1911	Wilhelm Wien	Physik	Forschung zu Gesetzen der Wärmestrahlung
1912	Gerhart Hauptmann	Literatur	Vielseitiges Wirken in der dramaturgischen Dichtung
1914	Max von Laue	Physik	Entdeckung der Beugung von Röntgenstrahlen an Kristallen
1915	Richard Martin Willstätter	Chemie	Untersuchung der Farbstoffe in Pflanzen
1918	Max Planck	Physik	Erforschung der Quantenenergie
	Fritz Haber	Chemie	Synthese von Ammoniak
1919	Johannes Stark	Physik	Entdeckung des Doppler-Effekts in Kanalstrahlen, «Stark-Effekt»
1920	Walther Hermann Nernst	Chemie	Arbeiten zur Thermochemie
1921	Albert Einstein	Physik	Erklärung des photoelektrischen Effekts
1922	Otto Meyerhof	Medizin	Forschungen über den Stoffwechsel

Jahr	Person	Kategorie	Werk (teilweise vereinfacht)
1925	James Franck, Gustav Hertz	Physik	Franck-Hertz-Versuch (Quantenmechanik), der das Bohr'sche Atommodell belegt
	Richard Adolf Zsigmondy	Chemie	Grundlagenforschung für die Kolloidchemie
1926	Gustav Stresemann	Frieden	Unter anderem deutsch-französische Aussöhnung
1927	Heinrich Otto Wieland	Chemie	Erforschung der Gallensäure
	Ludwig Quidde	Frieden	Leistungen für die dt. Friedensbewegung
1928	Adolf Windaus	Chemie	Erforschung des Aufbaus der Sterine
1929	Thomas Mann	Literatur	«Die Buddenbrooks»
1930	Hans Fischer	Chemie	Arbeiten über den strukturellen Aufbau der Blut- und Pflanzenfarbstoffe u.a.
1931	Carl Bosch, Friedrich Bergius	Chemie	Entdeckung und Entwicklung der chem. Hochdruckverfahren
	Otto Heinrich Warburg	Medizin	Entdeckung der Funktion des Atmungsferments
1932	Werner Heisenberg	Physik	Erforschung der Quantenmechanik Begründung der Quantenmechanik
1935	Hans Spemann	Medizin	Entdeckung des Organisatoreffekts bei der Embryonalentwicklung
	Carl von Ossietzky	Frieden	U. a. Pazifistisches Engagement
1938	Richard Kuhn	Chemie	Arbeiten über Carotinoide und Vitamine
1939	Adolf Butenandt	Chemie	Arbeiten zu Steroidhormonen
	Gerhard Domagk	Medizin	Entdeckung der antibakteriellen Wirkung des Sulfonamids Prontosil
1944	Otto Hahn	Chemie	Entdeckung der Kernspaltung des Urans
1950	Otto P. H. Diels, Kurt Alder	Chemie	Entdeckung der Diels-Alder-Reaktion
1953	Hermann Staudinger	Chemie	Entdeckungen auf dem Gebiet der makromolekularen Chemie
1954	Walther Bothe	Physik	Entwicklung der Koinzidenzmethode
1956	Werner Forßmann	Medizin	Entdeckungen zur Herzkatheterisierung
1961	Rudolf Mößbauer	Physik	Entdeckung des Mößbauer-Effekts, eine Messmethode für die Energieänderung in Quanten

Jahr	Person	Kategorie	Werk (teilweise vereinfacht)
1963	J. Hans D. Jensen	Physik	Arbeiten zum Verständnis des Atomkerns
	Karl Ziegler	Chemie	Forschungen zur Polymerchemie
1964	Feodor Lynen	Medizin	Arbeiten zum Cholesterin- und Fettsäurestoffwechsel
1967	Manfred Eigen	Chemie	Studien über die Kinetik extrem schnell ablaufender chemischer Reaktionen mit Relaxationsmethoden
1971	Willy Brandt	Frieden	Ostpolitik
1972	Heinrich Böll	Literatur	Anteil a. d. Erneuerung der dt. Literatur
1973	Ernst Otto Fischer	Chemie	Erforschung der metallorganischen Sandwichkomplexe
	Karl von Frisch	Medizin	Entdeckungen zur Organisation von Verhaltensmustern
1979	Georg Wittig	Chemie	Entdeckung einer z. B. für die chemische Industrie wichtigen organisch-chemischen Reaktion, der Wittig-Reaktion
1984	Georges J. F. Köhler	Medizin	Forschungen zum Immunsystem
1985	Klaus von Klitzing	Physik	Entdeckung des quantisierten Hall-Effekts
1986	Ernst Ruska, Gerd Binnig	Physik	Entw. d. Rastertunnelmikroskops
1987	Johannes Georg Bednorz	Physik	Arbeit über Hochtemperatur-Supraleitung in Keramiken aus Kupferoxiden
1988	Johann Deisenhofer, Robert Huber, Hartmut Michel	Chemie	Röntgenstrukturanalytische Aufklärung der dreidimensionalen Struktur des photosynthetischen Reaktionszentrums von Purpurbakterien
1989	Wolfgang Paul	Physik	Entwicklung der Paul-(Ionen-)Falle
1991	Erwin Neher, Bert Sakmann	Medizin	Entw. der Patch-Clamp-Technik, einer Messmethode in der Elektrophysiologie
1995	Christiane Nüsslein-Volhard	Medizin	Forschungen über die genetische Kontrolle bei der Embryonalentwicklung
1998	Horst Ludwig Störmer	Physik	Entdeckung einer neuen Art von Quantenflüssigkeit
1999	Günter Grass	Literatur	Darstellung des «vergessenen Gesichts der Geschichte» in munter-schwarzen Fabeln

Jahr	Person	Kategorie	Werk (teilweise vereinfacht)
2000	Herbert Kroemer	Physik	Entwicklung von Halbleiterheterostrukturen für Hochgeschwindigkeits- und Optoelektronik
2001	Wolfgang Ketterle	Physik	Erzeugung der Bose-Einstein-Kondensation in verdünnten Gasen aus Alkaliatomen u. a.
2005	Theodor Hänsch	Physik	Entwicklung des Frequenzkamms
2007	Peter Grünberg Gerhard Ertl	Physik Chemie	Entdeckung des GMR-Effekts, einem magnetischen Effekt in der Quantenmechanik Studien von chemischen Prozessen auf Festkörperoberflächen
2008	Harald zur Hausen	Medizin	Erforschung der Rolle von Warzenviren bei der Entstehung von Gebärmutterhalskrebs
2009	Herta Müller	Literatur	Beschreibung der «Landschaften der Heimatlosigkeit»

* Das Nobelpreiskomitee zählt Hermann Hesse, Nelly Sachs, Max Born, Albert Schweitzer und andere Preisträger, deren Herkunft oder Lebensweg nicht eindeutig als deutsch zu identifizieren sind, nicht als Deutsche. Die vorliegende Liste orientiert sich an den offiziellen Statistiken und Darstellungen auf der Website des Nobelpreiskomitees.

Deutsch ist nicht gleich Deutsch – Dialekte von Nord bis Süd

Schwätze. Schnacken. Babbele. Schwade. Quatschen. Welches Wort mit der Bedeutung «reden» Deutsche verwenden, wenn sie sich «frei von der Leber weg» unterhalten können, hängt von der Gegend ab, in der sie sprechen gelernt haben. Denn neben dem Hochdeutschen, also der Standard- und Schriftsprache, sprechen viele Menschen hierzulande einen Dialekt – auf Deutsch: eine «Mundart». Je nach Herkunft kann sich diese Prägung auf eine kaum hörbare Sprachmelodie beschränken, mit der beispielsweise Rheinländer ihre Herkunft verraten, oder sich wie eine ganz andere Sprache anhören. Wenn ein Bayer oder eine Sächsin in breitem Dialekt spricht, dann sind beide für einen Norddeutschen kaum zu verstehen.

Zwar gehört es seit Jahrzehnten zum guten Ton, Hochdeutsch zu reden und sich nicht durch eine Mundart zu verraten. So sprachen 1991 laut einer repräsentativen Studie noch 55 Prozent der Deutschen die heimische Mundart, 2008 waren es 48 Prozent. Das ist aber immer noch fast die Hälfte, woran man sieht, dass Dialekte, ähnlich wie Gerichte oder besondere Bräuche, ein wertvoller Teil traditioneller, regionaler Kultur sind. In diesem Spannungsfeld haben sich bis heute die verschiedenen Dialekte von Berlinerisch bis Hessisch, von Kölsch bis Thüringisch gehalten.

Allerdings ist die Verbreitung sehr unterschiedlich. Im Süden der Republik wird noch so selbstverständlich Dialekt gesprochen, dass man bayerische Fernseh- und Hörfunkreporter sofort erkennen kann. Das Land Baden-Württemberg macht mit dem Satz «Wir können alles – außer Hochdeutsch» sogar Werbung für sich. Zwar spricht auch in diesen Regionen nur eine Minderheit althergebrachte Mundarten wie Alemannisch in ihrer Reinform. Aber von Franken bis ins Erzgebirge enthält die Alltagssprache einen regionalen «Akzent» und eine eigene Melodie und typische Dialekt-Begriffe. So ruft der Franke «Ade», der Bayer «Pfüat di», der Rheinländer «Tschöö» – und alle meinen so viel wie «Auf Wiedersehen!». In Richtung Norden sind Dialekte wie die verschiedenen Formen des Plattdeutschen dagegen zurückgedrängt worden oder so gut wie ausgestorben.

Das reinste Deutsch spricht man angeblich in der Region Hannover – rundherum kann man aber zumindest unter Älteren und auf dem Land Leute treffen, die auf «Niedersächsisch» miteinander reden. Es ist also fast überall etwas übriggeblieben von den drei Dialektzonen Oberdeutsch, Mitteldeutsch und Niederdeutsch, in die man Deutschland einteilt. Diese Klassifizierung ist allerdings sehr grob und fasst Dutzende verschiedener Mundarten unterschiedlichster Prägung zusammen. Die niederdeutschen Dialekte im Norden sind zum Beispiel vom Englischen und dem Friesischen beeinflusst.

Die unterschiedlichen Mundarten und deren Ursprung zu erforschen ist eine ernsthafte, mitunter höchst anspruchsvolle Wissenschaft. Das Wort «Deutsch» selbst bedeutet übrigens so viel wie «Volkssprache», abgeleitet vom althochdeutschen Wort *diutisc*. Die «Deutschen» waren ursprünglich also diejenigen, die die Sprache des Volkes sprachen – und nicht Latein. Deutschland als Landesbezeichnung leitet sich somit von einem seit dem 10. Jahrhundert nach und nach gefestigten Sprachraum ab, nicht von einer Nation – und selbst in diesem Sprachraum sind die Spuren der kulturellen Vielfalt immer noch zu hören.

Welcher Dialekt ist beliebt?

Manche Sprachmelodie finden viele Menschen sympathisch. Sei es, weil sie authentisch wirkt oder ihr der Ruf vorauseilt, besonders charmant zu sein. Zum Beispiel ist Wienerisch bei den Deutschen laut Umfragen beliebt. Vermutlich verbinden die Befragten mit der «Wiener Schmäh» weniger die tatsächlich in der österreichischen Hauptstadt verbreitete Mundart, die je nach Viertel und sozialer Herkunft recht derb sein kann, sondern die typische Kaffeehaus-Atmosphäre und einen besonderen Humor. Wohl auch wegen ihres breiten wienerischen Akzents wurden Fußballer wie Andreas Herzog in Bremen oder Toni Polster in Köln schnell Lieblinge der Fans. Andere Mundarten kommen außerhalb ihres Verbreitungsgebiets dagegen oft überhaupt nicht gut an. Auf die Frage «Welchen Dialekt mögen Sie überhaupt nicht?» antworteten die Befragten zu …

54 Prozent ...	Sächsisch
21 Prozent ...	Bayerisch, Berlinerisch
17 Prozent ...	Schwäbisch
12 Prozent ...	Thüringisch
11 Prozent ...	Hessisch
9 Prozent ...	Ostpreußisch
8 Prozent ...	Norddeutsches Platt
6 Prozent ...	Rheinländisch, Schlesisch, Pommerisch

Von wegen einig Vaterland – regionale Rivalitäten

«Die Rheinland-Pfalz Staat ist ein Rivale von Saarland Eifersucht und alles, was er hat.» Dieser Satz in seltsamem Kauderwelsch stammt aus dem satirischen Internet-Lexikon «Uncyclopedia» und beschreibt eine der vielen herzlichen Abneigungen, die deutsche Städte und Regionen untereinander pflegen. In diesem Fall die Rivalität zwischen den Saarländern und den Pfälzern. Die beiden Landsmannschaften im Südwesten erzählen gern übereinander Witze, in denen die anderen jeweils als zurückgeblieben und dumm hingestellt werden.

Das ist allerdings nicht wirklich böse gemeint, vielmehr gehört die Kabbelei zwischen den beiden Regionen, die sich sowohl im Dialekt als auch in der französisch beeinflussten Lebensart durchaus ähneln, zur Folklore. Ähnlich verhält es sich mit den Bösartigkeiten, die sich zum Beispiel Rheinländer und Westfalen oder Vogtländer und Erzgebirgler gegenseitig an den Kopf werfen. Der Rivalität zwischen Ammerländern und Ostfriesen verdanken wir die Ostfriesenwitze, die vor allem in den siebziger und achtziger Jahren des vorigen Jahrhunderts populär waren (siehe *Der Erfinder der Ostfriesenwitze*).

Es gibt Dutzende von mehr oder weniger ernst gemeinten

Dauerfehden zwischen Orten und Regionen in Deutschland, die teilweise seit Jahrhunderten andauern. Die Gründe sind vielfältig. Viele regionale Rivalitäten basieren schlicht auf der Konkurrenz von Gegenden, die sich ähnlich sind – es handelt sich also um eine Art geschwisterliche Hassliebe. Auch der Gegensatz zwischen Stadt und Land kann eine Ursache sein, wie etwa im Fall von Brandenburgern und Berlinern. Die Rivalität zwischen Badenern und Schwaben wiederum basiert größtenteils darauf, dass diese beiden Gruppen nach dem Zweiten Weltkrieg zu einem Bundesland (Baden-Württemberg) zusammengefasst wurden – mit einer im Schwäbischen gelegenen Landeshauptstadt Stuttgart.

Ähnlich zerrissen ist das Bundesland Bayern, in dem sich Altbayern und Franken gegenüberstehen. Dieser Streit ist allerdings sehr viel älter und hat einen ernsten Hintergrund: Er stammt aus Zeiten, in denen fränkische und bayerische Städte und Fürstentümer gegeneinander Kriege führten. Historische Wurzeln hat auch der Grundkonflikt zwischen Nord- und Süddeutschland, der auf der Rivalität der einstigen europäischen Großmächte Preußen (zu dem der Großteil des heutigen Nord- und Ostdeutschlands gehörte) und Österreich-Bayern beruht. Die vielen Kleinstaaten, die auf deutschem Boden lange existierten und sich längst nicht immer grün waren, bevor Deutschland ein einiger Staat wurde, haben ebenfalls ihre Spuren hinterlassen.

Auf viel kleinerer Fläche spielen sich die Zankereien zwischen zahlreichen deutschen Nachbarstädten ab. Ein kleine Auswahl: Die niedersächsischen Großstädte Hannover und Braunschweig, die sächsischen Metropolen Leipzig und Dresden, die fränkische Doppelstadt Nürnberg und Fürth, die hessischen Nachbarn Offenbach und Frankfurt, die rheinischen Rivalen Düsseldorf und Köln, die Hansestädte Hamburg und Bremen. Bei diesen Konflikten spielen unter anderem Neid auf den Status als Landeshauptstadt, Minderwertigkeitsgefühle der kleineren beziehungsweise Arroganz der größeren Stadt, wirtschaftliche, politische und religiöse Konkurrenz eine Rolle.

Dass das viel kleinere Bremen seit dem Jahr 845 der Sitz des katholischen Hamburger Erzbistums in einem gemeinsamen Bistum Bremen war, gefiel den stolzen Hamburgern zum Beispiel gar nicht. Aus Sicht der Bremer revanchierten sich die inzwischen protestantischen Hamburger dafür im Jahr 1806, als sie den – immer noch zum katholischen Bistum gehörenden – Hamburger Dom abrissen. Innerhalb der Hanse konkurrierten vom 13. bis zum 17. Jahrhundert Bremer und Hamburger Kaufleute um die besten Seegeschäfte. Hamburg versteht sich wegen seiner Seehandelstradition als «Tor zur Welt». Bremen behauptet mit Blick auf den Schlüssel im eigenen Stadtwappen spöttisch: «Wir haben den Schlüssel zum Tor».

Oft ist die eigentliche Ursache solcher Rivalitäten längst vergessen und wird von lokalen Historikern aufwendig erforscht. Trotzdem – oder vielleicht auch genau deshalb – blühen die gegenseitigen Schmähungen. So heißt Düsseldorf für viele Kölner nur «die verbotene Stadt», und die Bewohner beider Städte sind sicher, dass es nur bei ihnen schön ist. Und natürlich kann ein Kölner kein Altbier trinken, während ein Düsseldorfer niemals Kölsch anrühren würde – wobei beide Bierspezialitäten fast auf dieselbe Art gebraut werden und sich eigentlich nur in der Farbe unterscheiden.

Weniger folkloristisch-skurril geht es allerdings manchmal zu, wenn Rivalen direkt aufeinandertreffen. Fußballspiele zwischen Werder Bremen und dem Hamburger SV, zwischen den Offenbacher Kickers und Eintracht Frankfurt oder zwischen Eintracht Braunschweig und Hannover 96 arten regelmäßig in regelrechte Hassduelle rivalisierender Fangruppen aus, die von Großaufgeboten der Polizei auseinandergehalten werden müssen. Ähnliches gilt seit Jahrzehnten nicht immer, aber immer mal wieder für die hoch emotionalen Duelle zwischen den Ruhrpott-Vereinen Borussia Dortmund und dem FC Schalke 04. An diesem Punkt ist regionale Rivalität dann nicht mehr witzig, ganz im Gegensatz zu den Geschichten, die man sich in Saarbrücken über die dusseligen Kartoffelbauern aus der Pfalz erzählt.

Der Erfinder der Ostfriesenwitze

Borwin Bandelow

Borwin Bandelow hat einen ernsthaften Beruf. Er ist Facharzt für Neurologie und Psychiatrie, Diplompsychologe und Psychotherapeut und Professor an der Universität Göttingen. Außerdem hat der 1951 geborene Experte für Angsterkrankungen zahlreiche Bücher veröffentlicht. Weniger bekannt, aber ähnlich einflussreich sind jene Werke Bandelows, die er 1968 und 1969 als Schüler am Gymnasium in Westerstede im niedersächsischen Ammerland in der Schülerzeitung «Der Trompeter» veröffentlichte. Wegen seiner satirischen Serie «Aus Forschung und Lehre», mit der er das benachbarte Völkchen der Ostfriesen (und seine ostfriesischen Mitschüler) verulkte, gilt Bandelow als Erfinder der sogenannten Ostfriesenwitze. Diese folgen dem Muster der üblichen Scherze über bestimmte Menschengruppen. «Wie fängt ein Ostfriese einen Hasen? Er versteckt sich hinterm Busch und ahmt den Schrei einer Karotte nach!» Solche Witze erzählen sich Menschen auf der ganzen Welt – die Engländer über die Iren, die Franzosen über die Belgier … Und mit Bandelows Serie wurden in Deutschland Scherze über Ostfriesen beliebt. Komiker wie Fips Asmussen, Karl Dall oder Otto Waalkes, der aus dem ostfriesischen Emden stammt, hatten eine Menge Witze dieser Art in ihrem Repertoire und sorgten damit in den siebziger und achtziger Jahren für deren große Popularität. Später wurden die Ostfriesenwitze von den (ähnlichen) Blondinenwitzen abgelöst, inzwischen sind sie fast in Vergessenheit geraten.

Witze unter Landsleuten

Ostfriesen-Witz

Warum nimmt ein Ostfriese immer einen Stein und ein Streichholz mit ins Bett? Mit dem Stein wirft er das Licht aus, mit dem Streichholz guckt er, ob es noch an ist.

Pfälzer-Witz

Ein Pfälzer zeigt einem Saarländer stolz sein fertiges Puzzle. Fragt der Saarländer: «Wie lang haschde denn do dofor gebraucht?» Der Pfälzer: «Nur e halwes Johr!» Darauf der Saarländer entsetzt? «E halb Johr? Das is awwer lang!» «Quatsch», antwortet der Pfälzer, «das is sauschnell! Uff der Packung steht 2–4 Johre!»

Saarländer-Witz

Pfälzer gehören in die Pfalz, Saarländer gehören in die Saar.

Sachsen-Witz

Zwei Nachbarinnen unterhalten sich über ihre Söhne: «Wie heeßdn Ihr Gleener?», fragt die eine. Antwort: «Gindr.» Darauf die erste Nachbarin entsetzt: «Wie genn Se dem bloß son Nahm gähm? Wenn se nu Gindr rufn, da gomm doch alle meeschlichn Gindr, aber nich Ihr Gindr!»

Rheinländer-Witz

Ein Dortmunder, ein Kölner und ein Düsseldorfer gehen in die Kneipe und bestellen. Der Kölner nimmt ein Kölsch, der Düsseldorfer bestellt ein Alt und der Dortmunder nimmt eine Cola. Als der Kellner weg geht, fragt der Kölner den Dortmunder verständnislos: «Warum trinkst du denn Cola?» Darauf der Dortmunder: «Wenn ihr kein Bier bestellt, nehme ich auch keins.»

Prominente Wachsfiguren

Anfang 2009 fragte das Meinungsforschungsinstitut Allensbach, welche unter den vorgegebenen Personen aus Sport, Unterhaltung und Kultur unbedingt in einem Wachsfigurenkabinett mit den wichtigsten Figuren aus 60 Jahren Bundesrepublik stehen müssten. Hier die Top 10.

Platz	Person	Bereich	Anteil
1	Heinz Rühmann (1902–1994)	Schauspieler («Die Feuerzangenbowle», «Der Pauker»)	55 %
2	Loriot (eigentlich Vicco von Bülow, geb. 1923)	Komiker («Ödipussi», «Pappa ante Portas»)	51 %
3	Franz Beckenbauer	Fußballer, Trainer (Weltmeister 1974, 1990)	51 %
4	Michael Schumacher	Formel-1-Fahrer (7-mal Weltmeister)	46 %
5	Steffi Graf	Tennisspielerin (22 Grand-Slam-Titel)	44 %
6	Boris Becker	Tennisspieler (6 Grand-Slam-Titel)	38 %
7	Uwe Seeler	Fußballer (u. a. 3-mal Fußballer des Jahres)	36 %
8	Thomas Gottschalk	Moderator («Wetten, dass ...?»)	33 %
9	Fritz Walter	Fußballer (Weltmeister 1954)	32 %
10	Günter Grass	Schriftsteller («Die Blechtrommel», Literaturnobelpreis 1999)	32 %

Mehrfachnennungen möglich
Quelle: Allensbach, Februar 2009, 927 Befragte

Die reichsten Deutschen

Deutschland gilt, anders als etwa die USA, nicht als ein Land der Superreichen, deren Vermögen bestaunt wird – im Gegenteil: Reich zu sein ist zwar erlaubt, gilt aber schnell als anstößig. Dennoch gibt es auch bei uns eine Menge märchenhaft reicher Leute. Laut der in diesen Dingen außergewöhnlich gut informierten Redaktion des amerikanischen Wirtschaftsmagazins «Forbes» besaßen im Jahr 2009 genau 52 Deutsche mehr als eine Milliarde Dollar, wenn man ihr Barvermögen, ihre Grundstücke und Häuser sowie den Wert ihrer Aktien und anderer Firmenanteile zusammenrechnet. Eine Milliarde, das ist eine Eins mit neun Nullen, also tausend Millionen. Nur in den USA gibt es noch mehr Milliardäre.

Früher stammten die reichsten Menschen gewöhnlich aus Adels- und Königshäusern. Denn die Mächtigen besaßen das Land und verfügten weitgehend allein über dessen Erträge von landwirtschaftlichen Produkten bis hin zu Rohstoffen. Die Menschen, die für sie diese Schätze hoben, hatten wenig davon. Die Reichtümer früherer Epochen beruhten also selten auf Arbeit und Leistung, sondern auf einer Machtstruktur, in der wenige Privilegierte die Erträge ganzer Völker plündern konnten.

> Heute kam der Fall Klatten in München vor Gericht, und es war ein kurzer Prozess. Der Angeklagte, der Schweizer Helg Sgarbi, erhielt sechs Jahre Freiheitsstrafe. Seinen Opfern, Deutschlands reichste Frau Susanne Klatten und weitere wohlhabende Damen, blieb ein Auftritt vor Gericht erspart. (Tagesschau-Meldung vom 9. März 2009)

Doch je weiter sich die Gesellschaften entwickelten, desto größer wurden die Vermögen, die sich mit Handel, Handwerk und später in der Industrie verdienen ließen. Diese Veränderung machte vor Politik und Gesellschaft nicht halt und mündete in die sogenannte bürgerliche Revolution – die privilegierten Schichten verloren nach ihrer wirtschaftlichen Bedeutung auch ihre politische Macht, das Zeitalter der Feudalherren war vorbei.

Die meisten schwerreichen Menschen sind deshalb heutzutage auch keine Großgrundbesitzer oder Fürsten, sondern Untterneh-

mer. Sie stammen entweder aus einer traditionellen Wirtschafts-
dynastie und wurden bereits reich geboren, oder sie brachten es
durch den Aufbau einer eigenen, erfolgreichen Firma zu viel Geld.
Aber nicht nur Firmenbesitzer, sondern auch Sportler, Schauspieler,
Künstler, Fernsehstars können in Deutschland vermögend werden.
Darüber hinaus gibt es Tausende sehr erfolgreiche oder glückliche
Menschen (wie Lottogewinner), die reich sind, ohne dass jemand
sie kennt, und die sehr gut verdienen, ohne dass sie ein großes
Unternehmen besitzen müssen – zum Beispiel Manager, Anwälte,
Börsenhändler, Unternehmensberater und viele mehr. Milliardäre
sind diese Menschen zwar nicht, aber man kann ja auch mit ein
paar Millionen schon gut auskommen. Insgesamt gab es 2009 rund
800 000 Millionäre in Deutschland, das heißt, dass sich statistisch
gesehen unter hundert Deutschen ein Millionär findet.

Und das sind die reichsten Deutschen laut «Forbes»-Liste vom
März 2010:

Sum-me*	Name	Firma	Hintergrund
23,5	**Karl Albrecht**, geb. 1920 in Essen	Aldi Süd	Karl Albrecht und sein Bruder Theo aus Essen bauten den Lebensmittelmarkt ihrer Eltern nach dem Zweiten Weltkrieg zu einer der größten Ketten von Billig-Supermärkten (sogenannten Discountern) der Welt aus. Allein in Deutschland hat Aldi Süd mehr als 1700 Filialen.
18,7	**Michael Otto**, Otto-Familie, geb. 1943 in Kulm	Otto-Versand	Michael Otto ist der Chef des Otto-Versands, des größten Versandhandels der Welt – man bestellt die Waren aus dem Katalog per Post, Telefon oder übers Internet und bekommt sie geliefert. Mit dieser Geschäftsidee wurde Werner Otto, Michael Ottos Vater, nach dem Zweiten Weltkrieg einer der erfolgreichsten Unternehmer in der Geschichte des Landes.
16,7	**Theo Albrecht**, geb. 1922 in Essen	Aldi Nord	Das Aldi-Imperium ist in einen nördlichen und einen südlichen Bereich geteilt; Aldi Nord hat mehr als 2000 Filialen.

* In Milliarden US-Dollar

11,1	**Susanne Klatten,** geb. 1962 in Bad Homburg vor der Höhe (Hessen)	BMW, Altana	Susanne Klatten ist selbst keine erfolgreiche Firmengründerin, sondern eine der Erbinnen einer der reichsten deutschen Unternehmerfamilien aller Zeiten – der Quandts. Der Aufstieg der Familie begann im 18. Jahrhundert mit einigen Webereien. Daraus entwickelte sich unter Günther Quandt (1881 bis 1954) ein regelrechtes Textilimperium, das im Ersten Weltkrieg die deutsche Armee mit Uniformen belieferte. Quandt unterstützte in den frühen 1930er Jahren die NSDAP von Adolf Hitler und belieferte im Zweiten Weltkrieg die Rüstungsindustrie. Dabei beutete der Konzern auch Häftlinge von Konzentrationslagern aus, als Kriegsverbrecher wurde Günther Quandt aber trotzdem nie verurteilt – der auch auf unmenschliche Weise zustandegekommene Reichtum blieb der Familie zum Teil erhalten und konnte gewinnbringend investiert werden, unter anderem in den Autohersteller BMW. Heute gehören mehrere Nachfahren der Quandt-Familie als Anteilseigner großer deutscher Unternehmen wie BMW zu den reichsten Deutschen, darunter Susanne Klatten, die reichste Frau des Landes.
7,3	**August von Fink,** geb. 1930 in München	Merck Fink & Co., Allianz	August von Fink entstammt der Bankiersfamilie von Fink, die ab 1879 an der Privatbank Merck Fink & Co. beteiligt war und darüber hinaus zu den Mitbegründern der Versicherungskonzerne Allianz und Münchner Rück gehört. Unter der Führung von August von Fink senior spielte die Bank eine dunkle Rolle in der Nazi-Zeit, indem sie sich konkurrierende Banken jüdischer Besitzer günstig aneignete – bei dieser Praxis der «Arisierung» zwangen die Nazis jüdische Geschäftsleute, ihre Unternehmen weit unter Wert an «arische» (also nichtjüdische) Firmenbesitzer abzugeben. August von Fink junior, der 1930 geboren wurde, hat die Privatbank 1990 verkauft und sein Geld anderweitig investiert.
6,8	**Klaus-Michael Kühne,** geb. 1937 in Hamburg	Kühne+ Nagel	Kühne + Nagel ist eine internationale Spedition, die Waren per Luft, See und über Land (Schiene und Straße) transportiert. Klaus-Michael Kühne ist der Enkel von August Kühne, der das Unternehmen 1890 in Bremen mitgründete.
6,3	**Curt Engelhorn,** geb. 1926 in München	BASF, Boehringer Mannh.	Curt Engelhorn ist ein Nachfahre von Friedrich Engelhorn, der 1821 die Badische Anilin- & Soda-Fabrik gründete. Unter der Abkürzung BASF ist die Firma der größte Chemiekonzern der Welt. Auch er hat – unter

	Curt Engelhorn (Fortsetzung)		dem Namen IG Farben – eine unrühmliche Geschichte als Profiteur und Förderer der NS-Zwangsarbeit während des Zweiten Weltkriegs gespielt. 1952 wurde die BASF neu gegründet. Curt Engelhorn verdankt sein heutiges Vermögen jedoch vor allem seiner Tätigkeit als Geschäftsführer und Mitbesitzer des Medikamentenherstellers Boehringer Mannheim, der sich unter seiner Leitung zu einem Weltkonzern entwickelte. 1997 verkaufte er und andere Gesellschafter die Firma an den Konkurrenten Hoffmann-LaRoche – er selbst bekam dafür allein acht Milliarden Mark (etwa vier Milliarden Euro).
5,7	**Stefan Quandt**, geb. 1966 in Bad Homburg v. d. H. (Hessen)	BMW	Siehe Susanne Klatten
5,7	**Reinhold Würth**, geb. 1935 in Öhringen (Baden-Württemberg)	Würth Gruppe	Reinhold Würth baute den Schraubenhandel seines Vaters Adolf seit 1954 zum führenden Handelskonzern für Werkzeuge und Montagematerial weltweit aus.
5	**Karl-Heinz Kipp**, geb. 1924 in Alzey	Massa	Karl-Heinz Kipp begann mit dem Verkauf von Textilien. Er gründete 1965 einen Verbrauchermarkt namens Massa-Markt in Alzey (Rheinland-Pfalz) und baute das Unternehmen schnell zu einer Einzelhandelskette aus. Bis 1987 verkaufte Kipp seine Anteile komplett, heute gehört Massa zu real (und damit zum Metro-Konzern). Kipp selbst lebt in der Schweiz und betreibt Hotels.
5	**Hasso Plattner**, geb. 1944 in Berlin	SAP	Seinen Reichtum verdankt Plattner der Gründung des Software-Unternehmens SAP, dessen Vorstandsvorsitzender er ist. Einer der Mitbegründer der Firma ist Dietmar Hopp, ebenfalls Milliardär, und vor allem als Geldgeber des Fußballvereins TSG Hoffenheim bekannt.
5	**Johanna Quandt**, geb. 1926 in Berlin	BMW	Siehe Susanne Klatten

Deutsche von Weltruf

Welche Menschen sind wirklich wichtig? Wichtig, das heißt: nicht nur kurz berühmt, weil sie gerade in einer Casting-Show aufgetreten sind, sondern von Einfluss auf den Lauf der Welt. Positiv oder negativ oder auch beides. Es gibt unzählige Versuche, diese Frage nach den größten Menschen, die je lebten, zu beantworten. Einer stammt von dem amerikanischen Historiker Michael H. Hart. Er schrieb in seinem 1978 erschienenen Buch «Die 100 einflussreichsten Persönlichkeiten der Menschheitsgeschichte» Platz eins Mohammed zu, dem Religionsgründer des Islam. Jesus, Buddha, Konfuzius und Moses, die wichtigsten Personen der vier großen Religionen Christentum, Buddhismus, Konfuzianismus und Judentum, sind ebenfalls vorn dabei.

Man kann diese Wertschätzung für Menschen mit philosophisch-religiöser Wirkungsmacht teilen oder für übertrieben halten. Die Auswahl von hundert Menschen aus einer Masse von Milliarden ist zudem automatisch subjektiv, ja geradezu willkürlich – schließlich hängt sie auch von dem Kulturkreis und der Einstellung desjenigen ab, der diese Auswahl trifft. Eine asiatische Historikerin, ein europäischer Altertumsforscher oder ein afrikanischer Kunstwissenschaftler werden andere Persönlichkeiten ganz oben ansiedeln als der 78-jährige amerikanische Historiker und Astrophysiker Michael H. Hart. Wenn man sich dessen ganze Liste der Hundert ansieht, dann ist sie aber dennoch ein interessantes Gedankenexperiment – und in sich durchaus schlüssig. Das sieht man exemplarisch an der Position des bestplatzierten Deutschen. Johannes Gutenberg, der Erfinder des Buchdrucks, ist aus Harts Sicht die achtwichtigste Person in der Menschheitsgeschichte. Direkt vor ihm rangiert der Chinese Ts'ai Lun, der Erfinder des Papiers. Ohne Papier hätte es schließlich Gutenbergs Revolution nicht gegeben.

«Gut» waren ganz sicher nicht sämtliche Menschen, die auf

Harts Liste auftauchen. «Wichtig» im Sinne von bedeutsam waren sie aber alle. Die elf Deutschen unter den 100 Menschen, die den Lauf der Welt am meisten verändert haben, sind laut Hart:

Platz   8: Johannes Gutenberg, Erfinder des Buchdrucks

Platz 10: Albert Einstein, Physiker und Mitentdecker der Relativitätstheorie

Platz 25: Martin Luther, Kirchenreformator

Platz 27: Karl Marx, der führende Theoretiker des Kommunismus

Platz 39: Adolf Hitler, der schlimmste Diktator der Weltgeschichte

Platz 45: Ludwig van Beethoven, Komponist

Platz 46: Werner Heisenberg, Entdecker der Quantenmechanik

Platz 59: Max Planck, Physiker

Platz 61: Nikolaus August Otto, Entwickler des Otto-Motors

Platz 72: Johann Sebastian Bach, Komponist

Platz 75: Johannes Kepler, Mathematiker, Astronom, Theologe

Die Vorbilder der Deutschen

Die «Stiftung für Zukunftsfragen» (eine Initiative des Tabakkonzern British American Tobacco) wollte in einer repräsentativen Studie von jungen Deutschen (14–29 Jahre) wissen, welche Persönlichkeiten als Vorbilder dienen könnten. Die Top 10 der Befragten sagen einiges darüber aus, welche Charaktereigenschaften jungen Deutschen als besonders wertvoll und erstrebenswert erscheinen.

Platz	Person	Bereich	Anteil
1	Mutter Teresa (1910–1997)	Ordensschwester, die sich in Indien der Hilfe für Arme widmete. Friedensnobelpreisträgerin 1979	24 %
2	Martin Luther King (1929–1968)	Pastor, Kämpfer gegen die Rassentrennung in den USA	20 %
3	Mahatma Gandhi (1869–1948)	Indischer Rechtsanwalt und Führer der Unabhängigkeitsbewegung. Entwickelte das Konzept des gewaltfreien Widerstands	15 %
4	Anne Frank (1929–1945)	Im Holocaust ermordetes jüdisches Mädchen, wegen ihres Tagebuchs Symbolfigur für die Opfer des Nationalsozialismus	14 %
5	John F. Kennedy (1917–1963)	Von 1961 bis zu seiner Ermordung Präsident der USA	14 %
6	Sophie (1921–1943) und Hans Scholl (1918–1943)	Mitglieder der Widerstandsgruppe «Weiße Rose», von den Nazis hingerichtet	11 %
7	Che Guevara (1928–1967)	Kommunistischer Revolutionär	11 %
8	Albert Schweitzer	Elsässischer Theologe, Arzt und Pazifist	10 %
9	Martin Luther (1483–1546)	Theologe, Reformator und damit Mit-Verursacher der Spaltung des Christentums in Katholiken und Protestanten	9 %
10	Claus Schenk Graf von Stauffenberg (1907–1944)	Deutscher Offizier, der das gescheiterte Attentat auf Adolf Hitler am 20. Juli 1944 ausführte	7 %

Mehrfachnennungen möglich

Quelle: Stiftung für Zukunftsfragen, November 2009, 2000 Befragte

Fahne hoch? Die Deutschen und der Nationalstolz

Bevor in den USA ein Spiel in der NBA, der höchsten Basketball-Profiliga, angepfiffen wird, erklingt die Nationalhymne. Alle Zuschauer stehen auf, richten ihren Blick auf die Fahne mit Sternen und Streifen, die unter dem Hallendach hängt, und singen mit. Manche legen dabei ihre rechte Hand aufs Herz. So ist es auch bei den anderen großen Sportarten und zu anderen feierlichen Anlässen in den USA üblich. Die Amerikaner sind stolz auf ihr Land, die Symbole des Staates sind ihnen sehr wichtig.

Die Deutschen haben dagegen ein gespaltenes Verhältnis zur Nation. Während eine Minderheit von Rechtsradikalen und Neonazis Fremdenfeindlichkeit mit krankhaftem Nationalstolz verbindet, empfand die Mehrheit schon das Schwenken einer deutschen Fahne als heikel – nachdem der Nationalismus im «Dritten Reich» pervertiert wurde. Dabei steht Schwarz-Rot-Gold ja für das demokratische Deutschland – als Symbol der Revolution von 1848 und als Farben der Weimarer Republik. Die Farben von Kaiserreich und Nazi-Deutschland waren Schwarz-Weiß-Rot. Ein gesundes, selbstbewusstes Verhältnis zum eigenen Land, wie es die Amerikaner pflegen, schien den Deutschen verloren gegangen zu sein.

Doch in den vergangenen zehn Jahren ist die Verkrampfung etwas gewichen. Das zeigte sich etwa 2006 bei der Fußballweltmeisterschaft im eigenen Land – ein «Sommermärchen» in Schwarz-Rot-Gold ohne jede nationalistische Aufwallung. Den Umschwung kann man auch in Umfragen ablesen. Wäre die Aussage «Ich bin stolz, Deutscher zu sein» noch bis in die achtziger Jahre hinein als unpassend abgelehnt worden, so antworten inzwischen immer mehr Menschen auf diese Frage mit «Ja». 1994 lag dieser Wert bei 69 Prozent, 2009 bei 83 Prozent. Unmittelbar vor Beginn der WM 2006 waren in einer repräsentativen Umfrage der Friedrich-Ebert-Stiftung 39,5 Prozent der Befragten überwiegend oder vollständig der Ansicht, die Deutschen sollten wieder mehr Mut zu einem starken Nationalgefühl haben. Nur eine Minderheit von 14,8 Prozent verband den Begriff Nationalismus mit der Aussage, die Deutschen seien von Natur aus anderen Völkern überlegen.

Zwei Jahre später antworteten in einer anderen, ebenfalls repräsentativen Befragung 66 Prozent zustimmend auf die These zum Nationalstolz. Gefragt, auf was sie besonders stolz seien, nannten in dieser Studie knapp 32 Prozent das Grundgesetz. 16,5 Prozent siedelten wirtschaftliche Erfolge und 15 Prozent wissenschaftliche Leistungen des Landes oben an. Es folgten Kunst und Kultur mit 12,6 Prozent, sportliche Leistungen mit elf Prozent und der Sozialstaat mit 8,7 Prozent. Knapp zwei Drittel der Deutschen freuen sich inzwischen, wenn sie die Bundesflagge sehen.

Eine andere Statistik zeigt allerdings, dass amerikanische Verhältnisse noch lange nicht erreicht sind. Gebeten, die ersten Worte der deutschen Nationalhymne aufzusagen, antworteten 47 Prozent der Befragten im Juli 2009 korrekt mit «Einigkeit und Recht und Freiheit». 41 Prozent hatten keine Ahnung, der Rest nannte einen falschen Text. Aber in den USA wird ja auch häufiger geübt.

Fünf Erfolgsgeschichten

Zwei Tüftler: Ehssan Dariani und Dennis Bemmann

Die Geschichte des Computers und des Internets ist voller junger Männer (in diesem Fachbereich sind es nur selten Frauen), die an der Universität oder in einer Garage etwas austüftelten und damit reich wurden. Man denke nur an die «Apple»-Ikone Steve Jobs, den «Microsoft»-Macher Bill Gates, die «Google»-Gründer Sergey Brin und Larry Page – oder an Mark Zuckerberg, der die Internet-Community «Facebook» erfunden hat. Nicht ganz so bekannt sind zwei Deutsche mit einer ganz ähnlichen Geschichte. Einer der beiden heißt Ehssan Dariani. Er kam als Sechsjähriger aus dem Iran nach

Deutschland, machte sein Abitur in Kassel und studierte Wirtschaft in St. Gallen (Schweiz).

Als 24-Jähriger hat Dariani die Idee, so etwas wie «Facebook» sei doch auch in Deutschland möglich. Am besten für Studenten, die sich im Netz austauschen, verabreden und flirten wollen. Nun braucht der Wirtschaftsstudent nur noch jemanden, der ihm diese Plattform programmiert. Im Juli 2005 ruft er Dennis Bemmann an, einen Informatikstudenten aus Salzgitter, den er bei «Jugend forscht» kennengelernt hatte. In WG-Zimmern in Berlin bauen die beiden ihr Projekt auf. Dariani erfindet den Ausdruck «gruscheln» (eine Mischung aus grüßen und kuscheln), der für StudiVZ bald typisch werden wird. Die beiden Jungs ergänzen sich: Bemmann ist der ruhige, zuverlässige Programmierer, Dariani der etwas exzentrische Ideengeber. Später holen sie noch Michael Brehm dazu, der für das Management zuständig ist. Die jungen Männer arbeiten Tag und Nacht, müssen viel improvisieren. Doch die Community wächst rasant. Zusammengerechnet sind im Sommer 2010 fast 17 Millionen Mitglieder in den Netzwerken studiVZ, meinVZ und schuelerVZ registriert. Kein anderes deutschsprachiges Internetangebot wird derzeit häufiger besucht. Die Gründer haben allerdings nichts mehr damit zu tun.

2007 verkaufen sie ihr Produkt an den Stuttgarter Medien-Verlag Holtzbrinck. Dariani und Bemmann sind noch keine 30 – und reich. Dariani, der sich schon mal von einem Fotografen auf dem Dach seiner Berliner Wohnung ablichten lässt, sucht noch eine neue Aufgabe. Bemmann investiert in Internetfirmen und hält Vorträge über seine Erfahrungen als Gründer eines Internetunternehmens. Titel: «Was man alles falsch machen kann.»

Die Geschäftsfrau: Melitta Bentz

Melitta. Dieser Name steht in Deutschland für Kaffee – und für Filtertüten. Tatsächlich hat eine Frau aus Dresden sie erfunden. Auf der Suche nach einem Trick, mit dem man heißes Wasser über das Kaffeepulver laufen lässt, ohne dass der Kaffeesatz am Ende in der Kanne mitschwimmt und den Geschmack trübt, experimentiert die Hausfrau Melitta Bentz (geborene Liebscher) mit dem Löschpapier ihres Sohnes Willy. Und zwar so: Sie schlägt Löcher in einen alten Topf, legt das passend zugeschnittene Löschpapier hinein und füllt Kaffeepulver auf. Dann übergießt sie den selbstgebastelten Filter mit siedendem Wasser. Die Konstruktion sorgt dafür, dass das Wasser nur langsam in die unter dem Filter stehende Kanne tropft und das Kaffeearoma aufnimmt – aber ohne dabei die knirschenden, bitteren Körnchen mitzuspülen. Auf diesem Prinzip basieren Kaffeefilter und -pads bis heute.

1908, im Alter von 35 Jahren, erhält die Dresdnerin vom Kaiserlichen Patentamt den sogenannten Gebrauchsmusterschutz für ihren «Urfilter». Am 15. Dezember 1908 melden Melitta und ihr Ehemann Hugo beim Dresdner Gewerbeamt ein «kaufmännisches Agentur- und Kommissionsgeschäft» an. Startkapital: 73 Pfennige. Das Familienunternehmen produziert zunächst Filterpapier und dann Filtertüten und handelt mit Filtern aus Aluminium und Porzellan. Zwischendurch muss die Familie allerdings den Ersten Weltkrieg überstehen – Melitta Bentz schafft es, indem sie Kartons verkauft. In den 1920er Jahren boomt das Unternehmen, 1929 zieht es ins westfälische Minden um. 1932 übertragen Melitta und ihr Mann das Geschäft ihren Söhnen Horst und Willy. Auch nach dem Zweiten Weltkrieg gelingt es der Firma, wieder auf die Beine zu kommen und scheinbar unaufhaltsam zu wachsen. Am 29. Juni 1950 stirbt Melitta Bentz in Minden. Das von ihr gegründete Unternehmen wird heute von ihren Enkeln Thomas und Stephan Bentz geführt. Es setzt mit Artikeln rund um die Zubereitung von Kaffee und Tee sowie für den Hausputz (u. a. Swirl-Staubfilter) rund 1,2 Milliarden Euro im Jahr um und hat weltweit 3200 Mitarbeiter.

Der General: Friedrich Wilhelm von Steuben

Es gibt wohl kaum einen Deutschen, der in den USA einen so guten Ruf genießt wie General Friedrich Wilhelm von Steuben. Denn ohne diesen Militärführer wäre der amerikanische Unabhängigkeitskrieg gegen die Briten ab 1775 vermutlich anders ausgegangen. Nach steiler Karriere im preußischen Militär trat er 1769 in den Dienst des badischen Markgrafen Carl Friedrich und lernte auf einer Dienstreise den damaligen amerikanischen Botschafter in Paris, Benjamin Franklin, kennen. Dieser große Forscher, Schriftsteller, Verleger und Politiker muss den deutschen General stark beeindruckt haben – jedenfalls zog der inzwischen zum Baron ernannte von Steuben in die Neue Welt.

Dort übernahm er die Inspektion des Heeres im Lager Valley Forge (Pennsylvania) und schaffte es, aus einem zusammengewürfelten, schlecht trainierten Haufen Freiwilliger eine disziplinierte und erfolgreiche Armee zu formen. Am entscheidenden Sieg im Oktober 1781 in Yorktown hatte von Steuben großen Anteil. Nach dem Krieg ging von Steuben in den Ruhestand. Er starb am 28. November 1794 auf seiner Farm im Bundesstaat New York. Wie sehr der gebürtige Preuße in seiner neuen Heimat geschätzt wurde, kommt unter anderem dadurch zum Ausdruck, dass die US-Marine seit seinem Tod zwei Schiffe nach ihm benannt hat. Auf der Fifth Avenue wird zudem zu Ehren des deutschen Generals seit 1957 alljährlich am dritten Samstag im September die Steubenparade veranstaltet.

Der Name Steuben ist seit 1945 aber auch mit der drittgrößten Katastrophe in der Geschichte der Schifffahrt verbunden. Ein seit 1931 nach dem General benanntes Kreuzfahrtschiff war im Februar 1945 voller verwundeter deutscher Soldaten und Flüchtlinge auf dem Weg von Königsberg nach Kiel, als es von zwei Torpedos eines sowjetischen U-Boots getroffen wurde. Die «Steuben» sank innerhalb von 15 Minuten, bis zu 4000 Menschen kamen ums Leben. Im Mai 2004 wurde das Wrack von der polnischen Marine am Grund der Ostsee entdeckt.

Das Model: Heidi Klum

Regelmäßig veröffentlicht das amerikanische Wirtschaftsmagazin «Forbes» die Liste der einflussreichsten Prominenten der Welt. 2009 stand darauf nur eine einzige Deutsche: Heidi Klum. Das Topmodel aus Bergisch Gladbach liegt auf Rang 78 dieser Liste, in der zum Beispiel das Einkommen, die Zahl der Treffer in der Internetsuchmaschine Google sowie der Presseberichte und das Erscheinen auf Magazin-Titelseiten berücksichtigt werden. Heidi Klum, die inzwischen die amerikanische Staatsbürgerschaft und seit Ende 2009 den Nachnamen ihres Mannes angenommen hat und deshalb Heidi Samuel heißt, ist längst mehr als eine erfolgreiche Frau. Sie ist eine Marke. Sie hat eine eigene Firma. Unter ihrem Namen werden Produkte vertrieben. Mit ihren Engagements ist die inzwischen 37-Jährige nicht überall beliebt – aber dass sie eine Bilderbuchkarriere hingelegt hat und zu den bekanntesten Deutschen weltweit zählt, kann niemand bestreiten.

Alles begann damit, dass sie 1992 an einem Model-Wettbewerb in Thomas Gottschalks Spätabendsendung «Gottschalk Late Night» teilnahm. Heidi Klum war damals 19 und arbeitete nebenbei hinter der Theke in einer Diskothek in Düsseldorf. Dort entdeckte sie ein Scout für den Wettbewerb. Sie gewann die Konkurrenz – und damit einen Vertrag als Fotomodell. Für den Beruf zog Klum mit 20 in die USA um, wo sie bis heute lebt. Der weltweite Durchbruch als Modell kam 1998, als die Deutsche auf dem Bademode-Titelblatt des amerikanischen Magazins «Sports Illustrated» erschien.

Als Supermodel trat Klum danach in die Fußstapfen einer anderen Deutschen, die lange eine der gefragtesten Frauen der Branche war und darin nach wie vor eine wichtige Rolle spielt: Claudia Schiffer. Auch die drei Jahre ältere Schiffer wurde übrigens in einer

Düsseldorfer Diskothek entdeckt. Doch während Schiffers Prominenz weitgehend auf jene Generation beschränkt ist, die sie schon als junges Model kannten, erhält sich Heidi Klum ihren Status als Vorbild Tausender junger Mädchen dank ihrer Fernsehsendung «Germany's next Topmodel». Die von Klum moderierte Casting-Show für Nachwuchsmodels lief 2010 in der fünften Staffel.

Die Künstlerin: Nena

Ein roter Minirock und 99 Luftballons. Das waren die ersten Zutaten eines deutschen Popmusik-Wunders 1982/83. Vollbracht hat es Nena, die Sängerin, die in der ARD-Sendung «Musikladen» am 21. August 1982 mit dem Lied «Nur geträumt», hellblauem T-Shirt und rotem Röckchen den ersten großen Erfolg ihrer Karriere feierte. Ihr zweiter Erfolg, «99 Luftballons», beschrieb nicht nur das friedensbewegte Lebensgefühl der damaligen Zeit in Deutschland, sondern wurde auch in den USA und England ein Hit. Nena, die eigentlich Gabriele Susanne Kerner heißt und am 24. März 1960 im westfälischen Hagen geboren wurde, war einer der ganz großen Stars der sogenannten Neuen Deutschen Welle, der deutschen Popmusik der achtziger Jahre.

Doch Nena war mehr als nur ein Popsternchen, das schnell wieder verschwindet. Nach ihrer Blitzkarriere spielte sie in Filmen mit, moderierte, sang Alben mit Kinderliedern ein, arbeitete als Synchronsprecherin – kurz: wurde ein kreatives Multi-Unternehmen. Als 1989 ihr elf Monate alter, behinderter Sohn starb, verarbeitete sie den Schicksalsschlag in Liedern, und die Zahl der Menschen, die daran Anteil nahm, reichte weit über die Zahl der eingefleischten Fans hinaus. Außerdem mischte sie sich ein: Alternative Pädagogik, Pazifismus, spezielle Ernährung sind Themen, die Nena stets offensiv vertrat, auch wenn sie manch einem damit auf die Nerven geht.

Alles andere als alltäglich im schnelllebigen Musikgeschäft war das Comeback, das sie zwanzig Jahre nach ihrem ersten Hit feierte. Das Album «Willst Du mit mir gehn» und die gleichnamige Autobiographie brachten die 45-Jährige an die Spitze der Charts zurück. Im Dezember 2009 buchte der Otto-Versand (Siehe *Die reichsten Deutschen*) Nena als Mittelpunkt der aktuellen Werbekampagne. Ihren 50. Geburtstag feierte die Künstlerin, inzwischen zweifache Oma, mit einer TV-Gala. Zum roten Minirock und den 99 Luftballons ist also einiges dazugekommen seit 1982 – und all das machte Nena zur erfolgreichsten deutschen Popsängerin der vergangenen dreißig Jahre.

7. «Made in Germany»: Wirtschaft

Das Land der Unternehmer und Tüftler

«Exportweltmeister»: Wann immer die Welthandelsorganisation ihre Statistik über die größten Exportnationen veröffentlichte, sorgte das in Deutschland für gute Stimmung. Wieder einmal war das Volumen deutscher Exporte gestiegen. Und was führt Deutschland aus?

Autos und Maschinen, Produktionsstraßen, Produkte der chemischen Industrie. Das sind «Klassiker der deutschen Industrie»: Stahl, Maschinen, Chemieprodukte haben die deutsche Wirtschaftsmacht begründet, und nicht erst in den Zeiten des Wirtschaftswunders nach dem Zweiten Weltkrieg, sondern schon seit fast 150 Jahren.

Nach dem Krisenjahr 2009 hat der Maschinenbau jetzt wieder mehr Aufträge im Inland, vor allem aber aus dem Ausland. Laut Branchenverband gibt es einen positiven Trend, wenn auch noch keinen Grund zur Entwarnung. Im Dezember seien mehr als 170 000 Beschäftigte in Kurzarbeit gewesen, mehr als 30 000 Menschen seien im vergangenen Jahr entlassen worden. (Tagesschau-Meldung vom 19. April 2010)

Ein ausländischer Korrespondent aus dem späten 19. Jahrhundert mit dem Auftrag, eine Reportage über die boomende Industrie im Deutschen Reich zu schreiben, hätte keine Schwierigkeiten gehabt, die Zentren des Wirtschaftswunders zu finden und sie in plastischen Farben zu schildern. Er wäre in Bremen oder Hamburg gelandet, hätte sich in die Eisenbahn gesetzt und wäre ins Herz der Schwerindustrie, nach Essen, gefahren. In den Hochöfen des Stahlgiganten Krupp wurden die Wände der Schiffe gegossen, die in Bremen oder Hamburg ausliefen, die Schienen eines Eisenbahnnetzes, das in kürzester Zeit Deutschlands größten Konkur-

Schaufenster in München, 2008

renten Großbritannien überrundet hatte, und die Maschinen gefertigt, auch die Kanonen, die Deutschland in alle Welt exportierte. In Ludwigshafen hätte er sich in den Laboren der chemischen Industrie umgesehen und wäre dann in Richtung Osten weitergereist: zu Zeiss nach Jena oder in die Firmenzentralen von AEG und Siemens in Berlin.

Mit einer Reise durch Deutschland hätte unser Korrespondent die Werkbank der damaligen Welt besucht, eine Wirtschaftsmacht im Werden. Noch auf der Weltausstellung von 1876 in Philadelphia hatten Kritiker die präsentierten Waren aus Deutschland als wertlosen Tand bezeichnet – ähnlich wie es heute für viele in der Volksrepublik China hergestellte Güter gilt. Die Briten, den Deutschen in der Industrialisierung um mindestens ein halbes Jahrhundert voraus, hatten darauf bestanden, eine Kennzeichnung der Herkunft einzuführen, um qualitätsbewusste Kunden vor deutscher Mangelware zu warnen.

Nur zwei Jahrzehnte später war dieses Label bereits zum Markenzeichen für Qualität geworden. Deutschland hatte den ehemaligen Stahl- und Eisengiganten Großbritannien überrundet und eine beträchtliche Handelsmarine aufgebaut; auf dem Gebiet des Maschinenbaus, der optischen Präzisionsgeräte, der Elektronik und der chemischen Industrie war das Deutsche Reich fast unbestrittener Marktführer. Turbinen «made in Germany» trieben das Wasserkraftwerk der Niagarafälle an; Bauprojekte wie der Schweizer Gotthardpass oder die Bagdadbahn von Paris nach Konstantinopel (dem heutigen Istanbul) wurden von deutschen Ingenieuren entwickelt. Das Wachstum dieses «europäischen Chinas» wurde noch zu Anfang des 20. Jahrhunderts nur von einem ebenfalls neuen – und sehr viel stärkeren – «globalen Spieler» übertroffen: den USA. Mit Fug und Recht hätten nicht allzu scharfsinnige Beobachter zu dem Schluss gelangen können, dass diese zwei Wirtschaftsmächte in den nächsten Jahrzehnten den entscheidenden Einfluss auf der Weltbühne ausüben würden.

Taten sie auch – allerdings hielt Deutschland die Welt fortan eher politisch und weniger wirtschaftlich in Atem, und das gewiss keineswegs nur zum Guten. Hätte unser Reporter über eine Zeitmaschine verfügt, hätte er nach 1914 eine reichlich abenteuerliche Achterbahnfahrt erleben müssen. Aus der manchmal allzu selbstbewussten boomenden Wirtschaftsmacht der Kaiserzeit war nach dem Ersten Weltkrieg ein in seinen Grundfesten erschüttertes und verunsichertes Land geworden, dessen Wirtschaft zunächst durch eine hohe Reparationslast behindert und schließlich durch eine globale Finanz- und Wirtschaftskrise vollends aus dem Tritt gebracht wurde. Er wäre Zeuge einer totalitären Diktatur geworden, die ihr Versprechen, die horrende Arbeitslosigkeit zu beenden, nur mit fieberhafter Rüstungstätigkeit einlösen konnte – für einen Krieg, der ganz Europa und große Teil der Welt an den Abgrund führte und Deutschland in Trümmern zurückließ.

Er hätte ein Wirtschaftswunder in der Bundesrepublik beobachten können, das zu einem wesentlichen Teil von den Aufbaugeldern der westlichen Siegermacht USA initiiert wurde, während die Siegermacht Sowjetunion einen Großteil der noch verbliebenen Industrieanlagen als Reparationen demontierte, bevor die DDR den Versuch startete, den alten Traum vom Sozialismus zu verwirklichen: Eine zur Gänze vom Staat (in diesem Fall der Partei) geplante Wirtschaft sollte die Ungerechtigkeiten des Kapitalismus beseitigen, die Kluft zwischen Arm und Reich überwinden und jedem Einzelnen das Recht auf Arbeit garantieren. Allerdings war es genau diese Planwirtschaft mit ihren Unvollkommenheiten, die am Ende den totalen Staatsruin der DDR herbeiführte.

Keine dieser Phasen blieb ohne spürbare Hinterlassenschaften. Und dennoch war das späte 19. Jahrhundert für das heutige Deutschland wirtschaftlich und sozial weitaus prägender als jede andere Epoche. Noch Mitte des Jahrhunderts lebten vier Fünftel der Deutschen auf dem Land – in keineswegs idyllischen Verhältnissen. Die Mehrheit befand sich in Abhängigkeit von Großgrundbesitzern, die Gesundheitsvorsorge war katastrophal, und wer jemals auch nur einen Sommer auf dem Bauernhof verbracht hat, weiß, dass von festen Arbeitszeiten, frühen Feierabenden oder gar ungestörten Wochenenden keine Rede sein kann. Kinderarbeit war weit verbreitet, dementsprechend hoch war der Anteil von Analphabeten. Zehn Jahre vor der Jahrhundertwende aber überflügelte die Zahl der Industriearbeiter zum ersten Mal die der Bauern, waren Hunderttausende dorthin gezogen, wo sich die Räderwerke der Fabriken unablässig drehten: Zwischen 1850 und 1910 war die Einwohnerzahl Berlins von 412 000 auf über zwei Millionen gewachsen (rechnete man die damals noch nicht eingemeindeten Orte Charlottenburg und Neukölln dazu, dann wären es 2,5 Millionen), die Hamburgs von 175 000 auf knapp eine Million. Essen war 1850 ein größeres Dorf von 9000 und im Jahr 1910 eine ansehnliche Stadt von 295 000 Einwohnern; selbst eine Stadt wie Chemnitz wuchs in nur sechzig Jahren von 34 000 auf knapp 300 000 Einwohner. Deutschland verstädterte, und mit der Urbanisierung wurde auch das Ende der Großfamilie eingeläutet, in der mehrere Generationen noch zusammenlebten. Gewiss: Die Lebensbedingungen der Wanderarbeiter aus den ländlichen Gegenden, des Industrieproletariats der Ballungszentren waren erbärmlich. Die Arbeiterviertel und Mietskasernen waren oft nichts anderes als Slums, in deren feuchten, engen Wohnungen sich die Familien dicht an dicht drängten; hatten Kinder vorher in der Landwirtschaft geschuftet, so rackerten sie nun in Fabriken und den engsten Stollen der Bergwerke. Von Rechten der Arbeiter konnte nicht die Rede sein, wer an den schweren Maschinen verunglückte, hatte auf keine Rücksicht, Rente oder Entschädigung zu hoffen; Seuchen wie die Tuberkulose rafften Tausende dahin.

In der Lausitz, ganz im Süden Brandenburgs, ist bislang v. a. Braunkohle abgebaut worden, doch im Boden, da steckt noch mehr, nämlich Kupfer und andere Edelmetalle. Das weiß man zwar schon seit den fünfziger Jahren, doch bislang hätte sich der Abbau nicht gelohnt. (Tagesschau-Meldung vom 7. April 2010)

Aber Deutschland wurde mit der Industrialisierung auch wohlhabender, gebildeter – und sozialer. Mit einer wachsenden städtischen Bevölkerung wurde es auch leichter, eine Infrastruktur in Form von Schulen und Krankenhäusern zu errichten. Allein in den Jahren zwischen 1882 und 1911 verdoppelte sich die Anzahl der Grundschullehrer. 1909 kamen dreieinhalbmal mehr Krankenschwestern auf 10 000 Einwohner als noch zwanzig Jahre zuvor. Reichskanzler Otto von Bismarck mochte nicht so sehr das Elend, sondern schon eher den Zorn der Arbeiter im Sinn gehabt haben, als er seine Sozialgesetzgebung einführte. Aber fast alle werdenden Industrieländer jener Zeit erachteten die Kranken-, Unfall-, Arbeitsunfähigkeits-, und Altersversicherung, die Bismarck zwischen 1883 und 1889 eingeführt hatte, als vorbildlich. Man könnte fast behaupten, dass Deutschland sich vom China zum Skandinavien seiner Zeit entwickelt hatte – mit regulierten Arbeitszeiten (vor allem für Frauen) und Arbeitsgerichten. Hatte die Industrialisierung zunächst das Elend der Kinderarbeiter in Bergwerken und Fabriken vor aller Augen geführt (Kinderarbeit auf den Höfen dünnbesiedelter Gegenden fiel schlicht nicht so auf und war ohnehin selbstverständlich), stellte das Bürgerliche Gesetzbuch 1896 endlich die Misshandlung und Vernachlässigung von Kindern unter Strafe; 1903 wurde nach Jahrhunderten, in denen Kinder schamlos ausgebeutet worden waren, ein umfassendes Kinderschutzgesetz erlassen. Die Arbeit von Kindern unter zwölf Jahren (bis zu diesem Alter galten sie als schulpflichtig) im Handel und der unter 14-jährigen in Industrie und Gewerbe wurde nun unter Strafe gestellt. (Kinderarbeit in der Land- und Forstwirtschaft wurde im Übrigen in der Bundesrepublik erst 1960 verboten.)

Das scheinbare Paradox ist, dass erst Industrialisierung und Kapitalismus den Sozialstaat ermöglichten. Sozial und marktwirtschaftlich sind also keine sich gegenseitig ausschließenden Eigenschaften, und so ist dies auch im Grundgesetz verankert: Es schreibt das Recht jedes Bürgers auf privates Eigentum fest. Damit ist klargestellt, dass die Wirtschaftsordnung dieses Landes eine marktwirtschaftliche ist. Unternehmen sollen Unternehmern gehören, nicht dem Staat. Zugleich heißt es im Grundgesetz aber auch: «Eigentum verpflichtet» und «Die Bundesrepublik ist ein sozialer Bundesstaat». Daraus spricht der Wunsch der Verfassungsväter, dem Kapitalismus Regeln aufzuerlegen und dessen Gewinne so gut es eben geht der Allgemeinheit zugutekommen zu lassen.

Wo würde ein Reporter heute die Zentren der deutschen Industrie finden? Nach rauchenden Schloten würde er wohl vergeblich Aus-

Arbeitslosenquote

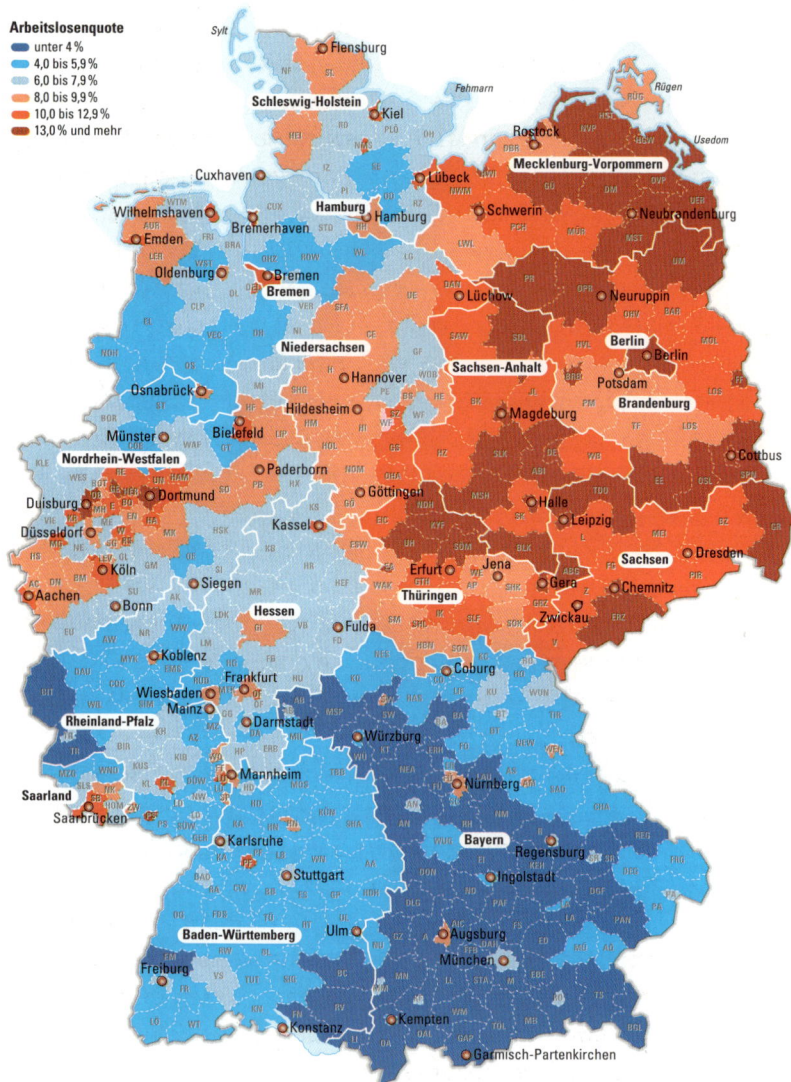

Arbeitslosenquote
- unter 4 %
- 4,0 bis 5,9 %
- 6,0 bis 7,9 %
- 8,0 bis 9,9 %
- 10,0 bis 12,9 %
- 13,0 % und mehr

Quelle: Bundesagentur für Arbeit, Daten für Juli 2009

schau halten, denn in den letzten Jahren hat sich in Deutschland ein wesentlicher Strukturwandel vollzogen. «Industrieland» – das ist heute für die Bundesrepublik ebenso wenig die richtige Bezeichnung wie für die meisten anderen Mitgliedsländer der OECD. Eher müssten sie schon «Dienstleistungsstaaten» genannt werden, denn das ist mittlerweile der am schnellsten wachsende Sektor. Wie sich dieser Strukturwandel auswirkt und welche Schwierigkeiten er mit sich bringt, ist auf der Karte zu erkennen, welche die Gebiete Deutschlands mit der höchsten Arbeitslosenquote zeigt. Der Osten wäre mit Ausnahme des südlich von Berlin liegenden Gebiets Brandenburgs und Südthüringens tiefrot für hohe Arbeitslosenzahlen gekennzeichnet; von dort zieht sich ein hellroter Gürtel über Hannover, Hildesheim und Paderborn, wird dunkelrot in der Metropolregion Rhein/Ruhr bis zur Grenze nach Belgien bei Aachen (mit ein paar roten Sprenklern in Schleswig-Holstein und Hessen).

Dieser Verlauf kennzeichnet ziemlich genau die ehemaligen Zentren der Hochindustrie des deutschen Kaiserreichs. Die Werften Hamburgs, Rostocks und Bremens sind nicht mehr wettbewerbsfähig, Stahl wird schon längst andernorts billiger hergestellt. Die Zechen Essens sind heute stillgelegt oder dienen als Kulturzentren. Strukturwandel heißt: Deutschland ist nicht mehr die Werkbank Europas, sondern eine Wissens- und Dienstleistungsgesellschaft geworden. Es produziert weniger Stahl und mehr Forschung, Wissen und Know-how. Noch in den sechziger Jahren schufteten viele, vor allem auch die Arbeitsmigranten aus der Türkei, in den Hochöfen und Bergwerken des Ruhrgebiets. Doch inzwischen verdienen die meisten Menschen in Deutschland ihr Geld mit Büroarbeit. Allerdings erfordern neue Sektoren neue Anforderungsprofile – und in Gegenden, in denen oft mehrere Generationen einer Familie als Bergleute oder Stahlgießer arbeiteten, ist es nicht einfach, sich einem solchen Wandel anzupassen.

Das ist aber nicht der einzige Grund, warum sich für einen Reporter deutlich weniger Ziele anböten: War das 19. Jahrhundert noch von einer recht ungezügelten «Fusionssucht» gekennzeichnet, wurden Unternehmen also immer größer und «fraßen» immer mehr Konkurrenten, verhindern heute recht engmaschige Kartellgesetze und der Wille, diese auch durchzusetzen, solche Monopolbildungen.

Es sind kleine und mittlere Unternehmen – wobei zu den ersteren Betriebe mit weniger als zehn Mitarbeitern und einem Umsatz unter einer Million Euro gehören und zu den letzteren solche mit 10 bis 500 Mitarbeitern und maximal 50 Millionen Euro Umsatz –, die laut Institut für Mittelstandsforschung in Bonn rund 99,7 Prozent aller umsatzsteuerpflichtigen Unternehmen umfassen. 70,5 Prozent der Beschäftigten (inklusive Inhabern und Azubis) arbeiten in kleinen und mittleren Unternehmen, die 37,5 Prozent aller Umsätze erwirtschafteten; 83,1 Prozent der Auszubildenden absolvieren ihre Lehre in einem solchen Betrieb. Die meisten dieser Betriebe sind übrigens Familienbetriebe, die sich auch in der Wirtschaftskrise des Jahres 2009 als recht standfest erwiesen haben und weniger Einbußen erleiden mussten als die Großkonzerne.

Eine Mischung aus wenigen Großkonzernen und zahlreichen mittelständischen Betrieben, aus klassischer Industrieproduktion und Dienstleistungen – das ist die Wirtschaft Deutschlands heute. Die Werkbank der Welt ist jetzt China. 2009 hat Deutschland den Titel «Exportweltmeister» an die Volksrepublik abgegeben.

Stichworte · Wirtschaft

Ostwärts weht der Wind

Man denke nur an das vornehme Grunewald-Viertel in Berlin oder das Frankfurter Westend: Die weitflächigen Villenvororte, die vor allem während der sogenannten Gründerzeit nach 1871 entstanden, befinden sich fast immer im Westen einer Großstadt. Das hat einen einfachen Grund. In Deutschland weht der Wind meist von West nach Ost, die Industrieabgase wurden also gen Osten geblasen, die Luft im Westen war sehr viel sauberer. Folgerichtig liegt

Ein berühmter Villenvorort: Berlin-Grunewald

die Mehrzahl der Arbeitersiedlungen nicht nur in der Nähe großer Fabriken und Unternehmen, sondern auch tendenziell in den eher östlichen Vierteln der Großstädte.

Exporte

Die deutsche Wirtschaft ist eine Exportwirtschaft, aber ist sie wirklich global? Eigentlich nicht, denn in Deutschland hergestellte (oder entwickelte) Produkte reisen oft nicht weit; die meisten Exporte gehen in die unmittelbare Nachbarschaft, nämlich nach Frankreich (10,4 Prozent) und in die Niederlande (7 Prozent). Ein transatlantischer Handelspartner, die Vereinigten Staaten, steht erst an dritter Stelle mit knapp 7 Prozent. Dann folgen mit Italien, Großbritannien, Österreich, Belgien oder der Schweiz schon wieder europäische Länder vor China auf dem neunten Platz. Autos und Fahrzeugteile machen 19,1 Prozent der deutschen Exporte aus, Maschinen 14,7 Prozent und chemische Erzeugnisse 13,4 Prozent.

China hat Deutschland nach eigenen Angaben als Exportweltmeister abgelöst. Diese Darstellung stützt ein Bericht des «Wall Street Journal». Demnach hat China in den ersten zehn Monaten des vergangenen Jahres Waren im Wert von 957 Milliarden US-Dollar ausgeführt. Deutschland habe lediglich Waren im Wert von 917 Milliarden US-Dollar exportiert. (Tagesschau-Meldung vom 6. Januar 2010)

Dabei ist der Industriearbeiter fast so etwas wie eine aussterbende Spezies. Das produzierende Gewerbe beschäftigt 25,2 Prozent der Erwerbstätigen. Die meisten arbeitenden Menschen (72,3 Prozent) sind in Deutschland im Dienstleistungssektor beschäftigt. Spitzenreiter sind unter anderem das Verkehrswesen, das Gastgewerbe, das Sozial- und Gesundheitswesen, das Wohnungswesen wie auch die Finanzwirtschaft. In Fischerei, Land- und Forstwirtschaft sind nur 2,2 Prozent beschäftigt.

Und was steht an erster Stelle der Importe? Etwas, das unsere Industrie überhaupt erst am Laufen hält, nämlich Energie. Erdöl und Erdgas sind immer noch Deutschlands wichtigste Importgüter, 2009 wurde Erdöl im Wert von knapp 31 Milliarden Euro und Erdgas im Wert von 24 Milliarden Euro importiert.

Alternative Energien

Achtzig Prozent der Deutschen, so eine Umfrage des Instituts für Energiewirtschaft, befürworten den Ausbau erneuerbarer Energien. Und tatsächlich hat sich auf diesem Sektor vor allem wegen großzügiger Subventionen und dem Erneuerbare-Energien-Gesetz aus dem Jahr 2000 eine Menge getan: Knapp 21 000 Windräder stehen aktuell in Deutschland, die jährlich etwa 40 Milliarden Kilowattstunden Strom produzieren und damit sieben Prozent des Verbrauchs decken. Bis 2030 soll Windenergie nach Vorstellung der Bundesregierung ein Viertel des Bedarfs decken. Brandenburg hat dieses Ziel übrigens schon erreicht – und mit der Windenergie

Solaranlage bei Freiberg

auch etwa 3000 neue Arbeitsplätze geschaffen. Bayern hingegen ist beim Thema Wind Schlusslicht; das südliche Bundesland, in den meisten Statistiken sonst ganz vorn, speist nur 0,03 Prozent seines Energiebedarfs aus Windenergie.

In Sachen Solarenergie sieht es hingegen anders aus: Im niederbayerischen Pocking und im mittelfränkischen Erlassee stehen die größten Photovoltaikanlagen; allerdings ist die Sonneneinstrahlung in Bayern und Sachsen auch am größten (die Maximalwerte liegen bei etwa 1200 Kilowattstunden pro Quadratkilometer. Im Vergleich dazu: Im Süden Spaniens werden bis zu 1700 Kilowattstunden erreicht, in der Sahara bis zu 2500).

Solarenergie macht zwar derzeit nur ein Prozent des Energiemix aus. Obgleich Deutschlands Wetter (unberechtigterweise, siehe *Wetter*) einen notorisch schlechten Ruf genießt, könnte sich das bald ändern. In den vergangenen zwei Jahren wuchs die Branche in zweistelligen Raten, und was die Zahl der Produktionsstätten und Forschungseinrichtungen betrifft, so liegt Deutschland im internationalen Vergleich an der Spitze.

Nach einer Studie der Bundesregierung könnte Deutschland bis zur Mitte dieses Jahrhunderts 65 Prozent des Stromverbrauchs und 50 Prozent des Wärmebedarfs aus erneuerbaren Energien decken. Damit ließen sich 75 Prozent der Treibhausgase einsparen, ein Drittel davon durch Sonnenenergie.

Was hat Freundschaft mit Öl zu tun?

Eine der wichtigsten Pipelines in oder besser nach Deutschland heißt wie das russische Wort für Freundschaft «Druschba». Sie führt von den russischen Ölfeldern in das uckermärkische Schwedt, dessen Raffinerie im Dezember 1963 von SED-Chef Walter Ulbricht eröffnet wurde. Eine gewisse Berühmtheit hat diese Pipeline jedoch ganz gegen ihren Namen erlangt. Im Januar 2007 drehte der Pipelinebetreiber den Hahn zu, um Weißrussland an der Erhebung einer Steuer auf das «Durchlaufgut» zu hindern. Auch ihre Schwester, die Druschba-Erdgaslinie, die über die Ukraine und Tschechien nach Sachsen und Bayern führt, diente schon mehrfach als Mittel der Disziplinierung. 2006 und noch einmal 2009 drosselte der russische Energieriese Gazprom wegen eines Konflikts um die Gaspreise (und angeblich unbezahlte Rechnungen) mit der Ukraine die Lieferung. Es liegt in der Natur der Sache, dass damit auch Engpässe für die am Ende der Leitung liegenden Staaten entstanden.

Für die Zukunft sind deshalb zwei weitere Pipelines geplant, die solche «Gas- und Ölstreits» ausschließen sollen. Doch die Empfänger werden das kostbare Gut weiterhin von politisch nicht immer zuverlässigen Förderern beziehen müssen. Die Ostseepipeline soll auf direktem Weg vom russischen St. Petersburg durch die Ostsee nach Deutschland führen. Für sie setzt sich der ehemalige Bundeskanzler Gerhard Schröder ein; ihr Baubeginn wurde am 9. April 2010 gefeiert.

Nabucco, eine Gasleitung, deren geplante Route vom Osten der Türkei über Bulgarien, Rumänien und Ungarn nach Österreich führt (Baubeginn ist für 2012 geplant), soll eines Tages Erdgas aus dem Irak und Iran liefern. Dieses Projekt wird vom Außenminister der früheren Schröder-Regierung, Joschka Fischer, unterstützt.

Die offizielle Eröffnungszeremonie findet am Freitag statt, aber die Bauarbeiten für die Ostseepipeline von Russland nach Deutschland haben bereits begonnen. Nach russischen Angaben wurden die ersten Rohre verlegt. Die Leitung führt vom russischen Wyborg über etwa 1200 km unter der Ostsee nach Lubmin in Mecklenburg-Vorpommern. (Tagesschau-Meldung vom 7. April 2010)

Humankapital

2004 ist «Humankapital» zum Unwort des Jahres gewählt worden. Doch wenn sich eine Wirtschaft von industrieller Produktion mehr und mehr in Richtung Dienstleistung umstellt, dann wird genau das benötigt: Wissen und Expertise, aus dem sich Kapital schlagen lässt, oder besser «Forschung und Entwicklung», mit deren Hilfe Unternehmen in einer sich technologisch rasant entwickelnden Welt konkurrenzfähig bleiben können. Drei Prozent des Bruttoinlandsproduktes (BIP) sollen deshalb, so legten es die Staats- und Regierungschefs Europas in der Lissabonner Erklärung aus dem Jahr 2000 fest, für R&D (*Research and Development*) ausgegeben werden. Nur in Südschweden, Baden-Württemberg und Finnland wurde dieses Ziel erreicht. Im Durchschnitt aber steht die Bundesrepublik gar nicht so schlecht da: Sie gibt 2,8 Prozent des BIP für Forschung und Entwicklung aus.

Lernen und tüfteln

Nur ein paar tiefrote Flecken zeigt die Karte der Hightech-Patentanmeldungen in Europa, und die sind auf wichtige Firmen zurückzuführen, die viel Geld in Forschung und Entwicklung stecken: darunter Nokia, der innovative ehemalige Gummistiefel- und Toilettenpapierhersteller aus Finnland. Ein kleiner Fleck südlich von Amsterdam markiert den Firmensitz des Elektro- und Technologiekonzerns Philips, der ein großes Forschungszentrum betreibt. In Oberbayern (vor allem rund um den relativ neuen Münchner Flughafen) sind zahlreiche Elektronik- und Luftfahrtindustrien angesiedelt; eine Tüftlerregion ist auch das südwestliche Baden-Württemberg. Bayern und Baden-Württemberg sind auch die

Hightech-Patentanmeldungen

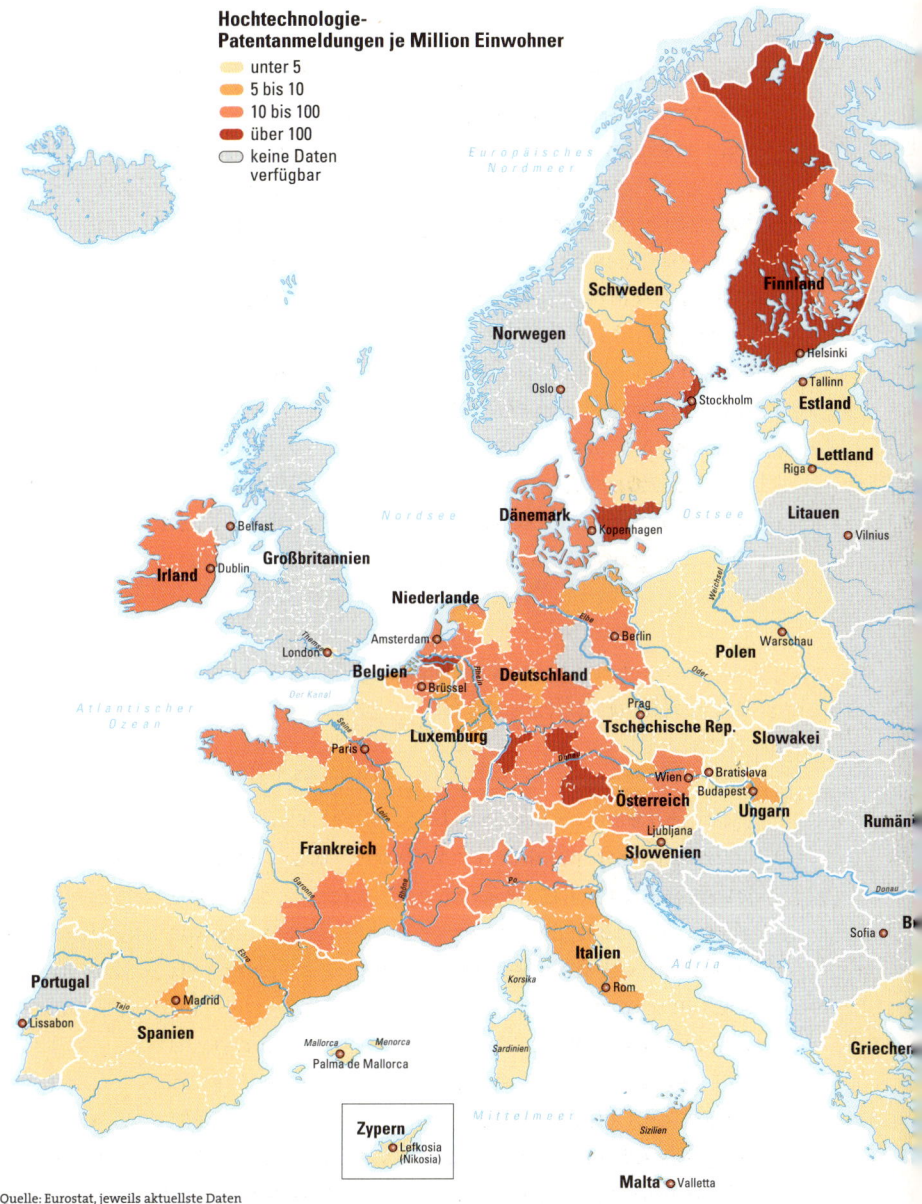

Hochtechnologie-Patentanmeldungen je Million Einwohner

- unter 5
- 5 bis 10
- 10 bis 100
- über 100
- keine Daten verfügbar

Quelle: Eurostat, jeweils aktuellste Daten

Bundesländer, in denen überhaupt die meisten Patente angemeldet werden. In Bayern und Sachsen schneiden die Schüler beim Pisa-Test am besten ab (siehe auch *Kultur*). Mit 525 (Sachsen) und 522 (Bayern) Punkten liegen die beiden Bundesländer sogar im internationalen Vergleich unter den ersten fünf. (Und wer schneidet hier am besten ab? Natürlich die Forschungsnation Finnland.)

Konzerndichte

Welches ist die Region mit der dichtesten Konzentration von Großkonzernen? Das Rhein/Ruhr-Gebiet zwischen Bonn und Dortmund, in dem man zwar leidenschaftlicher Anhänger des eigenen und Feind des benachbarten Fußballclubs sein kann, in dem aber schon längst eine Stadt nahtlos in die andere übergeht. 27 der 100 umsatzstärksten Konzerne haben dort ihren Sitz. In Hamburg, der zweitgrößten Stadt Deutschlands, sind elf angesiedelt, gefolgt von München (acht) sowie Stuttgart mit sechs Unternehmen. In Berlin sind es nur drei. Dass Firmensitze allein aber keine Arbeitsplätze schaffen, sieht man auf der Karte der Arbeitslosenzahlen: das Ruhrgebiet weist zwar eine hohe Konzerndichte auf, aber auch hohe Arbeitslosenzahlen. Denn im Firmensitz wird ja «nur» verwaltet, produziert wird meist woanders.

In Sachsen-Anhalt, Thüringen und Mecklenburg-Vorpommern, in Brandenburg, Schleswig-Holstein und Bremen hingegen hat kein einziges der «Top-Hundred-Unternehmen» seinen Hauptsitz.

Die schärfste Grenze zwischen Ost und West

In den Gebieten der ehemaligen DDR gibt es immer noch die größte Anzahl sogenannter strukturschwacher Regionen, in denen die Wirtschaft schlecht entwickelt und die Arbeitslosenquote recht hoch ist. Aber dennoch verschwimmt die Grenze zwischen West und Ost immer mehr. Einige Regionen in den fünf neuen Ländern wie Südthüringen holen zügig auf, während manche Gebiete in den alten Ländern, vor allem in Nordrhein-Westfalen, ebenfalls stark mit Arbeitslosigkeit und wegbrechenden Arbeitsplätzen zu kämpfen haben. Auch in der Kaufkraft (also dem Maßstab für das Geld, das nach Abzug von Festkosten wie Miete etc. übrig bleibt) sind die Unterschiede nicht mehr so eklatant wie noch vor zehn Jahren.

Am deutlichsten aber zeigt sich der ehemalige Eiserne Vorhang beim Anteil von Hilfeempfängern (Hartz IV oder Sozialhilfe). Unter den 61 Kreisen, die mit einer Quote von weniger als vier Prozent Hilfeempfängern aufwarten können, befindet sich kein einziger ostdeutscher, die ersten vierzig liegen alle in Bayern oder Baden-Württemberg. Der beste Kreis in den neuen Ländern ist Hildburghausen in Südthüringen mit einer Quote von 7,5 Prozent. Die am meisten betroffenen Regionen sind das ehemalige Schwerindustriegebiet zwischen Düsseldorf und Hamm im Westen – und fast alle Kreise in den neuen Ländern. Eine Quote von mehr als 20 Prozent Hilfeempfängern weisen 19 Kreise in der ehemaligen DDR, aber nur zwei in den alten Ländern auf, nämlich Gelsenkirchen und Bremerhaven. In der Liga «mehr als 16 Prozent» liegen nur 17 in den alten Ländern, sechs davon in NRW, danach gleich Schleswig-Holstein mit allen kreisfreien Städten des Nordens.

Wo leben die Superreichen?

In der Bankenstadt Frankfurt (dort leben acht Milliardäre); die Hafenstadt Hamburg mit ihren schönen Elbvororten Nienstedten und Blankenese sowie Wohldorf-Ohlstedt haben immerhin noch sieben Milliardäre zu ihrem Wohnsitz erkoren. Danach kommt gleich – die Schweiz. Dort leben, nicht zuletzt aus steuerlichen Gründen, fünf Milliardäre mit deutschem Pass.

Im 19. Jahrhundert spiegelten die Milliardärswohnsitze sehr viel genauer die wirtschaftliche Struktur des Landes wider. Im Westen, sprich im Ruhrpott, war mit den Krupps und Thyssens das neue Geld beheimatet. Im Osten, vor allem in der Gegend der heute polnischen Städte Breslau und Oppeln, mit dem Adel das alte Geld. Spitzenreiterin der Reichenliste von 1910 war Bertha Krupp von Bohlen-Halbach mit einem Vermögen von 187 Millionen Mark, dicht darauf folgte Fürst Henckel von Donnersmarck mit 177 Millionen Mark. Deutschlands reichste Männer sind laut «Forbes»-Liste heute noch die Brüder Karl und Theo Albrecht, die aus dem kleinen Lebensmittelladen ihrer Mutter in Essen einen der erfolgreichsten Discounter machten. Karl Albrecht, Chef von Aldi Süd, verfügt laut «Forbes» über ein Vermögen von über 15 Milliarden Euro, Theo, Chef von Aldi Nord, bringt es auf über 13 Milliarden. Damit gehören sie auch zu den zehn reichsten Männern der Welt (siehe *Leute*).

Wie berechnet man die Produktivität eines Dienstleisters?

Um das Bruttoinlandsprodukt zu messen, muss auch die Produktivität eines Erwerbstätigen ermittelt werden. Wie aber bewertet man die Produktivität eines Angestellten im Verkehrswesen oder der Finanzwirtschaft, eines Fernsehmoderators oder einer Krankenschwester? Am Gehalt, denn irgendein Maßstab muss ja her. Warum eine Krankenschwester aber weniger produktiv sein soll als beispielsweise ein Fernsehmoderator – darüber ließe sich nun trefflich streiten.

Die Bahn

«Senk ju vor träwelling» … with Deutsche Bahn war ein Bestseller. Sich über die Bahn und ihre Chefs, über Verspätungen und schlechten Service oder plumpe englische Ansagen zu mokieren ist in Deutschland recht beliebt. Dabei ist das Bahnnetz eines der Glanzstücke des Landes. Mit der Bahnstrecke von Nürnberg nach Fürth wurde 1834 der Grundstock für eines der ersten Eisenbahnnetze in Europa gelegt. Wie wichtig der Eisenbahnbau genommen wurde, davon zeugen bis heute so prachtvolle Bahnhöfe der Gründerzeit wie in Leipzig.

Erstaunlicherweise hatte Deutschland auch auf dem Sektor des Autobaus recht bald die Nase vorn – Güter- und Personenverkehr wurden auf die Straße verlagert, der weitere Ausbau des Schienennetzes musste recht lange warten. Nach dem Ölschock der siebziger Jahre jedoch erfolgte eine Rückbesinnung auf die umwelt- und energiefreundlichere Bahn. Zwar ist Deutschland immer noch das Land mit dem dichtesten Straßennetz (und ein Land ohne generelle Geschwindigkeitsbegrenzung auf Autobahnen!), aber gemessen an der Eisenbahndichte nimmt es in Europa nach Tschechien, Belgien und der Schweiz einen stattlichen dritten Platz ein. Im Städtevergleich liegt sogar eine deutsche Stadt vorn: Berlin ist mit 681 Kilometer Eisenbahnschienen je 1000 Quadratkilometer die Stadt mit dem dichtesten Schienennetz des Kontinents. Erst mit weitem Abstand (490 Kilometer) folgt die Region Prag.

Das älteste Kaufhaus Deutschlands ...

war das 1894 eröffnete Warenhaus Wertheim in der Oranienburger Straße im Berliner Stadtteil Kreuzberg, das Georg Wertheim mit seinen Brüdern Franz, Wilhelm und Wolf eröffnet hatte. Schon die

Lichthof im Kaufhaus Wertheim, 1906

Vorfahren der Brüder hatten 1852 mit dem Manufactur-Modewarengeschäft in Stralsund das neue amerikanische Geschäftsmodell eines Kaufhauses mit festen Preisen, frei ausgelegter Ware und Umtauschrecht nach Deutschland gebracht. 1897 ließ Georg Wertheim vom Architekten Adolf Messel eine neue Filiale in der Leipziger Straße errichten. Sie war mit 102 000 Quadratmetern Nutzfläche das größte und vermutlich auch schönste Kaufhaus Europas. Lange ließ die Konkurrenz nicht auf sich warten. Das Kaufhaus Tietz eröffnete 1900 ebenfalls in der Leipziger Straße einen prächtigen Konsumtempel (auf den Gründer des Textil-Warenhauses und Stammsitzes in Gera, Hermann Tietz, geht auch der Name Hertie zurück); 1907 schließlich folgte Adolf Jandorfs «Kaufhaus des Westens», das heute mit 60 000 Quadratmetern das größte Kontinentaleuropas ist. Spitzenreiter in Europa ist «Harrod's» in London.

Der Jude Georg Wertheim wurde 1937 von den Nazis enteignet, alle jüdischen Geschäftsführer wurden entlassen, das Haus in der Leipziger Straße fiel 1944 den Bomben zum Opfer.

Zwanzig Innovationen aus Deutschland, die die Welt veränderten

Es ist weitgehend bekannt, dass große Technologien wie der Buchdruck, der Otto- und der Diesel-Motor, das Auto oder das Röntgengerät von deutschen Erfindern oder aus Deutschland stammen. Andere, wie der Stollenschuh, das MP3-Format oder der Airbag, sind im Kapitel *Leute* vermerkt. Hier eine Liste von einigen weiteren Erfindungen, die die Welt veränderten – und deren Urheber Männer und Frauen aus Deutschland, ausgewanderte Deutsche oder deutsche Firmen waren.

Jahr	Innovation	Urheber
1650	Vakuumtechnik	Otto von Guericke, Physiker und Politiker
1797	Homöopathie	Samuel Hahnemann, Arzt
1834	Papierherstellung durch Holzschliff (Grundlage der industriellen Papierproduktion und damit auch der Verbreitung von Tageszeitungen)	Friedrich Gottlob Keller, Erfinder
1859	Telefon	Philipp Reis, Physiker und Erfinder
1873	Jeans	Löb «Levi» Strauss, Industrieller
1881	Straßenbahn	Werner von Siemens, Erfinder und Unternehmer
1887	Schallplatte und Grammophon	Emil Berliner, Erfinder
1897	Acetylsalicylsäure (Aspirin)	Felix Hoffmann, Chemiker bei Bayer
1903	Thermosflasche	Reinhold Burger, Glastechniker
1925	Kleinbildkamera	Oskar Barnack, Entwicklungschef bei Leitz
1929	Moderner Teebeutel	Adolf Rambold, Mitarbeiter bei Teekanne
1930	Fernseher	Manfred von Ardenne, Physiker
1934	Magnetschwebebahn	Hermann Kemper, Ingenieur
1936	Düsentriebwerk	Hans von Ohein, Physiker (zeitgleich mit dem Engländer Frank Whittle)

Die Liste basiert auf der Publikation «Deutsche Stars. 50 Innovationen, die jeder kennen sollte», herausgegeben von der Initiative «Partner für Innovation», zu der sich bis Oktober 2006 die Bundesregierung, der Deutsche Gewerkschaftsbund, Forschungseinrichtungen und große deutsche Unternehmen zusammengeschlossen hatten.

1936	Hubschrauber	Heinrich Focke, Flugzeugkonstrukteur
1938	Kernspaltung	Otto Hahn, Physiker
1969	Chipkarte	Jürgen Dethloff und Helmut Gröttrup, Erfinder und Ingenieure
1991	Funkarmbanduhr	Junghans Uhren GmbH
1993	«Greenfreeze», FCKW-freier Kühlschrank	Foron Hausgeräte GmbH
1997	C-Leg, das erste mikroprozessorgesteuerte Kniegelenk	Otto Bock Healthcare GmbH

Die liebsten Freizeitbeschäftigungen

Die Deutschen gelten bekanntlich als fleißig und etwas distanziert, andererseits haben sie im Vergleich zu anderen Industrieländern viel Urlaub – mehr Freizeit pro Tag genießen nur die Belgier. Aber was fangen die Deutschen mit dieser Zeit an? Sie verschwenden sie. Das findet zumindest der chinesische Manager Haifeng Ling. Der damalige Deutschland-Chef der Handyfirma ZTE erklärte in einem Zeitungsinterview im Februar 2006: «Die Deutschen verplempern zu viel Zeit fürs Private. Wenn Deutsche Urlaub machen, dann sind sie abgeschnitten vom Rest der Welt.» Geradezu verständnislos ergänzte Ling: «Hinzu kommt, dass sie ständig Zeit vertrödeln für Dinge, die andere besser erledigen könnten. Die Deutschen jäten Unkraut im Garten oder kochen für die Familie, obwohl es Spezialisten dafür gibt, die das viel besser und schneller können.»

Was Herr Ling für unproduktives Zeitverplempern hält, hat für die Deutschen aber etwas mit Lebensqualität zu tun. Wenn man alle Altersgruppen zusammen nimmt und der regelmäßigen Erhebung des Allensbach-Instituts glauben kann, dann liegt die von Ling als «Unkraut jäten» definierte Gartenarbeit in der Tat an erster

Stelle jener Freizeitbeschäftigungen, denen die Menschen hierzulande besonders gerne nachgehen. Jeder Dritte tut dies häufig. Es folgen Einkaufsbummel (26 Prozent), Rätsel lösen (20 Prozent), Karten spielen (15 Prozent) sowie einfache Reparaturarbeiten (13 Prozent). Allerdings werden in dieser Statistik nur echte Aktivitäten berücksichtigt. Wenn man Entspannung und Nutzung von Medien ebenfalls nennen darf und eine andere regelmäßige Umfrage – die «Typologie der Wünsche» – zu Rate zieht, sieht das Bild anders aus: 75 Prozent der Deutschen sehen in ihrer Freizeit häufig fern, 58 Prozent entspannen gemütlich zu Hause, 53 Prozent lesen oft Zeitung. Die Gartenarbeit ist aber mit 22 Prozent immer noch oben dabei.

Bei Kindern und Jugendlichen ist das Ergebnis nicht ganz so langweilig – aber aus Sicht des chinesischen Managers vermutlich immer noch nicht produktiv genug. Hier die beliebtesten Freizeitaktivitäten der 6- bis 13-Jährigen, nach Geschlechtern getrennt.

	Jungs (Mädchen)			Mädchen (Jungs)	
Freunde treffen	49	(44)	Freunde treffen	44	(49)
Draußen spielen	49	(39)	Draußen spielen	39	(49)
Sport treiben	32	(14)	Fernsehen	32	(30)
Fernsehen	30	(32)	Mit einem Tier beschäftigen	27	(9)
Computer nutzen	23	(13)	Malen, Zeichnen, Basteln	17	(4)
Tragbare Spielekonsole (Nintendo etc.) nutzen	16	(11)	Familie/Eltern	15	(10)
Drinnen spielen	15	(14)	Drinnen spielen	14	(15)
Videospiele	12	(2)	Sport treiben	14	(32)
Familie/Eltern	10	(15)	Computer nutzen	13	(23)
Mit einem Tier beschäftigen	9	(27)	Buch lesen	11	(5)

Top Ten der beliebtesten Freizeitaktivitäten in Prozent, Mehrfachnennungen möglich. Quelle: KIM-Studie 2008 des Medienpädagogischen Forschungsverbunds Südwest

8. Schluss mit dem Sonderweg: Deutschland und die Welt

Der sanfte Riese erwacht

Die Regierungschefs verhandelten die ganze Nacht. Am Morgen des 9. Mai 2010 trat dann zunächst der französische Präsident Nicolas Sarkozy vor die Fernsehkameras und verkündete das Ergebnis: Die Europäische Union werde einen sogenannten Rettungsschirm von 750 Milliarden Euro aufspannen.

Eine Riesensumme von 750 Milliarden Euro – 750 000 000 000 Euro –, wohlgemerkt natürlich nicht in Krediten oder gar Bargeld, sondern hauptsächlich in Bürgschaften, schien notwendig, um die dramatischste Krise des Euro und damit der Europäischen Union seit ihrer Gründung zu bewältigen. Entstanden war sie durch enorm hohe Haushaltsdefizite und geschönte Bilanzen in Griechenland, aber auch in anderen Euro-Ländern wie Spanien, Portugal, Italien und Irland. Und verschärft wurde sie zusehends durch die Angst, die Finanzmärkte könnten verrückt spielen und der Euro in einen Sinkflug geraten.

Die Finanzminister der Europäischen Union beraten in Brüssel über einen Mechanismus zur Stabilisierung des Euro. Das Konzept soll rechtzeitig zur Öffnung der Börsen morgen früh stehen. Im Gespräch ist ein Rettungsfonds für hochverschuldete Euro-Länder. Dafür würde die EU-Kommission selbst zinsgünstige Kredite an den Kapitalmärkten aufnehmen und das Geld dann weiterverleihen. (Tagesschau-Meldung vom 9. Mai 2010)

Natürlich stritten sich sofort die Experten, Politiker und Kommentatoren, ob es die richtige Maßnahme zum richtigen Zeitpunkt sei, ob sie das Problem, wie Kanzlerin Merkel immer wieder betonte, «bei der Wurzel packen» könnte. Und angesichts einer solch enormen Summe fragten sich viele Deutsche, die ja als besonders eifrige Sparer bekannt sind, warum sie wieder einmal «Zahlmeister» für andere, weniger gut haushaltende Länder der Europäischen Union sein sollten.

Sicher könnte man mit gutem Grund auf letztere Frage eine ökonomische und eine politische Antwort geben: weil vor allem Deutschland von einem starken Euro profitiert – denn die deutsche Wirtschaft exportiert ihre Produkte hauptsächlich in den europäischen Binnenmarkt. Und weil eine Euro-Krise und mehr noch ein hilfloser Versuch der Krisenbewältigung die gesamte EU als Papiertiger dastehen ließe, der nicht in der Lage ist, die Probleme im eigenen Hof zu lösen – und sich deshalb als Spieler auf der Weltbühne vielleicht gar nicht erst versuchen sollte.

Es gibt aber noch eine Antwort, die viel weitreichender und wichtiger ist: Schwankt die Währung und zögern die nationalen Regierungen bei ihrer Stabilisierung, dann wankt auch das Kernstück einer Nachkriegsordnung, die nach dem Zweiten Weltkrieg zunächst nur auf Westeuropa (und die USA) beschränkt war und seit dem Mauerfall und dem Ende des Kalten Krieges auch die zentral- und osteuropäischen Länder umfasst.

Nach dem Ersten Weltkrieg und mit den Friedensverträgen von Versailles wurde die Chance verpasst, die Konflikte zwischen den europäischen Ländern endlich beizulegen und eine gemeinsame Struktur zu finden, die einen friedlichen Interessenausgleich ermöglicht hätte. Auch dieser Umstand hatte nur zwanzig Jahre später zur nächsten Kriegskatastrophe geführt. Wenn es irgendein Motto für die Neuordnung Europas nach 1945 gab, so hieß es: das stärkste und unruhigste und bis dato eindeutig aggressivste Land Europas, also Deutschland, muss fortan so eingebunden werden, dass es keinen Schaden anrichten kann. Die Konflikte Europas durften sich nie wieder zu einem Weltkrieg entzünden. Verständigeren Zeitgenossen musste dieser Gedanke nicht mühsam beigebracht werden, der Schaden, der in der ersten Hälfte des 20. Jahrhunderts angerichtet wurde, war ja mehr als offensichtlich: Deutschland lag in Trümmern, Frankreich war verarmt und zutiefst erschöpft, und

Großbritannien hatte sich vollständig verausgabt und war im Begriff, sein Empire zu verlieren. Vermutlich verstand niemand besser als die französischen Politiker Robert Schuman und Jean Monnet sowie der erste Kanzler der Bundesrepublik, Konrad Adenauer (der lange schon ein Anhänger des Gedankens eines «Gesamteuropa» war), dass nur in einer französisch-deutschen Versöhnung der Schlüssel zu einer europäischen Friedensordnung lag. Adenauer war zudem zutiefst davon überzeugt, dass Deutschland endlich seinen «Sonderweg» als unsichere und unzuverlässige Mittelmacht aufgeben und sich eindeutig zum Westen bekennen müsste, selbst wenn dies die Teilung Deutschlands bedeuten würde (siehe *Eiserner Vorhang*). Der Einigungsprozess Europas, der 1951 mit einer Wirtschaftsunion begann und seither stetig ausgebaut und erweitert wurde (siehe *Europäische Union*), ist ein Meisterwerk diplomatischer Architektur.

Um den Euro zu schützen, hat die Europäische Union ein bislang beispielloses Milliardenprogramm aufgelegt. Ob es trägt, muss sich erst zeigen. Heute fiel die Gemeinschaftswährung auf ein neues Vier-Jahres-Tief. (Tagesschau-Meldung vom 17. Mai 2010)

In seiner langen Geschichte hatte Europa Imperien, große Reiche und über nationale Grenzen hinausreichende Wirtschaftsverbände erlebt; große Visionen und tiefsten Provinzialismus, kreativen Wettbewerb und zerstörerische Konkurrenz – nun machte es sich zum ersten Mal in seiner Geschichte daran, einen freiwilligen Prozess der Integration zu beginnen, der genau den friedlichen Interessenausgleich ermöglichen würde, der bislang nie möglich schien – und zwar, indem man gemeinsame Interessen formulierte.

Und Deutschland? Für diesen bislang so schwierigen Kandidaten wurde tatsächlich die Quadratur des Kreises gefunden: Es sollte sich wirtschaftlich erholen (nicht zuletzt mit reichlich Aufbauhilfe durch Gelder aus den USA) und blühen – aber eben auch im Dienste Europas. Es sollte die einem so großen, bevölkerungsreichen und zentral gelegenen Land angemessene Rolle spielen – aber im Verbund und tatsächlich fest eingebunden mit anderen Staaten.

Europa bot vor allem den Deutschen nicht nur ein neues Identi-

Unter Partnern: Kanzlerin Angela Merkel beim G-8-Gipfel in L'Aquila 2009

tätsgewand, war es doch noch lange nach dem Zweiten Weltkrieg wesentlich einfacher, sich als stolzer Europäer, denn als Deutscher zu fühlen – erst ein integriertes Europa schuf den Freiraum und die Begrenzung gleichermaßen, in dem sich ein politisches Gewicht wie Deutschland endlich zum Vorteil aller entfalten konnte, ohne den Nachbarn auf die Füße zu treten.

Selbsterkenntnis und Weitsicht europäischer Politiker waren nicht die einzigen Faktoren, die erheblich zur europäischen Union beigetragen haben. Rasch hatte sich ja herausgestellt, dass die Vorstellungen der Alliierten über eine europäische Nachkriegsordnung weit auseinanderklafften. Der sowjetische Diktator Josef Stalin war der Überzeugung, dass in jenen Staaten, die von der Roten Armee erobert oder «befreit» wurden, auch das sowjetische Gesellschaftssystem zu gelten habe. Die westlichen Mächte hingegen, allen voran die USA, wollten dem entgegensteuern, wäre doch sonst womöglich Europa unter kommunistische Herrschaft gefallen. Nicht zuletzt deshalb unterstützten die Vereinigten Staaten, die als stärkste Wirtschaftsmacht aus dem Krieg hervorgegangen waren, Westeuropa mit Wirtschaftshilfen in Milliardenhöhe, förderten das Projekt der Einigung und demonstrierten schon mit ihrer Anwesenheit, dass sie nicht willens waren, den alten Kontinent der Sowjetunion zu überlassen.

Vierzig Jahre war die Bundesrepublik, war Westeuropa fest im westlichen Bündnis verankert, während die DDR und das östliche Europa scheinbar unverrückbar zur sowjetischen Einflusszone gehörten. Die Politik der DDR musste im Wesentlichen mit Moskau abgestimmt werden. Die Regierungen der Bundesrepublik, gleich welcher Couleur, wussten wiederum, dass die USA für die Sicherheit Westdeutschlands und ganz Westeuropas bürgte. Und vor allem, dass Vertrauen in die Stabilität der deutschen Demokratie und in die Verlässlichkeit der (west)deutschen Außenpolitik nur innerhalb des europäischen Rahmens wachsen konnte. Beide deutsche Staaten verstanden sich als Wirtschaftsmächte (was im Fall der DDR vor allem gefälschten Bilanzen geschuldet war), deren politischer Einfluss eher gering blieb.

Das änderte sich mit dem Fall der Mauer. Einige Regierungschefs wie die damalige britische Premierministerin Margaret Thatcher oder der französische Präsident François Mitterrand hegten zwar ihre Zweifel, ob sich auch ein wiedervereinigtes Deutschland so erfolgreich in ein «europäisches Gehege» einbinden ließe. Aber sie irrten. Das «europäische Credo» Deutschlands blieb bestehen – man hatte verstanden, dass ein vereinigtes Europa keinem Staat mehr politische und wirtschaftliche Vorteile brachte als jenem, den man mit dieser Nachkriegsordnung zähmen wollte. Nicht zuletzt deshalb ist es auch eine wesentliche Aufgabe Deutschlands, sich für das Wohlergehen der Europäischen Union mit besonderem Engagement ins Zeug zu legen.

Sie war das Symbol der Teilung Deutschlands und Europas: die Berliner Mauer. Und die wurde heute vor 20 Jahren am 9. November 1989 löchrig. Denn die DDR-Staatsmacht gab dem Druck ihrer Bürger nach und öffnete die Grenzen – der Weg in die Freiheit für Millionen von Menschen. (Tagesschau-Meldung vom 9. November 2009)

Es hat sich also nicht viel verändert, außer dass Deutschland größer wurde und die EU auf mittlerweile 27 Mitgliedsländer angewachsen ist?

Doch. Deutschland ist mehr als je zuvor zu politischer Verantwortung aufgerufen, die häufiger auch «militärische Verantwortung» bedeutet. Je enger sich die Welt verknüpft, je intensiver Ereignisse in einem Teil der Welt globale Auswirkungen zeigen, desto mehr ist auch Deutschland als souveräner Staat und als Schwergewicht innerhalb der Europäischen Union gefragt. Es soll – und will – zum Beispiel eine Vorreiterrolle auf dem Gebiet grüner Technologien und des Klimaschutzes spielen. Vor allem aber ist die Bundeswehr seit der Wiedervereinigung als Teil verschiedener Allianzen immer häufiger auch außerhalb des NATO-Gebietes im Einsatz (siehe *Auslandseinsätze*). Die Bundeswehr ist eine «Parlamentsarmee» – das Parlament muss jedem dieser Einsätze zustimmen. Ein Auslandseinsatz wird auch nur für eine bestimmte Zeit mit einem möglichst genau formulierten Mandat versehen, das verlängert wird, sollte es der Bundestag für notwendig halten.

Die Außenminister der 27 EU-Staaten streiten darüber, ob die EU erweitert werden soll. Diese Diskussion beherrschte das Treffen der Außenminister im tschechischen Hluboka bei Budweis. Deutschland, Frankreich und andere Staaten wollen erst dann neue Mitglieder aufnehmen, wenn der Reformvertrag von Lissabon in Kraft tritt. (Tagesschau-Meldung vom 28. März 2009)

Aus dem Wirtschaftsriesen Deutschland, der sich unter das Dach der Europäischen Union bequemte und versuchte, seine ehemalige Machtversessenheit vergessen zu machen, wird nun auch langsam wieder ein politisches Schwergewicht, das sich aber seiner Kraft (und seiner Verantwortung) genau wie seiner Schwächen bewusst zu sein scheint. Auch wenn gelegentlich über die Europäische Union gemeckert wird, wenn das Gerede vom «bürokratischen Brüssel» die politische Meisterschaft vergessen lässt, die eine europäische Integration erst ermöglichte, oder wenn geklagt wird, dass Deutschland wieder einmal «Zahlmeister» sei. Dass über Rettungspakete für überschuldete EU-Staaten so heftig gestritten wird, dass nun ein Streit darüber entbrennt, wie, wo und mit welchen Mitteln Deutschland seiner politischen Verantwortung gerecht werden kann – das jedenfalls gehört zu einer erwachsen gewordenen Demokratie.

Stichworte · Ausland

Europäische Union

Maastricht, Amsterdam, Nizza, Lissabon: Das sind nicht einfach vier Städte, sondern vier «Vertragsstationen», in denen die Kompetenzen der Europäischen Union geregelt werden. Die «Maastricht-Kriterien» etwa schreiben bestimmte finanzpolitische Bedingungen fest, die jedes Mitgliedsland erfüllen muss. Darüber hinaus regeln diese Säulen die Bereiche Justiz und Inneres, die polizeiliche und justizielle Zusammenarbeit und legen die Grundzüge einer gemeinsamen Außen- und Sicherheitspolitik fest. Mit dem Ver-

Unterzeichnung des EU-Reformvertrags in Lissabon, 2007

trag von Lissabon, der am 1. Dezember 2009 in Kraft trat, wurden die Zuständigkeiten des Europäischen Parlaments erweitert. Mit dem Vertrag erhielt die EU das Amt eines Präsidenten des Rates der Europäischen Union, der alle zweieinhalb Jahre vom Rat ernannt werden soll. (Erster Ratspräsident ist der belgische Politiker Herman van Rumpoy – gesprochen van Rompoi.) Außerdem wurde mit dem Vertrag so etwas wie das Amt des europäischen Außenministers geschaffen, offiziell wird er als «Hoher Vertreter für Außen- und Sicherheitspolitik» bezeichnet. Zum ersten Hohen Vertreter ernannte der Europäische Rat eine Hohe Vertreterin, nämlich die britische Baroness Catherine Ashton. In den nächsten Jahren soll auch ein Europäischer Auswärtiger Dienst errichtet werden, der sich aus Beamten der Kommission, des Ratssekretariats und der diplomatischen Dienste aller Mitgliedsstaaten rekrutieren wird.

Im europäischen Parlament sitzen übrigens insgesamt 736 Abgeordnete, 99 davon aus Deutschland. Sie vertreten derzeit rund 499,7 Millionen Bürger.

Wie sind Deutsche eigentlich im Ausland vertreten?

Zunächst einmal durch Botschaften, Generalkonsulate und Konsulate, die in großen Ländern gewissermaßen als «Zweigstellen» der Botschaften dienen. Konsulate sind aber keine diplomatischen Vertretungen, sondern nehmen «konsularische Aufgaben» für deutsche Staatsbürger im Ausland wahr, zum Beispiel Visums- und Passangelegenheiten. Insgesamt gibt es 150 deutsche Botschaften, 55 Generalkonsulate, sieben Konsulate und 13 ständige Vertretungen. Diese wiederum dienen als Botschaften bei internationalen Organisationen wie den Vereinten Nationen in New York und deren Europäischen Büros und Unterorganisationen in Genf und Wien, bei der EU und NATO in Brüssel, bei der OECD und UNESCO in Paris oder beim Europarat in Straßburg. Weil der endgültige Status Deutschlands nach Auffassung der Bundesrepublik völkerrechtlich nicht eindeutig geklärt war, war sie in Ost-Berlin nicht mit einer Botschaft, sondern ebenfalls durch eine «Ständige Vertretung» präsent.

Die Bundesrepublik unterhält derzeit diplomatische Beziehungen zu 194 Ländern – sprich zu allen. Die UN hingegen haben nur 192 Mitgliedsländer. (Taiwan beispielsweise wird wohl von der Bundesrepublik und anderen Ländern anerkannt, aber nicht von Peking, für das Taiwan de jure Teil Chinas ist. Deshalb ist Taiwan nicht in den UN vertreten – wie auch Timur Leste, ein Inselstaat in Südostasien.) Aber nicht in all diesen Ländern unterhält sie auch Botschaften, sondern nur in 149. In einigen Staaten sind Botschafter oder Botschafterinnen tätig, ohne dass auch eine eigene Botschaft besteht. (Ein Land kann vom Botschafter eines anderen Landes beispielsweise «mitvertreten» werden.) Daneben gibt es derzeit 331 ehrenamtliche Honorarkonsuln, die nicht notwendigerweise deutsche Staatsbürger sein müssen, aber aufgrund ihrer sehr guten Kontakte zu Deutschland und innerhalb des Landes, in dem sie tätig sind, Deutschen im Ausland, wie es beim Auswärtigen Amt heißt, «gute Dienste leisten können». Sie sind oft in Gegenden tätig, in denen eine eigene diplomatische oder konsularische Vertretung zu aufwendig wäre.

Die Unruhen in Thailand beeinträchtigen auch den Tourismus. Angesichts der unberechenbaren Lage hat das Auswärtige Amt von Reisen nach Bangkok dringend abgeraten. (Tagesschau-Meldung vom 19. Mai 2010)

Vom Bundeshaushalt finanziert, aber vor allem dafür zuständig, «die Kenntnis der deutschen Sprache im Ausland zu fördern, die internationale kulturelle Zusammenarbeit zu pflegen und ein umfassendes, aktuelles Deutschlandbild zu vermitteln», sind die Goethe-Institute. Sie wurden 1951 zunächst als Sprachakademien gegründet, 1968 begannen die Goethe-Institute auch mit ihrer kul-

Deutschsprachige Schulen in aller Welt

Deutschsprachige Schulen und Begegnungsschulen

Landessprachige Schulen mit verstärktem Deutschunterricht *(einheimische und zum Teil internationale Abschlüsse)*

Österreichische Schulen

Schweizer Schulen

Europäische Schulen

Berufsbildende Schulen/Zweige

Spezialgymnasien

Quelle: Zentralstelle für das Auslandsschulwesen

turellen Programmarbeit. Insgesamt gibt es 136 Goethe-Institute (sowie 11 Verbindungsbüros) im Ausland und 14 Institute im Inland, bei einem Haushalt von knapp 300 Millionen Euro (2009).

Das sind aber noch lange nicht alle «deutschen Auslandsvertretungen», die einen intensiven Kontakt zu Land, Leuten und Kultur ermöglichen. Neben «Goethes», Botschaften und Konsulaten gibt

es derzeit mehr als 130 deutsche Auslandsschulen mit insgesamt etwa 77000 Schülern. Sie befinden sich zwar hauptsächlich in Europa – und traditionell in Mittel- und Südamerika, wo es seit vielen Jahren deutsche Auslandsgemeinden gibt. Die Zahl deutscher Schulen vor allem in Asien aber wächst stetig.

Auslandseinsätze

Afghanistan (ISAF) und Kosovo (KFOR), Bosnien-Herzegowina (EUFOR) und östliches Mittelmeer (UNIFIL), Horn von Afrika und Golf von Aden (Atalanta und Enduring Freedom sowie EUTM in Somalia) – die Bundeswehr ist derzeit an zehn Auslandseinsätzen beteiligt. Im Kosovo soll sie mit etwas mehr als 1500 Soldaten und Soldatinnen seit 1999 den Aufbau einer Regierung sichern und überwachen. Vor der Küste von Somalia soll sie Piraten bekämpfen, die eine der wichtigsten Wasserstraßen unsicher machen.

Der größte, schwierigste und umstrittenste Einsatz aber ist der in Afghanistan. Möglich wurde er für die Bundeswehr nur, weil es mit der Resolution 1386 des UN-Sicherheitsrates eine völkerrechtliche Grundlage gab. Dass es diese Resolution gab, ist wiederum eine Folge der Anschläge auf das World Trade Center in New York und das US-Verteidigungsministerium in Washington vom 11. September 2001. Geplant wurden die Anschläge von der Organisation Al-Kaida unter Führung des saudischen Millionärs Osama bin Laden, der wiederum so etwas wie «Gastrecht» in Afghanistan unter den radikal-islamistischen Taliban genoss und dort Ausbildungslager für Terroristen unterhielt. Die Taliban zu vertreiben und Al-Kaida damit die Basis zu entziehen wurde von den UN nach den Anschlägen als klarer Akt der Verteidigung nach einem bewaffneten Angriff gewertet. Denn ein bewaffneter Angriff, beschloss der Sicherheitsrat der Vereinten Nationen bereits am 12. September, könne auch durch nichtstaatliche Akteure, in diesem Fall Terroristen, erfolgen.

Etwa 8000 Bundeswehrsoldaten sind derzeit im Auslandseinsatz, nicht nur in Afghanistan, sondern etwa auch am Horn von Afrika und im Libanon. Eine Brücke nach Hause ist Radio Andernach, ein Sender der Bundeswehr. Jetzt zur Weihnachtszeit übermittelt er Tausende Grüße von Angehörigen an die Soldaten im Einsatz. (Tagesschau-Meldung vom 23. Dezember 2009)

Dass die Bundeswehr sich am Einsatz in Afghanistan beteiligt, liegt aber nicht nur an Artikel 51 der UN-Charta, der die Verteidigung nach einem bewaffneten Angriff erlaubt (und der Resolution

1386, die den Anschlag in New York und Washington als bewaffneten Angriff definierte), sondern auch an Artikel 5 des NATO-Vertrages. In diesem Artikel des Nordatlantischen Verteidigungspaktes (dessen Mitglied die Bundesrepublik seit 1955 ist) wird der sogenannte «kollektive Verteidigungsfall» geregelt: Wird einer der NATO-Staaten mit militärischen Mitteln angegriffen, gilt dies als Angriff gegen alle Mitgliedsländer. Genau diesen «Bündnisfall» sah die Bundesregierung unter Kanzler Gerhard Schröder nach 9/11 als gegeben an. Mit welchen Mitteln die Mitgliedsländer sich an einem solchen Einsatz beteiligen wollen, steht ihnen frei. Die Bundeswehr sollte zunächst «Aufbauarbeit» im relativ ruhigen Norden des Landes leisten. Fast zehn Jahre nach dem Anschlag jedoch ist sie immer häufiger auch in Kampfhandlungen verwickelt oder Ziel militärischer Angriffe. Weshalb Verteidigungsminister Karl-Theodor zu Guttenberg im März 2010 auch zum ersten Mal davon sprach, dass sich die Bundeswehr in Afghanistan nicht mehr nur in einem «Aufbau- und Stabilisierungseinsatz» befinde, sondern dass man dies durchaus als Krieg bezeichnen müsse. Die Bundesrepublik darf laut Mandat maximal 5350 Soldaten entsenden. Bis zum 15. April 2010 sind 43 Soldaten der Bundeswehr im Einsatz gefallen.

Das Ansehen der Deutschen im Ausland

Wer die Deutschen besser kennt, der hegt offenbar auch mehr Sympathien. Niederländer und Franzosen jedenfalls, mit denen der Kontakt am intensivsten ist (siehe *Reiseländer*) verbinden mit den Deutschen am ehesten Eigenschaften wie Zuverlässigkeit, Umgänglichkeit und Geselligkeit. Jeder fünfte Niederländer beschrieb die Deutschen als nette und freundliche Menschen, so eine Studie der Gesellschaft für Konsumforschung von 2006, die diese im Rahmen der Ausstellung «Was ist deutsch?» im Germanischen Museum Nürnberg durchgeführt hatte. Allerdings hielt auch jeder fünfte Tscheche die Deutschen für arrogant. Acht Prozent der Österreicher sagten spontan, dass sie die Deutschen nicht mögen, und knapp jeder zehnte Italiener verband Deutschland noch immer mit Hitler und den Nazis. Auf die Frage «Wofür stehen Ihrer Meinung nach Deutschland und die Deutschen?» fiel mit jeweils über 13 Prozent immer noch einem Großteil der Europäer «gut organisiert» ein. Knapp neun Prozent dachten im Zusammenhang mit Deutschen aber auch sofort an «Krieg allgemein», obgleich die meisten Deutschen sich wohl eher eine pazifistische Grundhaltung zuschreiben würden.

Die befragten Deutschen selbst bescheinigten sich in der Mehrzahl die altbekannten Tugenden «fleißig und pflichtbewusst» (23 Prozent) sowie «pedantisch» und «pünktlich» mit jeweils etwas über 13 Prozent. Selbsteinschätzung und Fremdeinschätzung klaffen allerdings noch in einem anderen Punkt auseinander. Sieben Prozent der befragten Deutschen sind der Meinung, die Deutschen seien zu pessimistisch und hätten einen Hang zum Jammern. Diese Einschätzung wird in anderen Ländern dagegen so gut wie überhaupt nicht geteilt.

Wo fahren die Deutschen am liebsten hin?

Ewige Staus auf den Autobahnen gen Süden während der Ferienzeiten oder auch der Fetzen eines deutschen Dialekts, der unvermittelt in den Bazaren Dubais oder an karibischen Stränden zu hören ist – dies mag den Eindruck vermitteln, die Deutschen seien ein Volk von Weltreisenden geworden.

Der Eindruck täuscht. Das Lieblingsreiseland der Deutschen ist – Deutschland. 30,1 Millionen Urlaubsreisen fanden 2009 innerhalb der eigenen Grenzen statt. Die Lieblingsregionen sind dabei Bayern und die Ostsee, die vor allem von ehemaligen DDR-Bürgern bevorzugt wird. 21,9 Millionen Mal reisten die Deutschen in die Region Mittelmeer (Balearen, Kanaren, Italien, Nordafrika), und mit 19 Millionen Reisen bevorzugten sie Nahziele wie Österreich, Frankreich, Dänemark und Benelux. «Nur» 4,6 Millionen Reisen galten Fernzielen wie den USA, Südamerika oder der Karibik.

Das deutet schon auf die Lieblingsreiseziele der Deutschen hin: Spanien rangiert mit 12,8 Prozent ganz oben (wobei «Malle», die Baleareninsel Mallorca, hier sicher einen Spitzenplatz im Lieblingsland verbuchen darf), gefolgt vom «Klassiker» Italien (7,9 Prozent), dem Nachbarn Österreich (5,9 Prozent) und knapp dahinter der Türkei (5,7 Prozent) Dabei gaben deutsche Touristen auch das meiste Geld in Spanien aus – im Jahr 2008 waren es 6,9 Milliarden Euro, danach profitierte Österreich mit 6,3 Milliarden Euro von deutschen Touristen, an dritter Stelle rangiert Italien mit 5,6 Millionen Euro.

Und wer besucht uns am häufigsten oder auch längsten? Gemessen an der Anzahl der Hotelübernachtungen waren die Holländer im Jahr 2009 mit zehn Millionen Übernachtungen die größte Gruppe ausländischer Touristen in Deutschland, gefolgt von den US-Amerikanern mit 4,3 Millionen und den Schweizern (3,9 Millionen). Unter die ersten fünf schafften es auch Briten und Italiener. Erst auf Platz sechs folgen die Österreicher.

Das weltweite Top-Reiseziel ist übrigens Frankreich mit 73,2 Millionen Besuchern im Jahr 2009, gefolgt von den USA mit 55 Millionen und Spanien (52 Millionen), an dessen Küsten sich britische und deutsche Touristen ja angeblich beständig Schlachten um die begehrtesten Sonnenliegen liefern sollen. Vor den Klassiker Italien (43 Millionen) hat sich im weltweiten Ranking allerdings China mit 50,5 Millionen Besuchern geschoben. Deutschland rangiert auf gar keinem schlechten Rang acht (mit 24,2 Millionen Besuchern) nach Großbritannien und der Türkei und knapp vor Österreich und Mexiko.

Auswanderung

Die Deutschen machen zwar am liebsten im eigenen Land Urlaub – aber immer mehr Deutsche möchten gerne dauerhaft oder für eine gewisse Zeit im Ausland leben. Seit 2001 ist die Zahl der deutschen Auswanderer stetig gestiegen. Waren es vor knapp zehn Jahren noch etwa 110 000 Menschen, die ihr Glück in einem anderen Land versuchen wollten, so waren es 2006 schon 155 000 und im Jahr 2008 schon über 170 000. Rechnet man die Anzahl der Fortzüge, also «nur» von temporären Aufenthalten im Ausland – sei es zu Ausbildungszwecken oder aus beruflichen Gründen – hinzu, so beläuft sie sich auf eine schon stattlichere Zahl von knapp 738 000.

Für die Bundesbürger ist übrigens nach wie vor Deutschland das beliebteste Reiseziel. Im vergangenen Jahr machte sogar fast jeder Zweite Urlaub im eigenen Land. (Tagesschau-Meldung vom 10. März 2010)

Früher waren die Vereinigten Staaten das bevorzugte Auswanderungsland – immerhin emigrierten zwischen 1850 und 1930 etwa fünf Millionen Deutsche in die USA, nach 1933 fanden etwa 114 000 Menschen legal oder illegal dort Zuflucht. Aber das Land, das 2008 die höchste Anzahl der Fortzügler verbuchte, war mit 17,9 Prozent Polen. An zweiter Stelle stand die Türkei und an dritter Rumänien. Dass es sich dabei nicht um deutsche, sondern eher um polnische, türkische oder rumänische Staatsbürger handelt, die nach einem temporären Aufenthalt in Deutschland wieder in ihre Heimatländer zurückkehren, zeigt eine andere Statistik. Das von Fortzüglern mit deutscher Staatsbürgerschaft bevorzugte Land ist keineswegs Polen, sondern die wohlhabende Schweiz. 18 000 Menschen, das verzeichnete das Statistische Bundesamt, verzogen im Jahr 2008 in das Alpenland und weitere 10 345 Menschen in das benachbarte Alpenland, nämlich nach Österreich. Ganz offensichtlich fällt die Auswanderung in Länder leichter, in denen ebenfalls Deutsch gesprochen wird.

Auslandshilfe

Kurz nach seinem Amtsantritt befand der neue Chef des Ministeriums für wirtschaftliche Zusammenarbeit und Entwicklung (BMZ), Dirk Niebel, dass es einen Skandal in seinem Haus zu beseitigen gelte. Es gehe schließlich nicht an, dass das Land mit einer der stabilsten und beeindruckendsten Wachstumsraten immer noch enorme Hilfsgelder aus Deutschland empfange: Nach den Zahlen der OECD (Organization for Economic Cooperation and Development) steht China seit dem Jahr 2000 an der Spitze der Adressaten deutscher Hilfszahlungen. Im Jahr 2005 war die Volksrepublik nach Auskunft der OECD mit insgesamt 187 Millionen Euro der drittgrößte Empfänger von deutscher Entwicklungshilfe. Dass sie in jenem Jahr vom Irak und Nigeria übertrumpft wurde, lag gewissermaßen an einer «negativen Zahlung». Den beiden Ländern wurde ein Großteil ihrer Schulden erlassen. 2006 erhielt China 195 Millionen Euro. Damit ist Deutschland der zweitgrößte Geber nach Japan.

Die Zahlen des BMZ selbst liegen weit niedriger als die der OECD: Für 2007 sicherte das BMZ China 57,5 Millionen Euro zu und für 2008 noch einmal zehn Millionen Euro mehr.

Die Unterschiede in den Zahlen sagen auch etwas über den Charakter der Hilfe aus: Sie wird nicht nur unmittelbar für Armutsbekämpfung aufgewandt. Die OECD berechnet beispielsweise auch die Kosten für das Studium von Chinesen in Deutschland ein, die eigentlich von den Bundesländern getragen werden. Auch enthalten sind Kosten beispielsweise im Bereich des Klimaschutzes, der ja durchaus auch im Interesse der Bundesrepublik liegt. Und letztlich darf man einen Teil dieser Gelder auch getrost als Außenwirtschaftshilfe auffassen, sprich Investitionen für die Schaffung eines der deutschen Wirtschaft günstigen Klimas.

Der neue Entwicklungshilfeminister Niebel will China künftig keine Hilfen mehr gewähren. Das kündigte der FDP-Politiker in der Bild-Zeitung an. Armutsbekämpfung sei für Deutschland wichtiger denn je, das heiße Mittel zu konzentrieren und dort einzusetzen, wo es am nötigsten sei. Für China gelte das nicht mehr. (Tagesschau-Meldung vom 30. Oktober 2009)

Auf dem ärmsten Kontinent der Welt, in Afrika, ist Namibia mit 500 Millionen Euro pro Kopf der größte Empfänger deutscher Entwicklungshilfe. Ganz verwunderlich ist das nicht. Namibia, in dessen Hauptstadt Windhoek Straßen noch immer nach Bismarck und Kaiser Wilhelm benannt sind, war als Deutsch-Südwestafrika bis 1919 eine deutsche Kolonie, in der es 1904 zu einem Aufstand einer der unterdrückten Volksstämme, der Hereros, kam, der von deutschen Schutztruppen blutig niedergeschlagen wurde. 2004 bekannte sich die Bundesrepublik zu ihrer Verantwortung am Tod von Tausenden Hereros und sagte anstelle von Entschädigungsleistungen erhöhte Entwicklungshilfe zu.

Ingesamt betrachtet gehört das reiche Deutschland allerdings nicht zu den fleißigsten Zahlern von Entwicklungshilfe. Die der Europäischen Union angehörenden OECD-Länder haben sich verpflichtet, mindestens 0,51 Prozent des Bruttoinlandsproduktes (BIP) für Entwicklungshilfe bereitzustellen. Die Bundesrepublik wandte im Jahr 2009 allerdings nur 0,4 Prozent ihrer Wirtschaftsleistung zur Hilfe für arme Länder auf.

Weltweiter Spitzenreiter bei der Entwicklungshilfe ist Schweden, das laut OECD 2010 voraussichtlich 1,01 Prozent seiner Wirtschaftsleistung für arme Länder bereitstellen wird. Es folgten Luxemburg (1,0 Prozent), Dänemark (0,83 Prozent), die Niederlande (0,8 Prozent) und Belgien (0,7 Prozent).

Zu Gast in hohen Häusern

Dass ausländische Regierungschefs oder hochrangige Repräsentanten eines fremden Landes vor dem eigenen Parlament sprechen dürfen, gilt in den meisten Ländern als eine hohe Auszeichnung. Deutschen Regierungschefs wurde diese Ehre nur drei Mal zuteil: 1957 hielt der erste Bundeskanzler der Bundesrepublik, Konrad

Große Ehre: Kanzlerin Angela Merkel im US-Kongress, November 2009

Adenauer, getrennte Ansprachen im amerikanischen Senat und dem Repräsentantenhaus. Kanzlerin Angela Merkel durfte im November 2009 eine Rede bei einer gemeinsamen Sitzung der beiden Häuser halten, was protokollarisch noch höher eingestuft wird. Als erste Regierungschefin eines ausländischen Staates sprach Merkel im März 2008 auch vor dem israelischen Parlament, der Knesset.

Konrad Adenauer und Angela Merkel waren allerdings nicht die einzigen deutschen Repräsentanten, die vor einem ausländischen Parlament reden durften. Als erster deutscher Präsident hielt Johannes Rau im Jahr 2000 eine Rede vor der Knesset, in der er um Vergebung bat «für das, was Deutsche getan haben». Fünf Jahre später folgte ihm Horst Köhler anlässlich des 40. Jahrestages der Aufnahme deutsch-israelischer Beziehungen. Johannes Rau war es auch, der 2004 als bislang einziger deutscher Präsident vor beiden Kammern des polnischen Parlamentes (Sejm und Senat) reden durfte.

Seit 1951 haben mehrere ausländische Gäste vor dem Deutschen Bundestag gesprochen, meist anlässlich von Gedenkfeiern: Etwa zum Tag der Befreiung von Auschwitz und zum offiziellen Holocaust-Gedenktag am 27. Januar sprachen im Jahr 2010 der israelische Präsident Simon Peres und vor ihm beispielsweise der Schriftsteller Imre Kertész (2007), der Historiker Yehuda Bauer (1998) oder die langjährige Präsidentin des europäischen Parlaments Simone Veil (2004).

Redner vor dem Deutschen Bundestag waren aber auch der russische Staatschef Wladimir Putin (25. 09. 2001), der damalige UN-Generalsekretär Kofi Annan (28. 02. 2002), Nelson Mandela (22. 05. 1996) oder, als einer der frühesten Gäste vor dem Deutschen Bundestag, der Vizepräsident der Türkischen großen Nationalversammlung, Muhlis Tumay (12. 12. 1951).

Bundeskanzlerin Merkel wird heute in Washington eine Rede vor beiden Häusern des US-Kongresses halten. Eine solche Einladung hatte bisher als einziger deutscher Kanzler Konrad Adenauer 1957 bekommen. Anlässlich der Feiern zum 20. Jahrestag des deutschen Mauerfalls will Merkel den USA für ihren Beitrag auf dem Weg zur deutschen Einheit danken. (Tagesschau-Meldung vom 3. November 2009)

9. Pizza oder Pute?
Essen in Deutschland

Schwarz – Brot – Gold

«Du bist, was du isst.» Oder auch: «Futtern wie bei Muttern.» Zwei deutsche Redewendungen, die sehr unterschiedlich sind und doch etwas ganz Ähnliches ausdrücken. Heimat, Herkunft, ja sogar ein Teil der persönlichen Identität spiegeln sich in dem wider, was wir gern essen. Es sind die Gerichte, mit denen wir aufgewachsen sind, die charakteristischen Gerüche und Produkte der «Heimatküche». Aber welches Essen ist eigentlich «typisch deutsch»?

In Berlin hat die 75. Internationale Grüne Woche ihre Tore geöffnet. Die weltgrößte Schau der Agrar- und Ernährungswirtschaft wurde am Morgen von Bundeslandwirtschaftsministerin Aigner eröffnet. Partnerland ist in diesem Jahr Ungarn. Bis zum 24. Januar erwarten die Aussteller aus 56 Ländern rund 400 000 Besucher. (Tagesschau-Meldung vom 15. Januar 2010)

Die Briten nannten die Deutschen früher boshaft «Krauts», in Anspielung auf deren angeblich so hohen Kohlkonsum. Unter türkischstämmigen Jugendlichen werden die Mehrheits-Deutschen spöttisch als «Kartoffeln» bezeichnet. Und fragt man einen japanischen Touristen, findet er vermutlich die Schweinshaxe typisch deutsch, mit Sauerkraut, Bier und Brezel. So falsch solche Eindrücke aufgrund der großen regionalen Unterschiede und der veränderten Ernährungsgewohnheiten auch sein mögen – zunächst ist etwas Wahres dran am Vorurteil über das Essen der Deutschen. Ganz oberflächlich betrachtet folgt die deutsche Küche mehrheitlich den Essgewohnheiten des nordöstlichen Europas: Sie ist kalorienreich und eher grob als fein. Die Vielfalt an deutschen Würsten und Wurstwaren, vor allem aus Schweine-

Schnupdiwup! Da wird nach oben
Schon ein Huhn heraufgehoben.

«Max und Moritz» von Wilhelm Busch, aus einem Bilderbogen von 1865

fleisch, ist legendär. Ebenso lässt sich nicht leugnen, dass Wintergemüse und Kartoffeln überdurchschnittlich viel Verwendung in deutschen Küchen finden, in denen im Vergleich zu den Gewohnheiten anderer Nationen zudem besonders viele Mehlspeisen und Suppen zubereitet werden (siehe *Speisekarte Deutschland*). Wenn es aber ein typisch deutsches Nahrungsmittel neben der Kartoffel – die eigentlich aus Südamerika stammt – gibt, dann ist es Brot. Genauer: Roggenbrot. Drei Viertel aller deutschen Brote werden mit Roggenmehl hergestellt. Weißbrot war in unseren Breiten seit dem Rückzug der Römer über Jahrhunderte den Reichen und Mächtigen vorbehalten, während das Brot des Volkes dunkel war. Heute ist Weißbrot zwar für jeden erschwinglich und statistisch gesehen auf dem Vormarsch, aber das spezielle, als gesund und wertvoll geltende Brot, nach dem sich deutsche Auswanderer im Ausland oft schnell sehnen, ist nach wie vor ein Schwarz- oder Mischbrot.

Brot an sich ist natürlich nichts speziell Deutsches. Vielmehr gehört es in höchst unterschiedlichen Formen in den meisten europäischen Ländern zu den wichtigsten Grundnahrungsmitteln. Nicht nur in Russland oder in Italien wird ein Hauptgericht traditionell mit etwas Brot gereicht. Doch die Vielfalt ist nirgends auf der Welt so groß wie im deutschsprachigen Raum: Weißbrot, Graubrot, Zwiebelbrot, Malzbrot, Kartoffelbrot, Dreikornbrot, Schwarzbrot, Pumpernickel und Kommissbrot, Oberländer und Krustenbrot – in unserem Land werden laut offiziellen Angaben rund 300 Sorten Brot gebacken. Kein Wunder: Benötigen die Deutschen dieses Lebensmittel, das in härteren Zeiten oft alleiniger Sattmacher war, bis heute doch als Grundlage für eine andere den Deutschen zugeschriebene Spezialität: das Frühstücksbrot. Während ein Franzose morgens höchstens ein Croissant in den Milchkaffee tunkt und viele Asiaten den Tag mit Reis beginnen, die Briten ihre Würstchen, Eier und Speck höchstens mit einer Scheibe Toast ergänzen und Italiener außer Kaffee fast gar nichts zu sich nehmen, sind im deutschsprachigen Raum Brot und Brötchen mit Aufschnitt oder Marmelade Küchenkultur. Das Butterbrot für unterwegs scheint

Der Deutschen liebste Stulle: das Butterbrot

den Russen beispielsweise etwas so typisch Deutsches zu sein, dass sie «Butterbrot» als Lehnwort in ihre Sprache übernahmen.

Das Faszinierende an diesen deutschen Besonderheiten ist, dass sie sich gewandelt haben und dennoch in den verschiedenen Regionalküchen bewahrt wurden. Die Essgewohnheiten zwischen Nordsee und Alpen hängen von Entwicklungen ab, die teilweise miteinander verbunden sind, sich aber auch widersprechen. Einerseits ist durch die moderne Lebensmittelindustrie und die Globalisierung, durch ausgefeilte Kühl-, Konservierungs- und Transporttechniken das regionale Angebot enorm erweitert worden. Man kann in beinahe jedem deutschen Supermarkt ganzjährig Produkte kaufen, die früher nur zu bestimmten Jahreszeiten oder überhaupt nicht erhältlich waren. Etwa Tomaten, Süd- und Zitrusfrüchte oder Seefisch. Zudem folgen auch die Deutschen dem Trend der meisten anderen hochentwickelten Industrienationen: Einerseits essen wir reichhaltiger, süßer und salziger als zu Zeiten, in denen es gerade im Winter darum ging, überhaupt satt zu werden. Andererseits achten die Menschen aber auch mehr auf gesunde Ernährung (siehe *Ernährungstrends*). Ihr Geschmack hat sich über die Jahrzehnte an diese Veränderungen angepasst. Laut repräsentativen Umfragen sind Gerichte wie Spaghetti bolognese oder Pizza heute die Leibspeisen der Deutschen. Innereien, die früher ganz selbstverständlich in vielen Gegenden verspeist wurden, gelten heute nur noch für eine Minderheit als Spezialität. Was die Deutschen gern aßen, war bis zur Wiedervereinigung 1990 zudem zwischen Ost und West sehr unterschiedlich – viele Lebensmittel, die in der Bundesrepublik ganz selbstverständlich waren, konnte man in der DDR überhaupt nicht bekommen. Restaurants mit ausländischer Küche, die im Westen immer populärer wurden, waren im Osten beinahe unbekannt. In den sechziger und siebziger Jahren zeigten sich wachsender Wohlstand und Weltläufigkeit an Gerichten wie dem sogenannten Toast Hawaii – einem überbackenen Toast mit Kochschinken und Ananas. Im Osten aß man bodenständiger; «Jägerschnitzel» etwa, panierte Jagdwurst mit Weißweizengrießnudeln und Ketchup-Soße.

Heute werden ausgerechnet jene Produkte, die einmal als typisch deutsch galten, immer weniger verbraucht. Laut der Ernährungsstudie 2008, die die Deutsche Gesellschaft für Ernährung herausgibt, sowie der Verzehrstudie des Bundesverbraucherministeriums essen die Deutschen immer weniger Kartoffeln und immer mehr Nudeln. Sie trinken weniger Bier und mehr Wasser. Sie essen mehr Fisch und Geflügel und dafür weniger Fette und Fleisch von Schwein und Rind. Der Anteil von Roggenmehl geht im insgesamt steigenden Markt der Getreideprodukte immer weiter zurück. Es scheint also, dass sich die deutschen Essgewohnheiten kulturell in Richtung Süden verschoben haben – mediterrane Küche statt Mettbrötchen. Genuss und Gesundheit sind wichtiger geworden als die reine Sättigung. Galt es wegen der Erfahrung der Hungerjahre während des Zweiten Weltkriegs und danach im Deutschland des

Wirtschaftswunders als erstrebenswert, vor allem reichlich und fett zu essen, so ist es heute schick, sich zurückzuhalten. Allerdings ist dieser Trend kein allgemeiner: Wie in anderen Ländern auch hängt die Ernährung hierzulande nicht zuletzt von der sozialen Herkunft ab. Je weniger gebildet und vermögend Menschen sind, desto fetter und ungesünder ernähren sie sich. Fettleibigkeit, die einst den Reichen vorbehalten war, ist heutzutage tendenziell ein Unterschichtenphänomen (siehe *Wer isst was?*).

Das «Heimatessen» der meisten Menschen ist von solchen allgemeinen Phänomenen allerdings viel weniger geprägt als von regionalen Traditionen. Laut der Studie eines Süßstoffherstellers kochen mehr als 70 Prozent aller Deutschen mindestens einmal pro Monat regionale Spezialitäten, jeder Dritte sogar einmal pro Woche. Deutschland hat dank seiner zentralen Lage in Europa, dank des gemäßigten Klimas und der vielfältigen Landschaften mit Küstengebieten, seen- und flussreichen Ebenen sowie Berglagen eine vielfältige Esskultur. Im Norden wird frischer Fisch gefangen, im Süden gibt es traditions- und ertragreiche Weingegenden – die größten sind Rheinhessen, die Pfalz, Württemberg, Baden und die Mosel.

Welches Essen in verschiedenen Regionen typisch ist, hängt vor allem von zwei Faktoren ab: von den Produkten, die üblicherweise vorhanden waren, sowie den kulturellen Einflüssen direkter Nachbarn. Deutschland hat neun direkte Nachbarn, so viele wie kein anderer europäischer Staat. Und das merkt man. So hat die südwestdeutsche Küche traditionell einen Hang ins Französische: Flammkuchen, Wein und Käse sind dort viel verbreiteter als im hohen Norden, wo die traditionellen Speisen von Fischerei und Seefahrt beeinflusst sind. Ein typisches Gericht dort ist die Matrosenspeise Labskaus, ein ursprünglich eher unfeiner Brei aus Matjes und mehr oder weniger frischem Pökelfleisch, der mit saurer

200 deutsche und französische Bauern haben auf der Europa-Brücke zwischen Kehl und Strasbourg gegen niedrige Milchpreise protestiert. Mit rund 90 Traktoren zogen die Landwirte auf die Brücke und kippten Milch in den Rhein. Anschließend gossen sie 70 000 Liter auf ein Feld bei Kehl. (Tagesschau-Meldung vom 19. September 2009)

Gurke gegessen wurde. Heute wird Labskaus mit frischem Fleisch in gutbürgerlichen Restaurants im Norden als Spezialität gereicht. In Bayern ist die Küche mit der österreichischen und böhmischen verwandt, während in Berlin und anderen Teilen Ostdeutschlands deftige Gerichte mit polnischem oder russischem Einschlag zu Hause sind. Grützwurst, Eisbein, Königsberger Klopse oder gehaltvolle Suppen wie die Soljanka sind dafür Beispiele. Thüringen ist berühmt für seine Bratwürste. In Nordwestdeutschland könnte man Schnippelbohnensuppe als regionale Spezialität ansehen, genauso wie Grünkohl mit Pinkel – Letzteres ist eine Grützwurst, die vor Fett trieft. Im Rheinland sind Speisen wie Reibekuchen, Sauerbraten oder Himmel und Erde, gebratene Blutwurst mit Kartoffeln und Apfelmus, Tradition. Schwaben ist für seine Maultaschen und Schupfnudeln berühmt, in Hessen dagegen isst man traditionell grüne Soße ebenso wie Presskopf, eine Wurst aus Schweinefleisch und Schwarten. Während man in Südwestdeutschland Schnecken schon lange als Spezialität betrachtet, frönt man in Norddeutschland alljährlich dem grünen Hering, hoch überm Kopf direkt aus dem Fass in den Mund gesteckt und mit Schnaps heruntergespült. So könnte man Dutzende typischer regionaler Gerichte aus der ganzen Republik zusammentragen, die belegen, dass es «die» deutsche Küche eigentlich nie gab und dass die Geschmäcker selbst innerhalb ein und desselben Landes verschieden sind.

Dennoch ist all diesen charakteristischen Spezialitäten etwas Entscheidendes gemeinsam: Wer mit ihnen aufgewachsen ist, für den sind sie ein Begriff von Heimat. Und deshalb behalten sie, relativ unberührt von allgemeinen Ernährungstrends, ihren festen Platz auf dem Speiseplan der Deutschen.

Stichworte · Essen

Rezept für ein Roggenbrot

Um ein Roggenbrot selbst zu backen, benötigt man zunächst einen sogenannten Sauerteig. Dies ist eine Teiggrundlage, die dafür sorgt, dass das Brot locker und saftig wird. Man kann für den Sauerteig fertige Trockenhefe kaufen und etwa 10 Gramm davon in 200 Milliliter lauwarmem Wasser auflösen. Dann rund 150 Gramm Roggen-Vollkornmehl dazugeben und die gutverrührte Mischung 24 Stunden bei Zimmertemperatur abgedeckt stehen lassen.

Die klassische Variante geht so: 100 Gramm Roggen-Vollkornmehl mit so viel lauwarmem Wasser (circa 100 Milliliter) verrühren, bis ein dickflüssiger Teig entsteht. Mehrere Tage zugedeckt an einem warmen Ort (zum Beispiel an der Heizung) aufbewahren und ab und zu kräftig rühren. Der Teig ist fertig, wenn er säuerlich-frisch duftet und viele kleine Bläschen wirft. Wenn man die angegebenen Mengen verdoppelt, kann man die eine Hälfte etwa zwei Wochen lang im Kühlschrank abgedeckt aufbewahren (oder einfrieren) und so als Grundlage für den nächsten Backtag verwenden – einfach einen Tag vor dem Backen mit Wasser und Mehl wiederauffüllen, warm stellen – fertig.

Für ein Roggenbrot mischt man den selbstgemachten Sauerteig mit 300 Gramm Roggen- und 100 Gramm Weizenmehl sowie etwa 250 Milliliter lauwarmem Wasser. Ein bis zwei Teelöffel Salz dazu, alles gut verrühren und dann kneten – dabei Hände und Unterlage gut mehlen, weil Roggenteig klebrig ist. Abgedeckt etwa drei Stunden gehen lassen. Ein Backblech fetten oder mit Backpapier auslegen. Den Teig nochmal durchkneten, in Form bringen und auf das Blech legen (oder in eine Brotform füllen) und noch einmal bis zu 60 Minuten gehen lassen. Mit Mehl bestäuben. Im vorgeheizten Ofen bei 200 bis 220 Grad rund eine Dreiviertelstunde backen. Wer eine besonders knusprige Kruste mag, kann das Brot und das Innere des Ofens während des Backens ab und zu mit ein wenig Wasser besprühen.

Um festzustellen, ob das Brot gar ist, macht man die Klopfprobe: Es muss hohl klingen, wenn man auf den Brotboden klopft. Den fertigen Laib auskühlen lassen und erst einige Stunden danach anschneiden – dann ist das Brot nicht mehr klebrig und schmeckt am besten. Ein morgens gebackenes Brot kann man also gut zum Abendessen verzehren.

Ernährungstrends

Die Speisezettel eines Volkes ändern sich abhängig von der Verfügbarkeit und dem Preis der jeweiligen Produkte, aber auch nach gesundheitlichen Erwägungen. So hat die Rinderseuche BSE in den Jahren 2000 und 2001 dafür gesorgt, dass in Deutschland weniger Rindfleisch gegessen wurde. Diese Delle in der Agrarstatistik ist aber längst ausgeglichen. Andere Entwicklungen hingegen folgen deutlich erkennbaren Trends.* So verbrauchten die Deutschen im Jahr 2008 nur noch 66 000 Tonnen Innereien, 2001 waren es mit 246 000 Tonnen noch beinahe viermal so viel. Ein anderer Trend: Die Deutschen essen immer mehr Teigwaren, also Nudeln, und Reis – und gleichzeitig weniger Kartoffeln und Brot. Im Vergleich zu den fünfziger Jahren essen wir nicht einmal mehr halb so viele

* Quellen: Agrarstatistik des Bundesamtes für Statistik; Ernährungsbericht 2008 der Deutschen Gesellschaft für Ernährung; Nationale Verzehrstudie 2008

Kartoffeln. Waren es früher fast 200 Kilogramm pro Kopf und Jahr, so sind es heute weniger als 80 Kilogramm. Der Verbrauch von Getreideerzeugnissen insgesamt sank seit 1950 etwa im selben Maße wie der Verbrauch von Roggenmehl. In den vergangenen 15 Jahren ist dieser Rückgang beim klassischen Brotmehl zwar weitergegangen, der Gesamtverbrauch von Getreideprodukten hat sich aber erhöht. Das heißt: Die Deutschen essen mehr Brötchen und mehr Nudeln als vor 50 Jahren. Der Verbrauch von Reis hat sich allein seit dem Jahr 2001 von 275 000 Tonnen auf 516 000 Tonnen im Jahr 2008 fast verdoppelt. Neben Klassikern wie Roggen und Kartoffeln verzeichnen auch Alkohol, Eier, Fleisch (außer Geflügel) und Fette zurückgehende Verbrauchszahlen. Die Statistik belegt also den «gefühlten» Trend hin zu etwas leichterem Essen.

Auswärts essen

Deutschland verfügt über eine ausgesprochen vielfältige Restaurant- und Gaststättenlandschaft. Laut Hotel- und Gaststättenverband gab es Ende 2008 bundesweit 238 217 Betriebe des Gastgewerbes, darunter rund 85 000 Restaurants, 29 000 Imbissstuben, 10 000 Cafés und 7000 Eiscafés. Davon sind in der aktuellen Rangliste des Fachmagazins «Der Feinschmecker» neun als «in jeder Hinsicht perfekt» verzeichnet. Aus Sicht der Experten für gehobene Küche gibt es das beste Essen mit weitem Abstand im Südwesten der Republik. Sie empfehlen in ihrer Broschüre «Guide 2010» 133 Restaurants in Baden-Württemberg, 104 in Bayern, 102 in Nordrhein-Westfalen und 45 in Hessen. Abgeschlagen am Ende liegt Sachsen-Anhalt, das angeblich nur ein einziges empfehlenswertes Speiselokal zu bieten hat.

Das Angebot an Restaurants mit ausländischer Küche ist sehr breit, allen voran italienische, chinesische und andere asiatische sowie griechische Speisen werden in Deutschland gern auswärts gegessen. Beim «Fast Food» kämpfen Döner-, Gyros- und Currywurstbuden um Marktanteile gegen amerikanische Ketten, deren Wachstum ungebremst ist. Seit 1975 die erste McDonald's-Filiale in München eröffnet wurde, ist die Zahl der Restaurants auf knapp 1400 gestiegen. Die erste Dependance des Konkurrenten Burger King eröffnete 1976 in Berlin, inzwischen sind es mehr als 500.

Wer kann kochen?

Deutschland hat in den vergangenen Jahren einen Boom von Kochsendungen und Kochbüchern erlebt, dem allerdings eine stetige Zunahme des Absatzes von Fertiggerichten gegenübersteht. Kochen die Deutschen also nur noch in der Theorie gern und gut?

Die aktuelle Statistik besagt, dass sich 65 Prozent der Frauen in Deutschland als sehr gute bis gute Köchinnen einschätzen, bei den Männern halten sich immerhin 32 Prozent für entsprechend kompetent in der Küche. Allerdings gibt es hierbei ein deutliches Gefälle der Altersgruppen. Während drei Viertel der älteren Frauen (65- bis 80-Jährige) nach eigenen Angaben mindestens gut kochen, behauptet das nur jedes dritte Mädchen unter 18 von sich. Bei den Älteren kochen nur zwei Prozent gar nicht gut, bei den Jüngsten sind es 27 Prozent. Bei den Männern finden sich die besten Köche interessanterweise in der Altersgruppe der 25- bis 50-Jährigen (rund 38 Prozent), während junge und alte Männer bis zu 56 Prozent wenig bis gar nicht gut kochen.

Die Statistik untermauert also die gesellschaftliche Annahme, dass junge Menschen (auch Frauen) heutzutage eher wenig kochen (können) – vielleicht auch, weil sie länger bei ihren Eltern wohnen als vor einigen Jahrzehnten. Bei den Männern zeigt sich zudem, dass eine deutliche Mehrheit der Alten vermutlich aufgrund der

Werbeplakat aus den fünfziger Jahren

klassischen Rollenverteilung deutlich weniger kochen kann als die mittleren Altersgruppen, in denen es üblicher ist, dass nicht immer die Frau am Herd steht.

Der Lakritzäquator und andere Kulturgrenzen

Deutschland ist geteilt. Nicht mehr durch eine Mauer, sondern durch eine Linie, die schwarz und süß wäre, wenn man sie aus dem Material herstellte, das der Grund dieser Teilung ist: Lakritz. Die Linie, die man Lakritzäquator nennen könnte, verläuft im Rhein-Main-Gebiet. Nördlich dieser Linie wird mehr Lakritz gegessen, während es gegen Süden immer unbeliebter wird. Die führenden Hersteller bestätigen diese Annahme. So verkauft Katjes etwa 70 Prozent seiner Lakritzproduktion nördlich des Mains. Hoch im Norden verkauft das Unternehmen sogar mehr Lakritz als Fruchtgummi. Haribo beobachtet ein ähnliches Phänomen, lässt sich aber keine konkreten Zahlen entlocken. Immerhin so viel gibt man in der Firmenzentrale in Bonn zu: Auf der Höhe des Rheinlands ist der Absatz von Fruchtgummi und Lakritz etwa gleich groß. Nach Norden hin verschiebt sich das Verhältnis zugunsten von Lakritz, zum Süden hin ist es umgekehrt. Im Süden nennt man Lakritz übrigens regional auch «Bärendreck» – das klingt abschätzig, geht aber auf den Nürnberger Süßwarenhersteller Karl Bär («Zucker-Bär») zurück.

Auf der Suche nach Gründen für die Lakritzgrenze stößt man immer wieder auf einen Zusammenhang mit der Seefahrt. Denn Süßholz, dessen Wurzelextrakt die Basis für Lakritzprodukte ist, wächst in Asien und dem südlichen Mittelmeerraum – weswegen es in Europa zunächst vor allem die Seehandel treibenden Küstenregionen erreichte. Die Vorliebe der seenahen Bevölkerung für salzigere Speisen ist nach Ansicht mancher Experten darüber hinaus der Grund dafür, dass man in Skandinavien, den Niederlanden und

Botanik-Schautafel aus einem Sachbuch über Gartenrüben von 1852

Norddeutschland auch das schärfere, salzige Erwachsenenlakritz schätzt, das sich in Süddeutschland fast gar nicht verkauft.

Wissenschaftlich belegt ist keine dieser Erklärungen. Die Verbrauchszahlen aber sind eindeutig – und sie haben sich seit Jahrzehnten kaum geändert, obwohl man auch in Nürnberg oder Freiburg jederzeit Lakritze kaufen kann.

Neben dem Lakritzäquator gibt es noch einige andere kulinarisch-kulturell bedingte Genussgrenzen in Deutschland. Am bekanntesten ist der Weißwurstäquator. Er könnte ursprünglich tatsächlich jenes Gebiet abgegrenzt haben, in dem die Münchner Weißwurst verbreitet war – eine frische Brühwurst aus Kalbfleisch und Schweinespeck in Schweinedarm, den man nicht mitisst. Dazu gibt's süßen Senf und Brezeln sowie Weißbier. Münchner ziehen den Weißwurstäquator gern in einem Radius von 100 Kilometern rund um ihre Stadt, andere meinen, er verlaufe entlang der Donau. Beide Grenzen haben allerdings den Nachteil, dass sie Teile Bayerns ausschließen. Das ist insofern widersprüchlich, als es sich für viele Experten beim Weißwurstäquator weniger um eine kulinarische als um eine kulturelle Linie handelt, die Österreich und den bayerischen Teil Deutschlands vom preußischen trennt. Deshalb wird er üblicherweise entlang des Mains gezogen. Das passt zumindest heutzutage besser, denn Münchner Weißwürste kann man ja längst nicht mehr nur in München essen.

Als kulturelles nördliches Gegenstück zum Weißwurstäquator gilt die Grünkohlgrenze, wobei die größten Liebhaber dieses herben Gemüses noch weiter nördlich zu finden sind. Grün- oder Braunkohl wurde früher vor allem im Norden angebaut, weil er nach dem Herbstfrost geerntet werden musste. Obwohl das auf die modernen Sorten nicht mehr zutrifft, ist Grünkohl im Norden mehr als nur ein Gericht. Mit ihm verbinden sich traditionelle Kohlfahrten, bei denen viel Alkohol getrunken und auch mal geboßelt wird (siehe *Sport*), sowie offizielle Grünkohlessen mit fettiger Wurst – und Politikern. Insofern ist der Grünkohl für den Norden ein wenig das, was für den Süden die Weißwurst auf dem Oktoberfest ist.

Am liebsten italienisch –
die Lieblingsgerichte der Deutschen

Welche Mengen an Getreide oder Obst verbraucht werden, lässt sich anhand von Produktions- und Verkaufsstatistiken einigermaßen gut ablesen. Aber was machen die Deutschen damit? Welche Gerichte mögen sie am liebsten? Diese Frage ist schwerer zu beantworten – die Faktenlage ist dünn und die Zahl von widersprüchlichen Untersuchungen groß. Eine Annäherung gibt aber immerhin eine repräsentative Umfrage, die Ende 2007 vom Meinungsforschungsinstitut Emnid durchgeführt wurde. Hier die Top 10:

Platz	Gericht
1	Spaghetti bolognese
2	Spaghetti mit Tomatensoße
3	Schnitzel
4	Pizza
5	Rouladen
6	Spargel
7	Sauerbraten
8	Lasagne
9	Steak
10	Nudelauflauf

Das deutsche Reinheitsgebot

Auf Bierflaschen aus deutschen Brauereien gibt es, neben der Warnung, dass man nicht zu viel davon trinken soll, stets einen speziellen Hinweis: Gebraut nach dem deutschen Reinheitsgebot. Diese Formel geht auf die bayerische Brauordnung von 1516 zurück

Hopfen, Gerste: Bier

und besagt, dass ein Bier keine anderen Zutaten enthalten darf als Gerstenmalz, Hopfen und Wasser. Nicht als eigenständige Zutat erwähnt wird die Brauhefe – ohne sie gibt es kein Bier. Doch aus welchen Gründen erließ der bayerische Herzog Wilhelm IV. diese Verordnung vor fast 500 Jahren? Und was hat es mit den Inhaltsstoffen auf sich?

Erstens: Warum Gerste? Bier kann man aus verschiedenen Getreidesorten brauen, auch aus Weizen oder Roggen. Dieses Getreide wurde jedoch zum Backen und damit für die Grundversorgung der

Bevölkerung benötigt und sollte in den damals ohnehin viel mehr von Missernten gebeutelten Zeiten nicht deshalb knapp werden, weil die Brauer daraus Bier herstellten. Braugerste dagegen wird extra für die Bierproduktion angebaut.

Zweitens: Warum Hopfen? Hopfen ist ein Hanfgewächs, das dem Bier seinen typisch bitteren Geschmack verleiht, es haltbarer macht und für eine festere Schaumkrone sorgt. Vor 500 Jahren war es üblich, dem Bier allerlei Gewächse und Früchte zuzusetzen, die den Hopfen ersetzen oder berauschend wirken sollten. Viele dieser Zusätze waren giftig (zum Beispiel Efeu) oder lösten Rauschzustände aus, die weder gesund noch der Obrigkeit geheuer waren. Diesen wilden Experimenten setzte das Reinheitsgebot ein Ende.

Heute gilt es weit über die Landesgrenzen hinaus als Qualitätsmerkmal für Bier. Das Gebot von 1516 gilt als gesetzliche Vorschrift allerdings nur noch für Bier, das in Deutschland für den deutschen Markt gebraut wird. Importiertes Bier, für die Ausfuhr bestimmtes Bier und spezielle Biere dürfen auch andere Inhaltsstoffe enthalten und trotzdem als «Bier» etikettiert werden. Diese Änderung geht auf ein Urteil des Europäischen Gerichtshofs zurück, der 1987 die deutschen Sonderregeln als unverhältnismäßigen Verstoß gegen den freien Warenverkehr in der Europäischen Union ansah.

Süß und salzig – was wir am liebsten naschen

Produktgruppe	Verbrauch 2009	Vergleich 2008	Gegenwert	Vergleich 2008
Schokoladewaren	8,94 kg	−3,5 %	46,11 €	−0,9 %
Feine Backwaren	7,55 kg	−3,6 %	23,52 €	+0,5 %
Zuckerwaren	5,62 kg	−1,8 %	19,12 €	−1,1 %
Eis	3,47 kg	−6,2 %	11,26 €	−3,7 %
Knabberartikel	2,47 kg	+11,8 %	6,12 €	+12,9 %
Gesamt	**30,12 kg**	**−2,3 %**	**110,12 €**	**−0,5 %**

Jährlicher Pro-Kopf-Verbrauch laut einer Schätzung des Bundesverbandes der Süßwarenindustrie

Zuckerwaren: Fruchtgummi, Lakritz, Bonbons, Marzipan, Brausepulver etc.
Schokoladewaren: Schokolade, Schokoriegel, Pralinen, Kuvertüre etc.
Feine Backwaren: Waffeln, Kekse, Lebkuchen etc.
Knabberartikel: Erdnussflips, Chips, Salzgebäck etc. (Erdnüsse sind nicht in der Statistik enthalten)

Brot, Bier, Wurst – und Suppe

Hunderte Brotsorten, Dutzende verschiedener Biere (siehe *Deutsches Reinheitsgebot*) und unterschiedliche Würste sind die Wegmarken, wenn es um die regionalen Unterschiede in der deutschen Küche geht. Eine ähnliche Rolle spielen aber auch Suppen und Eintöpfe. Statistisch gesehen isst jeder Deutsche zwischen 91 Gramm (Männer) und 75 Gramm (Frauen) Suppen oder Eintöpfe am Tag – Nudelgerichte rangieren deutlich dahinter. Das Suppe-Essen nimmt mit dem Alter übrigens erkennbar zu. Die 65- bis 80-Jährigen essen fast doppelt so viel davon wie Teenager. Das hat nicht nur damit zu tun, dass sich Eintöpfe und Suppen für ältere Menschen leichter essen lassen, sondern auch damit, dass sie klassische, gewissermaßen althergebrachte Gerichte sind. Damit sind die jeweiligen Rezepte in einer Zeit der sich angleichenden Vorlieben zugleich «Zeugen» der ursprünglichen regionalen Küchen und ihrer Spezialitäten.

Das ist übrigens auch in anderen Teilen der Welt so. Die Mittelmeerküste Frankreichs etwa ist berühmt für ihre Bouillabaisse, eine reichhaltige Suppe mit verschiedenen Fischsorten, Meeresfrüchten und Gemüse. Im flämischen Teil Belgiens ist der Waterzooi Nationalspeise, ein Eintopf aus Fisch und/oder Fleisch und Wurzelgemüse. Die dicke norditalienische Gemüsesuppe, mit oder ohne Speck, heißt Minestrone, während es in Andalusien (Südspanien) Gazpacho gibt, eine kalte Suppe mit ungekochtem Gemüse. An der Ostküste der USA wird Clam Chowder zubereitet, eine sämige Muschelsuppe – auf der anderen Seite des Kontinents, in San Francisco, eine Touristenattraktion. Andere Suppen haben sogar die Bedeutung eines Nationalgerichts. In Osteuropa gibt es beispielsweise einen regelrechten «Gürtel» von Völkern, die Borschtsch in verschiedenen Rezepturen kochen. Rote Bete gehört zu dieser gehaltvollen Gemüsesuppe jedoch zwingend dazu, fast immer auch Fleisch. So ließen sich für alle Länder regionale Eigenheiten aufzählen. Gerade in Deutschland aber ist die Auswahl regionaler Suppenspezialitäten von Hirnsuppe bis Hechtsuppe besonders groß, wie die folgende – unvollständige – Liste illustriert:

1. **Aalsuppe:** Ein besonders in Norddeutschland beliebter Eintopf. Am bekanntesten ist die Hamburger Variante mit Aal, Suppengemüse, Kräutern, Backobst und Mehlklößchen auf Grundlage einer Rinderbrühe.

2. **Berliner Kartoffelsuppe:** Suppen aus Kartoffeln haben die Berliner selbstverständlich nicht exklusiv, aber die berühmteste Variante stammt von dort. Typisch ist dabei, dass neben Kartoffeln und geräuchertem Speck auch Lauch, Möhren, Zwiebeln, Sellerie und saure Sahne hineingehören sowie eine spezielle Kräutermischung aus Majoran, Kerbel, Petersilie, Lorbeer und Kümmel.

3. **Hadler Hochzeitssuppe:** Ein aus dem nördlichen Niedersachsen stammender Eintopf aus gekochtem Rindfleisch (Ochsenbrust), Hackfleischklößchen und Suppengemüse, der mit Rosinenreis und Weiß- oder Rosinenbrot serviert wird.

4. **Leberknödelsuppe:** Klare Fleischbrühe mit Leberknödeln – wie der Name sagt. Die Knödel werden aus einer Masse von gehackter Rinder- oder Schweineleber mit eingeweichtem Weißbrot (Brötchen), Ei und Gewürzen hergestellt. Als Suppe eine bayerisch-österreichische Spezialität, Leberknödel werden unter dem Namen «Läwwerknepp» auch in der Pfalz gern gegessen.

5. **Leipziger Allerlei:** Ein Gemüseeintopf mit Erbsen, Karotten, Spargel und Morcheln sowie klassisch mit Flusskrebsen und Semmelklößchen. Dieses Gericht ist mit der gleichnamigen Gemüsemischung aus der Dose nur sehr entfernt verwandt.

6. **Ochsenschwanzsuppe:** Stücke vom Ochsenschwanz (also vom Schwanz des Rinds) werden mit Wurzelgemüse gebraten, in einer Fleischbrühe gekocht und dann um regional typische Zutaten ergänzt und gewürzt. Es gibt die angeblich ursprünglich aus Hamburg stammende Suppe als klare und gebundene Variante – und sie ist unter verschiedenen Namen und Rezepturen in vielen Ländern der Welt beliebt.

7. **Pichelsteiner Eintopf:** Ein ursprünglich aus Bayern stammender Eintopf mit Rind, Schweine- und Hammelfleisch und viel Gemüse in einer Fleischbrühe.

8. **Riebelesuppe:** Im Schwäbischen werden aus frischem Nudelteig nicht nur Spätzle hergestellt, sondern auch sogenannte Riebele. Diese zwischen den Händen geriebenen (daher der Name) Teigstangen werden in Brühe gekocht und lediglich mit Petersilie, Schnittlauch und Muskatnuss verfeinert. Riebelesuppe wird, etwas abgewandelt, auch in anderen Regionen gekocht.

9. **Schwammerlsuppe:** Diese bayerische Rahmsuppe wird traditionell aus Pfifferlingen, Steinpilzen und Esskastanien in einer Gemüsebrühe mit Sahne zubereitet, sie kann aber auch mit anderen Pilzsorten und Sauer- statt Süßrahm gekocht werden.

Die Geschichte vom Suppen-Kasper

Der Kaspar, der war kerngesund,
ein dicker Bub und kugelrund.
Er hatte Backen rot und frisch;
die Suppe aß er hübsch bei Tisch.
Doch einmal fing er an zu schrei'n:
„Ich esse keine Suppe! Nein!
Ich esse meine Suppe nicht!
Nein, meine Suppe eß' ich nicht!"

Am nächsten Tag – ja, sieh nur her! –
da war er schon viel magerer.
Da fing er wieder an zu schrei'n:
„Ich esse keine Suppe! Nein!
Ich esse meine Suppe nicht!
Nein, meine Suppe eß' ich nicht!"

Am dritten Tag, o weh und ach!
wie ist der Kaspar dünn und schwach!
Doch als die Suppe kam herein,
gleich fing er wieder an zu schrei'n:
„Ich esse keine Suppe! Nein!
Ich esse meine Suppe nicht!
Nein, meine Suppe eß' ich nicht!"

Am vierten Tage endlich gar
der Kaspar wie ein Fädchen war.
Er wog vielleicht ein halbes Lot –
und war am fünften Tage tot.

«Die Geschichte vom Suppen-Kasper» von Heinrich Hoffmann (1809–1894)

10. Schnippelbohnensuppe: Grüne Stangenbohnen, Rindfleisch, Kartoffeln, Bohnenkraut, manchmal auch noch Mettwurst, alles in Rinderbrühe gekocht – fertig ist dieser typisch deutsche Eintopf für die kalte Jahreszeit. Im Rheinland verwendet man gern sogenannte Fitzebohnen dazu. Das sind saure Bohnen, die durch Gärung haltbar gemacht wurden.

Vegetarier und andere Ausnahmen

Die Nationale Verzehrstudie ergibt, dass sich nur 3,9 Prozent der deutschsprachigen Bevölkerung auf eine spezielle Art und Weise ernähren. Bei den Frauen sind es mit 4,9 Prozent deutlich mehr als bei den Männern (2,9 Prozent), bei den jungen Frauen bis 24 Jahre ist der Anteil mit 6,5 Prozent am höchsten. Die meisten dieser Befragten sind Vegetarier – insgesamt 1,6 Prozent (bei den Frauen 2,2 Prozent). Vegan, also rein pflanzlich, ernähren sich nur ein Prozent der Frauen und weniger als ein Prozent der Männer. Weitere spezielle Ernährungsformen sind Vollwert- und Trennkost. Immerhin 0,6 Prozent der deutschsprachigen Frauen und 0,7 Prozent der deutschsprachigen Männer halten sich an die islamischen Speisevorschriften (Halal).

Die Qualität eines Sauerbratens beschäftigt derzeit ein sächsisches Amtsgericht. Weil das Gericht nicht seinen Vorstellungen entsprach, weigerte sich der Gast bislang, für die Bewirtung zu bezahlen. (Tagesschau-Meldung vom 29. Mai 2002)

Wer isst was? Unterschiede zwischen Bundesländern, Geschlechtern, Altersgruppen, Schichten

«Die» Deutschen gibt es nicht. Auch nicht beim Essen. Zwar muss man, wenn man ein so großes und komplexes Gebilde wie ein Land und seine Bevölkerung angemessen beschreiben und mit anderen Ländern vergleichen will, vieles verallgemeinern. Zugleich gibt es dabei aber immer wieder Dinge, die nicht ins Raster passen – und die den Eindruck erst rund machen. Auch beim Essen. Denn da gibt es im Detail einige erstaunliche Unterschiede zwischen den Bevölkerungsgruppen. Zum Beispiel zwischen Männern und Frauen.

Verbrauchszahlen und eigene Angaben der Befragten in der aktuellen Nationalen Verzehrstudie zeigen, dass Männer quer durchs ganze Land doppelt so viel Fleisch und Wurst essen wie Frauen. Ein Durchschnittsmann isst 160 Gramm davon täglich, eine Durchschnittsfrau nur 83 Gramm. Bei nur wenigen Lebensmitteln ist die Diskrepanz der Geschlechter ähnlich groß. Darunter: Bier. Männer konsumieren rund 250 Gramm (also etwa eine Flasche) täglich, sechsmal so viel wie Frauen. Männer essen auch mehr Kartoffeln, mehr Fett, mehr Brot – logisch, dass die Gesamtmenge bei ihnen größer ist. Frauen hingegen essen mehr Obst und Gemüse. Allerdings unterschreiten fast alle Deutschen, egal ob Männer oder Frauen (insgesamt 89 Prozent) den von der Deutschen Gesellschaft für Ernährung empfohlenen Wert von 400 Gramm Gemüse täglich. Bei Milch, Käse und Süßigkeiten gibt's im Bundesschnitt keine großen Unterschiede zwischen den Geschlechtern.

Allerdings ist selbst der Bundesschnitt kein Richtwert, der immer passt. Denn beim Lebensmittelverbrauch schwanken die Zahlen in den Bundesländern teilweise erheblich. Klar erkennbar ist dabei ein Ost-West-Gefälle. So wird im Osten mehr Obst gegessen als im Westen, ebenso verhält es sich mit Kartoffeln, Brot, Streichfetten und Wurst. Dagegen trinken «Wessis» mehr Milch, mehr Kaffee und mehr schwarzen Tee – hier sind die Hamburger bundesweit spitze. Das meiste Getreide verbrauchen die Baden-Württemberger, vermutlich liegt das vor allem an den regionaltypischen Nudel- und Mehlspeisen. Die Rheinland-Pfälzer trinken mehr als dreimal so viel Wein wie die Bremer, in Mecklenburg-Vorpommern essen die Männer beinahe doppelt so viel Fisch wie im Saarland. Statistiken, die sich mit der Lage und der Tradition der Region leicht erklären lassen.

Ein weiteres Kriterium ist das Alter. So essen jüngere Deutsche mehr Süßigkeiten als alte, sie trinken mehr gezuckerte Getränke wie Limonade und mehr Milch. Kaffee und schwarzer Tee werden überproportional in der Altersgruppe der 35- bis 50-Jährigen getrunken, vermutlich auch, weil dies typische Bürogetränke sind. Die Spitzenwerte beim Biergenuss erreicht die Altersgruppe der 19- bis 24-Jährigen, während Wein und Sekt eher von den Älteren getrunken werden. Interessant ist auch die Fisch-Statistik: Dessen Beliebtheit steigt kontinuierlich mit dem Alter. Deutsche Teenager essen nur sechs Gramm Fisch oder Krustentiere täglich, die 65- bis 80-Jährigen essen 21 Gramm – also mehr als dreimal so viel.

Regelrecht dramatisch sind jedoch die unterschiedlichen Ernährungsgewohnheiten zwischen den sozialen Gruppen in Deutschland. Die Befragten, die in der Nationalen Verzehrstudie als Angehörige der Unterschicht definiert wurden, essen durchgängig weniger Obst und Gemüse und stattdessen mehr Fleisch, mehr Knabberartikel, aber auch mehr Eintöpfe und Suppen. Das einstige Arme-Leute-Essen Fisch dagegen ist heutzutage in Deutschland eine Vorliebe der Oberschicht und der oberen Mittelschicht. Der Bierkonsum nimmt mit steigendem sozialem Status ab, der Wein- und Sektkonsum dagegen zu. Bei den Frauen trinken die oberen Schichten unterm Strich sogar mehr Alkohol als die unteren.

All diese Statistiken ergeben ein sehr vielschichtiges Bild, das belegt, wie sehr unsere Essgewohnheiten von äußeren Einflüssen abhängen: Regionale und soziale Herkunft, Bildungsgrad, Gesundheitsbewusstsein, der Lebensstil und das Alter – all dies entscheidet mit darüber, was den Deutschen schmeckt.

10. Regen, Regen, Regen?
Das Wetter

Wann wird's mal wieder richtig Sommer?

Es gibt vieles, das die Deutschen an ihrem Land schätzen. Soziale Sicherheit zum Beispiel oder den hervorragend organisierten öffentlichen Nahverkehr, das gute Straßennetz, das leistungsfähige Gesundheitssystem und die stabile Demokratie, gutes Essen und schöne Landschaften. Aber nur wenige werden behaupten: «Ich lebe gern in Deutschland, weil hier das Wetter so gut ist.» Im Allgemeinen finden In- und Ausländer, dass es hierzulande zu oft regnet und zu kalt ist. Daran dürfte auch die Tatsache nicht viel ändern, dass der Zeitraum zwischen dem Jahr 2000 und Ende 2009 der wärmste seit langem war – laut Deutschem Wetterdienst lag die Durchschnittstemperatur von 9,4 Grad Celsius um 1,2 Grad über dem langjährigen Mittelwert, der für den Zeitraum 1961 bis 1990 errechnet wurde. Die Experten führen dies auf den Klimawandel zurück, wobei die Temperaturen längst nicht überall auf der Welt so gestiegen sind wie in Deutschland. Aber ob mit oder ohne Klimawandel: Wenn man sich die Daten genauer ansieht und international vergleicht, stellt man fest, dass das Wetter in Deutschland schon seit jeher besser ist als sein Ruf.

Zunächst einmal ist es in der Regel nicht extrem. Deutschland gehört zur sogenannten gemäßigten Klimazone und liegt im besten Sinne klimatisch «dazwischen» – zwischen dem maritimen Klima Westeuropas und dem osteuropäischen Kontinentalklima. Außerdem sorgt der warme Golfstrom dafür, dass Deutschland

Regenschirm empfohlen: Touristen in Dresden

trotz seiner sehr nördlichen Lage keine Dauerkälte ertragen muss. Es lässt sich also eigentlich das ganze Jahr über in Deutschland gut aushalten. Extreme Hitze, extreme Kälte, extreme Stürme und extreme Regenperioden sind Ausnahmen. In einem durchschnittlichen Jahr kann jeder Deutsche dagegen sowohl Sonnenschein als auch Schnee genießen. Entsprechend sind unsere Städte, Häuser und Autos auch ausgerüstet. Unsere Küstenregionen und Flussregionen sind zum Beispiel überall dort, wo Springfluten oder Hochwasser drohen, durch Deiche geschützt (siehe *Sturmfluten* und *Hochwasser*). Das klingt logisch, ist aber in weniger gut entwickelten Teilen der Welt keine Selbstverständlichkeit. Mancher wird es selbst schon am eigenen Leib im Urlaub erlebt haben: In Südeuropa und Nordafrika läuft man wegen der auf Kühlung ausgerichteten Bauweise und fehlender Heizungen Gefahr, entsetzlich zu frieren, wenn die Sonne mal nicht brennt. Deutschland dagegen hat für jede Witterung die richtige Antwort parat.

Erstaunlicherweise stöhnen die Deutschen trotzdem im Sommer über Temperaturen, die etwa im amerikanischen Bundesstaat Arizona noch als erfrischend durchgehen (siehe *Wetterrekorde*). Und jedes Jahr scheint für viele Bundesbürger der Wintereinbruch wieder einmal überraschend zu kommen: Staus und Verspätungen wegen Verkehrsunfällen und eingefrorener Weichen sind dann Dauerthema in den Nachrichten. Dabei ringt das bisschen Schnee und Eis, das in Deutschland für Aufsehen sorgt, einem Menschen im Osten Russlands vermutlich nur ein müdes Lächeln ab. In den Wüstengegenden des afrikanischen Staates Sudan regnet es jahrelang überhaupt nicht, während die Menschen in Bangladesch oder Teilen Indiens alljährlich in der Monsunzeit wortwörtlich im Regen ertrinken. Kurz: Vernünftigerweise kann man nur zu dem Schluss kommen, dass die Deutschen geradezu beneidenswert angenehmen Wetterbedingungen ausgesetzt sind.

Trotzdem beschwert man sich gern über das Wetter und kommt oft zum Schluss, dass es früher einfach besser gewesen sei. Damals, so heißt es dann, konnten wir in jedem Winter auf den zugefrorenen Seen Schlittschuh laufen. Und erst die Sommer! Sonnenschein von Anfang Juni bis Ende September. «Wann wird's mal wieder richtig Sommer?», sang der inzwischen verstorbene Entertainer Rudi Carrell schon 1975. Dass der gebürtige Holländer (dort regnet es übrigens mehr als in Deutschland) dies ironisch gemeint haben könnte, wird an der Textzeile deutlich, in der es heißt: «Dies Klima hier, wen wundert's? Denn schuld daran ist nur die SPD» – also die damals regierende Partei, die für viele Dinge verantwortlich war, aber für das Wetter mit Sicherheit nicht. Der Sommer 1975 war, nebenbei bemerkt, absolut durchschnittlich.

Wie soll man mit so einer Hitze nur umgehen? Im Wasser war sie wohl heute am besten zu ertragen. Bei Temperaturen von teilweise über 37 °C strömten die meisten, die irgendwie konnten, ins Freibad. (Tagesschau-Meldung vom 20. August 2009)

Auch Bauernregeln und andere Wetter-Mythen sind in Deutschland ausgesprochen populär. Dazu zählen der «Hundertjährige Kalender» oder der Einfluss des Mondes aufs Wetter. Viele dieser angeblichen Phänomene sind purer Aberglaube, manche stimmen aber auch – zum Beispiel die Regeln zur sogenannten Schafskälte, einem Kälteeinbruch um den 11. Juni, der relativ häufig vorkommt. Das sagen zumindest die Meteorologen. Und die müssen es wissen, verfügen sie doch über Temperatur-Messreihen, die bis zu 290 Jahre alt sind.

Die kontinuierliche Beobachtung des Wetters an Tausenden von Messstationen zeigt zum Beispiel, dass es in Deutschland nicht etwa im Januar oder März den stärksten Niederschlag gibt, sondern im Juni. Und am meisten regnet oder schneit es nicht im Norden, sondern im Süden. In Bayern fallen im Schnitt 904 Liter Regen und Schnee pro Quadratmeter, gefolgt von Baden-Württemberg (903) und Nordrhein-Westfalen (892). Die wärmsten Bundesländer sind im langjährigen Durchschnitt 1961 bis 1990 laut Deutschem Wetterdienst das Saarland mit 9,1 Grad und Berlin mit 9,0 Grad Celsius Durchschnittstemperatur. Am kältesten ist es in Thüringen mit 7,5 Grad sowie Bayern und Sachsen mit je 7,7 Grad Celsius. Die meisten Sonnenstunden pro Jahr haben allerdings die Nord- und Ostseeinseln, was dazu führt, dass Mecklenburg-Vorpommern zwar nicht

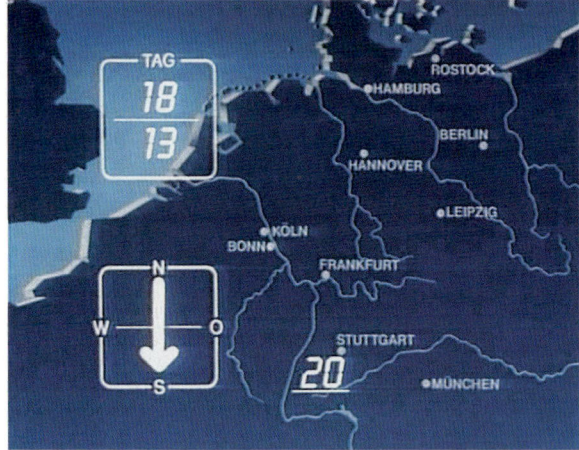

«Tagesschau»-
Wetter im
Wandel der Zeit:
1960, 1978 und
2010

das wärmste, aber doch das sonnenreichste Bundesland ist. Vom Sonnenschein in Küstennähe profitiert übrigens auch Hamburg. Das vielzitierte Hamburger Schmuddelwetter ist, wenn man nicht das Gefühl der Einwohner, sondern die nackten Zahlen zugrunde legt, gar nicht typisch. Als sich eine Reporterin der Zeitung «Welt am Sonntag» beim Wetterexperten Jörg Kachelmann über den langen Hamburger Winter 2006 beschwerte, antwortete dieser: «Sie leben in einer privilegierten Stadt mit dem besten Wetter aller Großstädte. Genießen Sie dieses Gefühl.» Denn in Hamburg scheint die Sonne selbst in einem schlechten Jahr deutlich häufiger als im Harz oder in Bonn.

Regional unterscheidet sich das Wetter ohnehin oft deutlich vom Durchschnitt. In der Kölner Bucht, der Ebene im Raum Aachen-Bonn-Düsseldorf, gibt es im Vergleich zum Berliner Raum zum Beispiel gar keine richtigen Jahreszeiten. Zumindest haben die Kölner das Gefühl, ihr Wetter sei immer so lala: relativ viel Regen, meistens trüb, milde Winter mit wenig Schnee. In Berlin dagegen ist es im Sommer richtig warm und hell und im Winter eisig kalt. Diese Wahrnehmung wird von den Statistiken bestätigt. An der Messstation des Flughafens Köln/Bonn ermittelte der Deutsche Wetterdienst im langjährigen Jahresschnitt 1961 bis 1990 genau 803 Liter Niederschlag je Quadratmeter. Die Sonne schien 1504 Stunden lang. Im Dezember schien die Sonne dabei im Schnitt nur 1,4 Stunden täglich, im Juli immerhin 6,3 Stunden. Die Durchschnittstemperatur lag bei 9,6 Grad und schwankte zwischen 1,8 Grad im Januar und 17,8 Grad im Juli.

Am zweiten Weihnachtstag vor 10 Jahren fegte Orkan «Lothar» über Deutschlands Südwesten hinweg. Mit Windgeschwindigkeiten von mehr als 200 km/h knickte er Bäume um wie Streichhölzer. Solche Waldschäden hatte man bis dahin nicht gesehen. (Tagesschau-Meldung vom 23. Dezember 2009)

Am Flughafen Berlin-Tempelhof regnete es dagegen nur 584 Liter je Quadratmeter pro Jahr. Die Sonne schien im Dezember mit 1 Stunde und 10 Minuten noch weniger als in Köln, dafür war es aber im Juli mit 7,4 Stunden täglich mehr als eine Stunde länger sonnig. Auch die Temperatur schwankte in Berlin stärker – zwischen –0,2 Grad im

Januar und 18,8 Grad im Juli. Im Jahresschnitt war es in Berlin mit 9,4 Grad sogar 0,2 Grad kälter als am Rhein. Insgesamt wird der Eindruck voll bestätigt, dass das Wetter in Köln viel beständiger – gefühlt: langweiliger – und in Berlin viel abwechslungsreicher ist. Die Kölner Bucht ist sogar eine eigene Wetterzone, die zu den wärmsten des Landes gehört und reich an Regen ist.

Trotzdem muss der Kölner nicht aufs Skifahren verzichten: In den Bergen der Eifel und im Hochsauerland gibt es die weißen Winter, die der Ebene oft fehlen. Denn das Wetter ist ja nicht abhängig von Landesgrenzen, sondern von klimatischen und geographischen Bedingungen wie der Nähe zum Meer und zu Gebirgen. Und weil die Landschaften in Deutschland sehr unterschiedlich sind, ist es auch das Wetter. Während in manchen Bergregionen Deutschlands ganzjährig Schnee liegt, wird im Südwesten, der tendenziell warm und regenreich ist, sogar Wein angebaut. Und eines ist an langen Regentagen ebenso gewiss wie tröstlich: So viel wie in England regnet es hierzulande tatsächlich nicht.

Stichworte · Wetter

Wenn das Wetter ganz anders ist ...

Durchschnittliches Wetter in Deutschland, das bedeutet übers Jahr je nach Region gesehen: zwischen 9 und 10 Grad, 600 bis 900 Liter Niederschlag pro Quadratmeter und etwa 1700 Sonnenstunden. Umso mehr erinnert man sich an Jahre, die von solchen mittleren Werten besonders stark abweichen. So war es in Deutschland Mitte der fünfziger Jahre besonders kalt. 1955 bibberte die junge Republik auch im Frühling noch. 5,9 Grad betrug die durchschnittliche Temperatur, gerade mal 0,2 Grad mehr als 1883. Damals erlebte Deutschland das kälteste Frühjahr, das in den Datenreihen der Meteorologen überhaupt verzeichnet ist.

1956 wurde es kaum gemütlicher, im Gegenteil. Dieses Jahr war mit nur 6,8 Grad insgesamt das kälteste seit dem Zweiten Weltkrieg, nur knapp unterboten vom Kriegsjahr 1940. Immer, wenn man das Gefühl hat, mal wieder um den Sommer betrogen worden zu sein, hilft ein Blick auf 1956. Bei einer durchschnittlichen Temperatur von 14,7 Grad kann man den damaligen Sommer in der Tat getrost als «ausgefallen» bezeichnen. Zu allem Überfluss war er auch noch verregnet. Fast 365 Liter Niederschlag pro Quadratmeter sind für diese Jahreszeit Rekord – wenn man vom Sommer 1882 absieht, in dem es laut den Daten noch 10 Liter pro Quadratmeter mehr waren.

Das andere Extrem war der Hitzesommer 2003 mit 19,7 Grad im Schnitt. Warm war auch der Sommer 2006, wie man an den Bildern von der Fußballweltmeisterschaft in Deutschland sehen kann. Überhaupt war das WM-Jahr hinter dem Rekordjahr 2000 eines der wärmsten überhaupt. Die auf das «Sommermärchen» folgenden Jahreszeiten Herbst 2006, Winter 2006/2007 und der Frühling 2007 waren die wärmsten ihrer Art in der Geschichte der Republik.

Während niemand mehr lebt, der die Kälte- oder Niederschlagsrekorde aus dem 19. Jahrhundert erdulden musste, erinnern sich viele Deutsche noch an den Jahreswechsel 1978/79 – vor allem, wenn sie aus dem Nordosten kommen. Am 28. Dezember 1978 brach nach einem milden Weihnachtsfest über den Ostseeraum ein Schneesturm herein, der tagelang wütete. Die Ostsee fror teilweise zu. Der Schnee türmte sich an einigen Orten meterhoch. Zwei Tage lang war ein Zug auf der Ostseeinsel Rügen eingeschneit, in Hamburg kam der S-Bahn-Verkehr vorübergehend zum Erliegen. Ganze Orte waren von der Stromversorgung abgeschnitten und ohne Telefon. Im Westen musste die Bundeswehr Katastrophenhilfe leisten, im Osten die NVA. Mehr als zwanzig Menschen starben. Die Schneedecke war noch nicht weggetaut, als Mitte Februar 1979 die nächste Eis- und Schneekatastrophe folgte und vor allem Schleswig-Holstein, Niedersachsen und Mecklenburg-Vorpommern traf. Vom 28. Dezember bis zum 4. März lag Norddeutschland unter einer geschlossenen Schneedecke.

Fünfeinhalb Jahre später, am Abend des 12. Juli 1984, war der Süden dran. München und Oberbayern erlebten nach tagelanger Schwüle ein Gewitter mit einem massiven Hagelsturm – der den bis dahin größten Versicherungsschaden aufgrund eines Naturereignisses in Deutschland auslöste. Die Hagelkörner waren teilweise so groß wie Tennisbälle. In einem Rückblick 25 Jahre danach schrieb die Münchner Tageszeitung «tz»: «Mit solcher Wucht schlugen die Eis-Bomben ein, dass Autokarosserien nach wenigen Minuten aussahen wie Knäckebrot. Scheiben barsten und Ziegel fielen in Trümmern von den Dächern. Auf dem Flughafen Riem durchschlugen Hagelbrocken die Landeklappen von Passagierjets.» Drei Tote, 300 Verletzte, 200 000 zerbeulte Autos, 70 000 beschädigte

Gebäude und ein Gesamtschaden von geschätzt drei Milliarden Mark (etwa 1,5 Milliarden Euro) war dem Bericht zufolge die Bilanz des Unwetters.

Auch so etwas kann also passieren in Deutschland. Tröstlich ist daran: Es passiert nicht oft.

Deutsche Wetterrekorde

- **Höchste Temperatur: 40,2 °C**
  Gemessen am 27. Juli 1983 in Gärmersdorf bei Amberg (Oberpfalz), am 9. August 2003 in Karlsruhe und am 13. August 2003 in Freiburg und Karlsruhe
  Weltrekord: 57,3 °C
  Gemessen im August 1923 in El Asisija (Libyen)
- **Niedrigste Temperatur: −37,8 °C**
  Gemessen am 12. Februar 1929 in Hüll, Ortsteil von Wolnzach (Kreis Pfaffenhofen/Ilm, Oberbayern)
  Weltrekord: −89,2 °C
  Gemessen am 21. Juli 1983 in Wostok (Antarktis)
- **Maximale Schneehöhe: 8,30 Meter**
  Am 2. April 1944 auf dem Zugspitzplatt (Schneefernerhaus, 2650 Meter über Normalnull)
- **Maximaler Schneefall innerhalb eines Tages: 1,50 Meter**
  Am 24. März 2004 auf der Zugspitze
  Weltrekord: 1,93 Meter
  Am 14./15. April 1921 in Silverlake (Colorado, USA)
- **Späteste Schneedecke unterhalb von 1000 Metern**
  Am 2. Juni 1962 mit 4 Zentimeter in Kempten (Bayern) und 6 Zentimeter in Oberstdorf (Bayern)
- **Die meisten Sonnenstunden pro Monat: 403 Stunden**
  Im Juli 1994 am Kap Arkona (Rügen)

- **Die wenigsten Sonnenstunden pro Monat: 0 Stunden**
  Im Dezember 1965 auf dem Großen Inselsberg (Thüringer Wald)
- **Der kräftigste Wind (Böenmaximum) im Tiefland: 184 km/h (= 51 m/s)**
  Gemessen am 3. Dezember 1999 in List auf Sylt
- **Der kräftigste Wind (Böenmaximum) im Bergland: 335 km/h (= 93 m/s)**
  Gemessen am 12. Juni 1985 auf der Zugspitze
  Weltrekord: 416 km/h (=116 m/s)
  Gemessen am 12. April 1934 am Mount Washington (New Hampshire, USA)
- **Die längste Nebeldauer: 242 Stunden**
  Vom 7. Mai bis 17. Mai 1996 an der Station Neuhaus/Rennweg (Thüringer Wald)
- **Nebelhäufigkeit pro Jahr: 330 Tage**
  1958 auf dem Brocken (Harz, 1142 Meter über Normalnull)

Quelle: Deutscher Wetterdienst

Wie Hoch- und Tiefdruckgebiete ihre Namen bekommen

Wenn am Ende der «Tagesschau» der Wetterbericht kommt, dann ist darin nicht nur von Temperaturen und Niederschlägen die Rede – es kommen oft auch Namen vor. «Das Tief ‹Natascha› zieht heran», heißt es dann zum Beispiel. Oder das Hoch «Eberhard». Was hat es damit auf sich?

Wissenschaftlich sind natürlich nicht die Namen wichtig, sondern das, was sie bezeichnen: Luftdruckgebiete. Denn das Wetter wird unter anderem vom Luftdruck bestimmt. Deshalb spielen im Wetterbericht Hoch- und Tiefdruckgebiete eine wichtige Rolle. In

Hochdruckgebieten wird die Luft nach unten gedrückt, der Luftdruck ist also höher, der Himmel meist klar – entsprechend schön ist das Wetter. In Tiefdruckgebieten ist es genau umgekehrt: Die Luft steigt nach oben. Wenn eine Region von einem Tiefdruckgebiet beeinflusst wird, ist der Himmel öfter bewölkt und Niederschlag häufiger. Aus diesem Grund werden «Hochs» mit gutem und «Tiefs» mit schlechtem Wetter in Verbindung gebracht. Das wiederum hat dazu geführt, dass die Regeln für die Namensvergabe dieser Luftdruckzonen geändert wurden. Bis 1998 war es grundsätzlich so, dass Hochdruckgebiete männliche Namen erhielten und Tiefdruckgebiete weibliche. Das fanden Frauenverbände diskriminierend – und deshalb wird seitdem jedes Jahr getauscht. 2009 bekamen alle «Hochs» weibliche Namen, 2010 alle «Tiefs».

Dass alle Luftdruckgebiete, die das Wetter in Mitteleuropa beeinflussen, einen Vornamen bekommen, geht auf eine Idee des Wetterdienstes in den USA zurück – er begann während des Zweiten Weltkriegs damit, Taifune im Pazifik mit weiblichen Vornamen zu benennen. Die Namen wurden in alphabetischer Reihenfolge vergeben, man begann also beim ersten Taifun mit einem Namen, der mit A anfängt, arbeitete sich bis Z vor und begann wieder bei A. Das erleichterte es, den Überblick über die Wetterlage zu behalten. 1954 hatte die Meteorologie-Studentin Karla Wege an der Freien Universität (FU) Berlin die Idee, auch den Druckgebilden in Mitteleuropa Namen zuzuteilen. Seitdem ist die FU Berlin neben dem Wetterdienst der USA die einzige Einrichtung auf der Welt, die Druckgebiete tauft. Die Namen dachten sich die Metereologen an der FU selbst aus. Die Medien in Berlin übernahmen sie, weil es eine eingängige Form ist, etwas so abstraktes wie Luftdruckzonen den Hörern, Zuschauern und Lesern näherzubringen. Wirklich populär wurde die Praxis, als 1990 starke Stürme durchs Land zogen – die Orkantiefs «Vivian» und «Wiebke» waren in aller Munde.

Sturmtief «Xynthia» hat bei seinem Zug durch Europa auch in Deutschland schwere Schäden verursacht. Mindestens sechs Menschen kamen ums Leben. Die ganze Nacht über waren Feuerwehren und Technisches Hilfswerk im Einsatz, um Sturmschäden zu beseitigen. (Tagesschau-Meldung vom 1. März 2010)

Die Namen werden in die Wetterkarten des Meteorologischen Instituts der FU eingetragen und an die Wetterdienste und die Medien weitergegeben. Obwohl die Verwendung der Namen nicht verbindlich ist, ist es in fast allen deutschen Medien inzwischen üblich, sie zu nennen – zumindest bei jenen «Hochs» und «Tiefs», die etwas außergewöhnlicher sind. So wie bei den Orkanen «Kyrill» 2007 und «Xynthia» 2010.

Seit 2002 werden die Druckgebilde übrigens nicht mehr von den Wissenschaftlern selbst getauft. Stattdessen kann jeder, der möchte, eine Patenschaft übernehmen – Firmen ebenso wie Privatpersonen. Wer schon immer einmal in der «Tagesschau» etwas vom Hoch «Arthur» hören wollte, kann also bei der FU Berlin den Antrag stellen, das nächste Hochdruckgebiet, das mit «A» anfangen und einen Männernamen bekommen soll, entsprechend benennen zu dürfen. Pro Jahr werden im Schnitt 50 bis 60 «Hochs» und 150 «Tiefs» getauft – «Hochs» halten länger. Deshalb kostet die Patenschaft mit derzeit 299 Euro 100 Euro mehr als bei einem Tief. Die Patenschaften kann man direkt bei der FU erwerben oder auch im Internet ersteigern. Den Erlös nutzt die Universität dazu, die Wetterbeobachtung an einer bestimmten Station in Berlin wie bisher aufrechtzuerhalten: der Wetterstation 10 381. Sie liegt im Stadtteil Dahlem nahe der Universität, und an ihr wird seit Jahrzehnten das Wetter nicht nur zu bestimmten Zeiten beobachtet, sondern rund um die Uhr. Seit 2002 versehen vor allem die Meteorologie-Studenten des Instituts diesen Dienst. Ohne die Einnahmen aus den Patenschaften wäre dieses Projekt, das den angehenden Wetterwissenschaftlern eine praxisnahe Ausbildung ermöglicht, für die Universität wahrscheinlich nicht weiter finanzierbar gewesen.

Das Hoch «Arthur» gab es übrigens wirklich. Das Management des deutschen Boxers Arthur Abraham hat es getauft – Anfang Januar 2010 erreichte es Deutschland.

Mehr über die Geschichte der Wetterpatenschaften und die aktuelle Namenliste gibt es im Internet bei der FU Berlin unter: http://www.met.fu-berlin.de/wetterpate/

Was ist …

… Meteorologie?

Diese naturwissenschaftliche Disziplin beschäftigt sich vor allem mit der Beobachtung und Erforschung des Wetters und des Klimas. Wetterbeobachtung und -vorhersage ist zwar deren älteste und bekannteste Fachrichtung, die Meteorologie deckt aber noch weit mehr Wissenschaftsbereiche ab. Das Wort Meteorologie selbst geht auf das Griechische zurück und meint die «Diskussion der Erscheinungen des Himmels». Die Menschen, die etwa in der «Tagesschau» das Wetter erklären, sind also keine «Wetterfrösche», sondern meist wissenschaftlich ausgebildete Meteorologen.

… Biowetter?

Das Wetter möglichst genau vorhersagen zu können ist für den Menschen seit Jahrtausenden eine wertvolle Fähigkeit. Der richtige Zeitpunkt für Saat und Ernte hängt vor allem vom Wetter ab, ebenso wie die Luft- und die Seefahrt auf verlässliche Vorhersagen angewiesen sind. Deshalb bieten die Wetterdienste, egal ob staatliche wie der Deutsche Wetterdienst oder private, für ihre Kunden auch spezielle Vorhersagen wie das Flug-, See- und Agrarwetter an. Seit einiger Zeit ist in den Medien regelmäßig auch das Biowetter hinzugekommen. Darunter summieren sich Phänomene, die unser Wohlbefinden oder gar die Gesundheit beeinflussen und mehr oder weniger direkt mit dem Wetter zu tun haben. So kann die Pollenflugvorhersage bestimmen, wann die Konzentration von allergieauslösenden Pollen in der Luft besonders groß ist – und die Betroffenen wissen rechtzeitig, wann sie lieber nicht im Wald herumspazieren sollten.

... gefühlte Temperatur?

Ein weiterer Aspekt des Biowetters ist die sogenannte gefühlte Temperatur. Sie anzugeben ist eine Reaktion darauf, dass Menschen ein- und dieselbe Temperatur unterschiedlich wahrnehmen können. Ist es windig, fühlt es sich für uns beispielsweise kälter an als bei Windstille. Ist es trocken und sonnig, fühlen sich drei Grad deutlich wärmer an, als wenn es feucht und der Himmel wolkenverhangen ist. Zudem ist es natürlich ein Unterschied, ob man bei 25 Grad mit einem kühlen Getränk im Garten liegt oder ob man bei derselben Temperatur schwer körperlich arbeiten muss. Nicht zu vergessen: Ist man passend angezogen? Ob und wie man das von all diesen Faktoren beeinflusste Wärme- und Kältegefühl in Zahlen wiedergeben kann, ist nicht unumstritten – und ziemlich kompliziert.

Der Deutsche Wetterdienst (DWD) verwendet dafür das sogenannte Klima-Michel-Modell, wobei mit «Michel» tatsächlich der deutsche Michel gemeint ist – die klassische Karikatur des Durchschnittsdeutschen mit einer Schlafmütze auf dem Kopf. In dem Modell werden auf der Grundlage idealisierter Standardwerte sowie unter Berücksichtigung der passenden Kleidung das «thermische Empfinden eines Mannes, der 1,75 Meter groß ist, 75 Kilo wiegt und etwa 35 Jahre alt ist», berechnet.

Jahresrekorde seit 1901 (nach Durchschnittswerten)

Wärmster Sommer:	**2003** mit 19,7 °C
Kältester Sommer:	**1956** mit 14,7 °C
Trockenster Sommer:	**1911** mit 124,0 mm
Nassester Sommer:	**1927** mit 349,8 mm
Wärmster Winter:	**2006/07** mit 4,4 °C
Kältester Winter:	**1962/63** mit −5,5 °C
Wärmstes Jahr:	**2000** mit 9,9 °C
Kältestes Jahr:	**1940** mit 6,6 °C
Trockenstes Jahr:	**1959** mit 551,6 mm
Nassestes Jahr:	**2002** mit 1018,1 mm

Quelle: Deutscher Wetterdienst

Die Sturmflut von Hamburg

In der Nacht vom 16. zum 17. Februar 1962 bricht über Hamburg die schlimmste Naturkatastrophe in der Geschichte der Bundesrepublik herein. An mehr als fünfzig Stellen brechen in jener Nacht die Deiche, unter anderem deshalb, weil sie seit längerer Zeit nicht mehr verstärkt worden waren. Dieses Versäumnis erweist sich als fatal in einer Situation, in der das Sturmtief «Vincinette» (siehe *Wetterpatenschaften*) wütet und eine Springflut auslöst, also eine Flut, die höher ist als normal. Verstärkt wird dieses Gezeitenphänomen, wenn Vollmond ist – und in der Sturmflutnacht ist Vollmond. Die Flut, die inzwischen in drei Fernsehfilmen rekonstruiert und nacherzählt wurde, spielt sich in der ganzen Deutschen Bucht ab. Die Weser-Elbe-Region, Bremen und Bremerhaven, das Alte Land (siehe Kapitel *Geographie*) sind ebenfalls betroffen, auf der Nordsee geraten Schiffe in Seenot. Am stärksten aber trifft es Hamburg, weswegen die Flut als Hamburger Ereignis im Gedächtnis bleibt. Etwa ein Sechstel des Stadtgebiets wird überflutet, es kommen mehr als 300 Menschen in der Metropole ums Leben, Zehntausende verlieren ihre Wohnungen. Besonders hart trifft es den Stadtteil Wilhelmsburg. In den überspülten Gegenden leben damals noch viele Menschen in Behelfsunterkünften, weil ihre Häuser während des Kriegs zerbombt worden waren.

Der spätere Bundeskanzler Helmut Schmidt (SPD) wird in der Katastrophe zum Helden. Als Innensenator der Stadt fordert er am Morgen des 17. Februar nicht nur die Bundeswehr, sondern auch Soldaten der Nato – des westlichen Verteidigungsbündnisses – zur Unterstützung an, obwohl er dazu in seiner Position eigentlich nicht befugt ist. Und so leisten 1962, nicht einmal 17 Jahre nach Ende des Zweiten Weltkriegs, Truppen der ehemaligen Feinde (etwa aus Großbritannien) den Hamburgern tatkräftigen Beistand. In Bremerhaven helfen US-Soldaten dabei, den Deich an der Weser zu halten.

Hamburger Katastrophe: Menschen werden im Februar 1962 aus ihren
überfluteten Häusern gerettet

Der Gesamtschaden in der Stadt wird auf mehr als 750 Millionen Mark (etwa 375 Millionen Euro) geschätzt. In der Folge entstehen neue Pläne für Katastrophen- und Küstenschutz, die eine Katastrophe wie 1962 künftig verhindern sollen.

Sturmfluten und ihre Folgen

Sturmfluten haben die Geschichte Norddeutschlands stark geprägt. Die Chroniken der Region sind voll von Beschreibungen solcher Katastrophen, die im Lauf der Jahrhunderte Zigtausende Menschen und unzählige Tiere das Leben kosteten. Aber nicht nur im Gedächtnis der Menschen, sondern auch in der Landschaft haben diese Fluten ihre Spuren hinterlassen. Denn das heutige Aussehen der Küste geht auch auf den Einfluss jener gewaltigen Naturereignisse zurück.

So entstand bei der ersten historisch überlieferten Flut an der Nordseeküste, der Julianenflut 1164, eine Einbuchtung, aus der später die berühmte Bucht zwischen der Weser und der Ostfriesischen Halbinsel entstand: der Jadebusen.

Im Mittelalter wurde Friesland immer wieder von verheerenden Fluten überrollt – der Deichbau und das Wissen waren damals noch nicht ausgeprägt genug, um dem Wasser etwas entgegenzusetzen. Deshalb starben, laut den Aufzeichnungen, oft Tausende Menschen. Außerdem ging Land «verloren», das heißt, bewohnte oder bewirtschaftete Flächen wurden ins Meer gespült. Die natürlichen Überflutungen trafen auf Landstriche, die aus geologischen Gründen, aber auch durch menschlichen Einfluss wie Ackerbau und Torfabbau wenig widerstandsfähig waren. Die Luciaflut (1287) war an der Entstehung des Dollart beteiligt, einer Bucht zwischen den Niederlanden und Deutschland, an der die ostfriesische Stadt Emden liegt. So gestaltete sich das Gesicht der Küste, das ja ohnehin durch den Einfluss von Wind und Meer gebildet wird, von Flut zu Flut neu (siehe *Landgewinnung und Landverlust*). Die ursprüngliche Moorlandschaft veränderte sich oder verschwand vielerorts, die Menschen zogen sich vom Schwemmland (Marsch) auf die höhergelegenen Sandrücken zurück (Geest).

Als einschneidendste Fluten gelten in dieser Hinsicht die beiden «Mandränken» (Manntränken) von 1362 und 1634. Sie schufen und zerstörten kleine Inseln, sogenannte Halligen, im Wattenmeer. Die heutigen Inseln Pellworm und Nordstrand etwa sind nur kleine Überbleibsel der ursprünglichen Insel Strand, die 1634 von der Flut zerrissen wurde – und die erst durch die Flut 1362 entstanden war. Die heutige Insel Sylt erhielt ihre typische Form ebenfalls durch diese Flut. Bis zum 17. Jahrhundert gingen so ganze Kulturlandschaften an der Küste verloren. Auf Luftbildern vom Wattenmeer kann man die Spuren der Besiedlung heute noch erkennen.

Die zweite «Mandränke» von 1634 hat nicht nur die Landschaft verändert, sondern auch die Art und Weise, wie die Menschen der Region mit der Bedrohung durch das Meer umgingen. Der Deichbau erlebte in der Folge einen historischen Aufschwung, weil er an Investoren vergeben wurde. Später übernahm der Staat den Bau und Erhalt der Deiche. 1953, acht Jahre nach dem Zweiten Weltkrieg, kostete die sogenannte Hollandflut etwa 1800 Menschen in den Niederlanden und 300 in England das Leben. Als Folge dieser Flut, die als die verheerendste des 20. Jahrhunderts gilt, wurde der Deichbau an der Nordsee wieder forciert, vor allem in Holland. In Deutschland folgte 1962 eine große Sturmflut (siehe *Hamburger Sturmflut*). Diese Erfahrungen führten dazu, dass der Katastrophen- und Küstenschutz in Norddeutschland überarbeitet wurden. Zahlreiche Deiche wurden verstärkt und erhöht. Vierzehn Jahre nach der Katastrophe von Hamburg, am 3. Januar 1976, erreichte Norddeutschland eine sogenannte Jahrhundertflut, die sogar knapp einen halben Meter höher war als die von 1962. Doch die wichtigen Deiche hielten, kein einziger Mensch ertrank. Ebenso 1981 und 1990, als die Pegel in Friesland erneut Rekordhöhen erreichten.

Landgewinnung und Landverlust

Ebbe und Flut zerstören nicht nur Land, sie lassen auch neues entstehen. Wenn sich das Wasser wieder zurückzieht, hinterlässt es Sand und Schlick. Durch diesen Prozess, den man Verlandung oder Anlandung nennt, entwickelt sich mit der Zeit das sogenannte Schwemmland, die Marsch. Die Küste «wächst» dadurch ins Meer. Der Mensch hat Techniken entwickelt, mit denen er diese natürliche Entwicklung beschleunigen und fördern kann – etwa durch geflochtene Zäune, Entwässerung und das gezielte Anpflanzen von Gewächsen, deren Wurzeln den Boden festigen. Am Ende wird das so gewonnene Land von einem Deich umzogen und nach und nach vom Salzwasser befreit. Diese fruchtbaren neuen Marschen nennt man, je nach Region, Koog oder Polder. Die Gestalt der norddeutschen Küste wurde so seit Jahrhunderten von einem Wechselspiel aus natürlicher und menschengemachter Landgewinnung und dem Landverlust geprägt, den die zahlreichen Sturmfluten (siehe *Sturmfluten und ihre Folgen*) verursachten.

Hochwasser – ständiger Begleiter

Vulkanausbrüche, Erdbeben, Tsunamis – von den meisten schrecklichen Naturkatastrophen, die Menschen auf der Welt heimsuchen können, bleiben die Deutschen weitgehend verschont. Hochwasser ist eines der wenigen Wetterphänomene, die uns regelmäßig und mitunter sehr heftig treffen. Nicht nur an den Küsten (siehe *Sturmfluten*), sondern auch an den großen Flüssen, die das Land durchziehen. Neben extremen Regenfällen, die häufig im Sommer zu Hochwasser führen können, ist die Schneeschmelze dafür eine natürliche Ursache. Wenn in den Gebirgen der Schnee schmilzt, führen die Flüsse auf ihrem Weg in die Meere deutlich mehr Wasser mit sich. Besonders dramatisch können Hochwasser unter speziellen, selten auftretenden Bedingungen ausfallen, die man Vb-Wetterlage nennt. Damit ist ein Tiefdruckgebiet im Mittelmeerraum gemeint, das extreme Regen- oder Schneemengen mit sich führt.

Das Rhein-Main-Gebiet und die Regionen entlang von Donau, Elbe und Oder sind in Deutschland Hochwasser-Risikogebiete. Deshalb gibt es sowohl an den Küsten als auch entlang der großen Flüsse einerseits Deiche und andererseits unbewohnte Gebiete, die man gezielt zur Überspülung nutzt. Außerdem werden etwa die Pegelstände des Rheins ständig überwacht. Diese Gegenmaßnahmen können Hochwasserkatastrophen zwar nicht völlig verhindern, aber ihre Zahl mindern und die Folgen abschwächen.

Hochwasserkatastrophen in Deutschland

- Die schlimmste historisch überlieferte Hochwasserkatastrophe war das sogenannte Magdalenenhochwasser. Es fand am Namenstag Maria Magdalenas, einer Gefährtin Jesu Christi, im Juli 1342 statt. Es riss Brücken von Wien bis Köln mit sich und kostete Tausende Menschen das Leben.
- Ende Mai 1613 wurde Thüringen von einer Hochwasserkatastrophe heimgesucht, die als «Thüringer Sintflut» in die Geschichte einging.
- Die Schneeschmelze hatte 1845 das für rund 150 Jahre folgenschwerste Hochwasser an der Elbe zur Folge. Es gilt als das

schwerste Elbehochwasser im Winter überhaupt und trägt auch den Namen «Sächsische Sintflut». Sie überschwemmte Teile des damaligen Böhmen, die Sächsische Schweiz, Dresden, die Region Meißen und Teile des heutigen Sachsen-Anhalt.

- Um Weihnachten 1993 bis zum Januar 1994 litten die Menschen am Mittel- und Niederrhein unter einem sogenannten Jahrhunderthochwasser. In Koblenz stand das Wasser so hoch wie nie seit 1784, die Altstadt und andere am Rhein gelegene Stadtteile Kölns waren überflutet. Eine Folge des Hochwassers beschäftigte über Jahre Politik und Justiz: In Bonn war die Baustelle des sogenannten Schürmann-Baus vollgelaufen. Der Gebäudekomplex, dessen Bau 1989 begonnen hatte, sollte ursprünglich Büros für die Abgeordneten des Deutschen Bundestags schaffen. Diese Verwendung wurde durch den Umzug des Parlaments nach Berlin hinfällig. Nach dem Hochwasser stritten der Bund und die Baufirmen über die Schuldfrage und darüber, wer die Sanierung des Baus bezahlen muss. 2007 gab es einen Vergleich vor Ge-

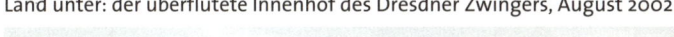

Land unter: der überflutete Innenhof des Dresdner Zwingers, August 2002

richt. Heute sitzt die Zentrale des Rundfunksenders Deutsche Welle im Schürmann-Bau.

- Das Alpenhochwasser 2005 traf besonders Österreich und die Schweiz, überschwemmte aber auch Teile Süddeutschlands wie München und Augsburg und reichte bis nach Nordrhein-Westfalen.

Das Elbehochwasser 2002

Gemessen an der Zahl der Einsatzkräfte war nicht die Sturmflut 1962, sondern das Elbehochwasser des Jahres 2002 die größte Naturkatastrophe in der Geschichte der Bundesrepublik. Es suchte Tschechien und Deutschland im August 2002 in zwei Wellen heim und übertraf die seit dem Hochwasser 1845 bestehenden Rekordpegelstände um knapp einen Meter. Zur selben Zeit überflutete die Donau Teile Bayerns und besonders Österreichs – ein Ereignis, das ebenfalls alle Kriterien eines «Jahrhunderthochwassers» erfüllte.

Doch der weit größere Teil der bundesweiten Aufmerksamkeit galt der noch dramatischeren Entwicklung entlang der Elbe. Ganze Ortschaften versanken, Brücken und Straßen wurden unterspült, das Wasser überflutete und verwüstete Städte wie Chemnitz, Dessau, Magdeburg, Dannenberg, Wittenberg, Wittenberge, Pirna und Dresden, wo unter anderem der Hauptbahnhof, die berühmte Semperoper und die Gemäldegalerie Alter Meister vollliefen. 21 Menschen starben. Die Kosten dieser auch als «Jahrtausendhochwasser» bezeichneten Katastrophe beliefen sich auf mehr als acht Milliarden Euro.

Auch dieses Hochwasser hatte politische Auswirkungen. Der in den Umfragen bis dahin zurückliegende Bundeskanzler Gerhard Schröder (SPD) erwies sich in der Krise aus Sicht vieler Deutscher als engagierter und umsichtiger Krisenmanager. Die Bundesregierung zahlte Soforthilfen an betroffene Bürger und Unternehmen aus und verschob zur Gegenfinanzierung sogar die zweite Stufe der geplanten Steuerreform um ein Jahr. Politische Beobachter sind sich einig, dass dies den hauchdünnen Wahlsieg der Koalition von SPD und Grünen am 22. September 2002 ermöglichte.

Die Bundesländer Sachsen, Sachsen-Anhalt, Brandenburg, Niedersachsen, Schleswig-Holstein und Hamburg stifteten Verdienstorden für Elbefluthelfer. Tausende freiwillige Helfer waren in den betroffenen Regionen im Einsatz, und die Spendenbereitschaft war enorm. Zwölf Jahre nach der «Wende» werteten viele Deutsche dies als Zeichen dafür, dass die Wiedervereinigung vielleicht doch erfolgreicher gewesen war, als angesichts der Konflikte zwischen Ost- und Westdeutschen oft vermutet wurde.

Weiterführende Literatur

Zu Politik, Kultur und Geschichte Deutschlands

Alexander Demandt: Über die Deutschen. Eine kleine Kulturgeschichte (Berlin 2007)

Demandt erzählt von Germanen und Deutschen, von Haus und Familie, Dorf und Stadt bis hin zu Staat und Recht und führt den Leser amüsant, informativ und sehr anschaulich durch zwei Jahrtausende deutscher Kulturgeschichte.

Sebastian Haffner: Geschichte eines Deutschen. Erinnerungen 1914–1933 (München 2002)

Kaum jemand hat den Aufstieg der Nazis so hellsichtig beschrieben wie Haffner. Ein Muss.

Sebastian Haffner: Anmerkungen zu Hitler (München 1998)

In den achtziger Jahren ein Bestseller und auch heute noch ein Standardwerk, das als Geschichtsessay mit weniger Quellenmaterial auskommt, jedoch wesentlich aufschlussreicher ist als manches historisches Mammutwerk.

Hannah Arendt: Besuch in Deutschland (Berlin 1993)

Wie groß das Ausmaß auch der moralischen Zerstörung in Deutschland war, zeigt Arendts teils traurige, teils höchst komische Reportage über ihre Reise nach Deutschland von August 1949 bis März 1950 – Arendts erste Begegnung mit ihrem Heimatland, aus dem sie schon 1933 fliehen konnte.

Joachim Gauck: Winter im Sommer – Frühling im Herbst (Berlin 2009)

Die Erinnerungen eines klugen und warmherzigen Menschen (und heutigen Bundespräsidenten), die auch einen phantastischen Einblick in das Leben in der DDR geben.

Heinrich Heine: Deutschland – Ein Wintermärchen (Frankfurt/M. 2005)

Die bis heute tiefschürfendste, witzigste und genaueste literarische Beschreibung Deutschlands. Heine ist der klügste Analytiker «deutscher Macken».

Hans Jakob Christoffel von Grimmelshausen: Der abenteuerliche Simplicissimus Deutsch (Frankfurt/M. 2009)

Der wahrscheinlich älteste deutsche Roman und eine unnachahmlich tragisch-komische Sittengeschichte Deutschlands im Zeitalter des Dreißigjährigen Krieges. In dieser Übertragung ins moderne Deutsch offenbart Grimmelshausen Einblick in ein urdeutsches Trauma.

Gretel und Wolfgang Hecht: Deutsche Heldensagen (Frankfurt/M. 1980)/
Willi Fährmann: Deutsche Heldensagen (Würzburg 2006)
Modern erzählte Versionen der berühmten mittelalterlichen Sagen von Siegfried bis zu Wieland dem Schmied.

Heinrich Mann: Der Untertan (Frankfurt/M. 2008)
und Erich Maria Remarque: Der schwarze Obelisk (Köln 1998)
Spannende und zugleich sehr lehrreiche Romane zum Ende des Kaiserreichs und zur Weimarer Republik.

Stefan Heym: 5 Tage im Juni (München 1999)
Ein beeindruckender Roman zum Arbeiteraufstand in der DDR vom 17. Juni 1953.

Im Original sollte man einfach mal das *«Grundgesetz für die Bundesrepublik Deutschland»* lesen, zum Beispiel in der dtv-Taschenbuchausgabe *München 2010 (mit einer Einleitung des Verfassungsrichters Udo di Fabio).*

Geographie

David Blackbourn: Die Eroberung der Natur. Eine Geschichte der deutschen Landschaft (München 2008)
War das Verhältnis der Deutschen zur Natur wirklich so romantisch, wie wir denken? Wohl nicht, wie wir schon dem Titel dieser höchst spannenden Geschichte entnehmen können.

Wirtschaft

Detlef Gürtler: Wirtschaftsatlas Deutschland (Berlin 2010)
Karten, Graphiken und höchst informative und unterhaltsame Texte zu den wichtigsten Fragen der deutschen Wirtschaft.

Detlef Gürtler: Die Tagesschau erklärt die Wirtschaft (Berlin 2010)
Und zwar nicht nur für Deutschland, sondern allgemein. Damit man endlich versteht, wie Arbeitsmarkt und Finanzpolitik zusammenhängen.

Zur Geographie, Wirtschaft und vielen weiteren interessanten Aspekten des deutschen Alltags gibt es Zahlen, Daten und Fakten im «Statistischen Jahrbuch für die Bundesrepublik Deutschland», das man direkt beim Statistischen Bundesamt bestellen oder als PDF kostenlos herunterladen kann: www.destatis.de

Sport

Bernd-M. Beyer: Der Mann, der den Fußball nach Deutschland brachte. Das Leben des Walther Bensemann (Göttingen 2003)
Ein interessantes Buch zur Geschichte des Fußballs in Deutschland.
Manni Breuckmann: 50 legendäre Szenen des deutschen Fußballs (Frankfurt/M. 2009)
Zum Schmökern, Schmunzeln und Erinnern.
Einen guten Überblick liefert das Begleitbuch zur gleichnamigen Ausstellung im Bonner «Haus der Geschichte»: «Wir gegen uns. Sport im geteilten Deutschland» (Darmstadt 2009).

Essen

Die Nationale Verzehrstudie 2008 und weitere Informationen rund um die Ernährung der Deutschen findet man auf der Internetseite des Max Rubner-Instituts: www.mri.bund.de
Informationen zu Landwirtschaft und Lebensmittelverbrauch gibt es im Statistik-Bereich der Internetseite des Bundesministeriums für Ernährung, Landwirtschaft und Verbraucherschutz: www.bmelv-statistik.de
Den Ernährungsbericht für Deutschland und weitere Informationen liefert die Internetseite der Deutschen Gesellschaft für Ernährung: www.dge.de

Wetter

Gerhard Müller-Westermeier: Wetter und Klima in Deutschland (Stuttgart 2006)
Ein DWD-Meteorologe hat die für Deutschland wichtigen Daten und Fakten zusammengefasst.
Jörg Kachelmann/Christoph Drösser: Das Lexikon der Wetterirrtümer (Hamburg 2006)
Lesenswert im Hinblick auf Mythen und Wahrheit zum Thema Wetter.
Und wer wissen will, wie das Wetter wird (und warum), der findet auf der Internetseite des Deutschen Wetterdienstes (DWD) eine Fülle von Daten: www.dwd.de

Personenregister

Bildnachweis

picture-alliance: Seite 17, 22, 42, 45, 46, 54, 63, 66, 68, 70, 78, 81, 95, 98, 108, 109, 113, 116, 154, 166, 179, 180, 185, 193, 195, 212, 215, 227, 232, 245, 255, 258, 270, 275

akg-images: Seite 21, 32, 39, 75, 86, 97, 118, 120, 126, 131, 140, 146, 204, 230, 242, 250

ullstein-ddp: Seite 240

Die Karten auf den Seiten 34/35, 50, 55, 190, 199 sowie 218/19 entstammen *Detlef Gürtler: Wirtschaftsatlas Deutschland (Rowohlt · Berlin 2010)*.